U0165489

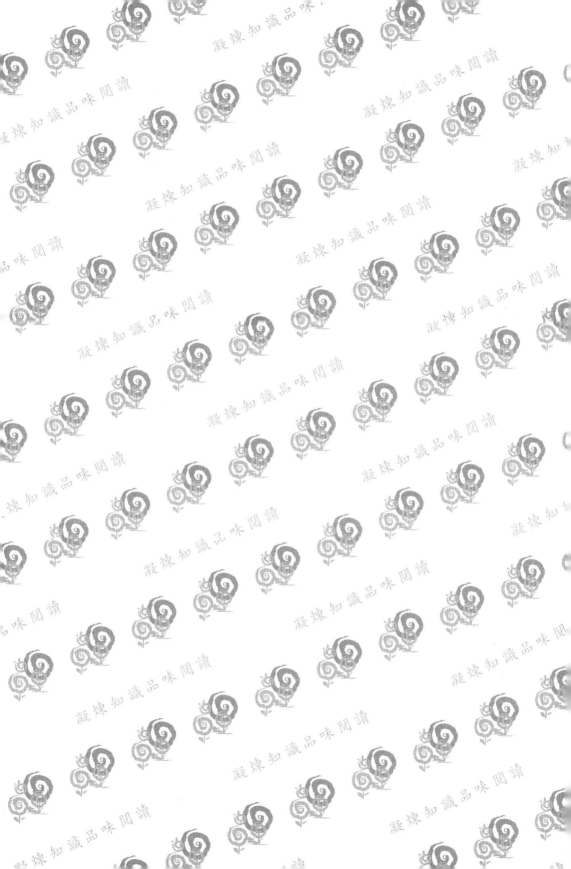

案例式

營業秘密與
競業禁止

| 第五版 |

林洲富 | 著

五南圖書出版公司 印行

推薦序 FOREWORD

　　營業秘密與競業禁止所涉民、刑事及行政訴訟，依智慧財產法院組織法、智慧財產案件審理法規定，均屬智慧財產法院管轄之案件。作者林洲富法官為智慧財產法院現任法官，辦案認真，勤於治學，富有研究精神且熟稔研究方法，以其實際辦理智慧財產訴訟之切身體驗及深厚之民、刑事及行政法理論研究基礎，就營業秘密之保護與競業禁止之規制，以案例式楔引讀者瞭解營業秘密之立法、保護理論、內容、保全程序與秘密保持命令、營業秘密之侵害與救濟暨競業禁止之約款與判斷基準等議題，蒐集實定法、條約、美德日等各國立法例及實務案例，綜合整理，予以體系化，將此一繁難複雜尚在急速發展中的法領域，透過其條理的耙梳，使之層次分明，脈絡清晰，既可通覽，又易於引申，理論融於實例，實務中復具充分的論理，相互參證，對於問題之解決提出甚具建設性的創見，尤其在建構競業禁止之判斷基準上，具體可行，卓有建樹。

　　企業經營者讀之可有效採取措施，防範營業秘密遭受侵害，妥適與員工或合作對象簽訂約款，以保護核心技術，維持競爭優勢；受僱人閱之亦可清楚理解受僱期間簽訂約款之意義及其權利義務，以預測前程，評估風險，並避免離職後發生爭訟，促進勞資雙方之和諧，共創雙贏。對於學習、研究或適用智慧財產法律者閱讀本書，甚易理解和應用，是營業秘密與競業禁止的極佳參考書籍。

高秀真　於智慧財產法院院長室

2012年4月27日

五版序 PREFACE

因智慧財產法院管轄有關智慧財產之民事、刑事及行政訴訟事件，而作者擔任智慧財產法院法官，為使智慧財產案例式叢書，可涵蓋智慧財產之民事、刑事及行政等程序法與實體法，得作為學習與實務入門之參考書籍，自2007年起陸續委請五南圖書公司出版或再版智慧財產法專書，依序為智慧財產權法（13版）、專利法（11版）、商標法（6版）、著作權法（6版）、智慧財產行政程序與救濟（4版）、營業秘密與競業禁止（5版）、公平交易法（4版）、智慧財產刑事法案例式（2版）等8本專書。

營業秘密與競業禁止案例式自修訂4版迄今已逾2年，期間智慧財產案件審理法與智慧財產案件審理細則，均有大幅修正，筆者除就內文進行法規修正與勘誤，增加最新學說與實務見解外，亦標註國家考試之出處，期許本書於增訂5版印行之際，可減少繆誤，並增進實務、學說及國考等參考價值。承蒙法界先進之厚愛，對拙著多所指正錯誤與惠賜寶貴意見，倘拙見容未周詳處，敬請各界賢達不吝斧正指教。

林洲富 謹識於中國文化大學法學院

2023年11月2日

自序 PREFACE

　　筆者始於2007年8月撰寫智慧財產權法案例式一書，嗣後陸續委請五南圖書出版公司出版專利法、著作權法、商標法、智慧財產行政程序與救濟等案例式等專書，近日並完成本著「營業秘密與競業禁止案例式」。而營業秘密為市場競爭下之產物，係產業倫理、商業道德所衍生之智慧財產權。有鑑於產業蓬勃發展與商業市場競爭激烈，各行業透過惡意挖角之方式，不當獲取營業秘密，時有所聞。職是，企業為避免員工離職後，將營業秘密外洩，將產業之研發技術成果，使第三人坐享其成，僱主除與受僱人在職或離職期間，簽訂保密條款外，受僱人於離職後，在一定期間亦不得為自己或他人從事或經營與前僱主競爭之相關工作，以保護僱主之權益及避免不公平競爭之發生。因秘密保持義務與競業禁止約款，影響受僱人之權益甚鉅，誠有探討之必要。

　　作者從事智慧財產之審判，認為營業秘密之保護與有效之競業禁止約款，係企業經營者必備之管理學能，故擬以案例之方式，說明及分析法律之原則，將法律理論轉化成實用之產業利器，俾於有志研習者易於瞭解，期能增進學習之效果。再者，智慧財產法院管轄有關智慧財產之民事、刑事及行政訴訟事件，作者為使智慧財產案例式叢書可涵蓋智慧財產之民事、刑事及行政等程序法與實體法，本人預計於2012年12月前完成公平交易法、智慧財產刑事案例式二書，建構智慧財產法案例式八冊。因筆者學識不足，所論自有疏誤之處，敬祈賢達法碩，不吝賜教，至為感幸。

　　　　　　　　　　　　　　林洲富　謹識於智慧財產法院
　　　　　　　　　　　　　　　　　　2012年4月16日

目錄 CONTENTS

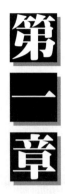

第一章

緒 論

目 次

關鍵詞：財產權、交易秩序、不公平競爭、保密條款、誠信原則、不正當方法、後契約義務

營業秘密之保護具有國際性，故TRIPs協定第39條第2項規定，WTO之各會員應規定自然人及法人對合法擁有之營業秘密，應防止其洩漏，或遭他人以不誠實之商業手段取得或使用。因我國為WTO之會員，自應保護各會員之營業秘密[1]。

第一節　營業秘密法之立法

營業秘密為市場經濟競爭下之產物，係產業倫理與商業道德所衍生之智慧財產權，為避免以惡意或不正之方式，取得他人營業秘密，自應立法保護之。

例題1

> 甲原為A房屋仲介公司之員工，其任職A房屋仲介公司期間，曾與A房屋仲介公司簽訂保密條款，約定不得洩漏客戶之相關資料。詎甲離職後，擅自攜走A公司之客戶資料至B房屋仲介公司。試問甲之行為，有無侵害A房屋仲介公司之營業秘密？

壹、我國營業秘密法之立法目的與內容

一、立法目的

保護營業秘密之目的，在於使從事發明或創作之人，其投入之時間、勞力及金錢，所獲得之心血結晶，不受他人剽竊而付諸東流。故為鼓勵發發明或創作，維護競爭秩序，法律應有明確之保護。營業秘密法為智慧財

---

[1] 製造膠帶之四維企業之董事長及其女於1997年4月，在美國以竊取商業機密之罪名被捕。同年10月永豐紙業企業與美商施貴寶必治妥藥廠之商業間諜案，經美國聯邦大陪審團裁決以違反經濟間諜法而起訴。

產權法制之一環，常成為諸多企業成功之關鍵。例如，可口可樂之配方、微軟公司Windows系統之原始碼等。我國為保障營業秘密，維護產業倫理、競爭秩序及調和社會公共利益，前於1996年1月17日制定公布營業秘密法，作為保護營業秘密之特別規範。營業秘密法未規定者，適用其他法律之規定（營業秘密法第1條）。準此，營業秘密法之制定，可鼓勵產業之研發與利用，並避免產業間以不正當之方式，相互間挖取營業秘密，暨兼顧私益與公益之衡平，故營業秘密法為維護交易秩序與保護營業秘密之法律。

二、立法內容

我國營業秘密法計有25條條文，其內容分為：(一)立法宗旨（營業秘密法第1條），將本法定位為民法特別法；(二)營業秘密之定義與要件（營業秘密法第2條）；(三)營業秘密權利之歸屬（營業秘密法第3條至第5條），其分為意定與法定兩種類型；(四)營業秘密之使用、處分、讓與及授權（營業秘密法第6條至第7條）；(五)營業秘密設質與強制執行之限制（營業秘密法第8條）；(六)公務員及司法、仲裁程序之保密義務（營業秘密法第9條）；(七)侵害營業秘密之態樣（營業秘密法第10條）；(八)營業秘密之民事救濟（營業秘密法第11條至第13條）；(九)侵害營業秘密之刑事責任（營業秘密法第13條之1至第13條之5）；(十)專業法庭之設立與審判程序之特別規定（營業秘密法第14條）；(十一)偵查保密令（營業秘密法第14條之1至第14條之4）；(十二)互惠保護原則（營業秘密法第15條）；(十三)施行日（營業秘密法第16條）。

貳、與貿易有關之智慧財產權協定

一、巴黎公約

1967年巴黎公約第10條之2規定，為提供有效保護以防止不公平競爭，會員應就符合本條第2項所規定之未公開資訊，依據本條第3項規定

所提交政府或政府相關機構之資料，予以保護（Agreement on Trade-Related Aspects of Intellectual Property Rights, TRIPs第39條第1項）。自然人及法人對合法處於其控制下之資訊，應有可能防止他人未經同意而以違背誠實商業行為之方式，揭露、取得或使用。所謂「有違商業誠信方法者，係指違約、背信、誘引違約取得未公開之應受保護之資訊；或使第三人得到未公開之資訊，該第三人知悉或因重大過失，而不知其行為在於取得該資訊。

二、應受保護之資料

應受保護之資料應符合要件如後：(一)具有秘密性質，不論就整體或細節之配置及成分之組合以觀，該資料非一般處理同類資訊之人所得知悉或取得者；(二)具有商業價值；(三)合法控制該資訊之人，已依情況採取合理步驟，以保持其秘密性（TRIPs第39條第2項）。會員為核准新化學原料之醫藥品或農藥品上市，而要求提供業經相當努力完成，且尚未公布之測試或其他相關資料，應防止該項資料被不公平使用在商業上。再者，除基於保護公眾之必要，或已採取措施以確實防止該項資料被不公平商業使用外，會員應保護該項資料以防止洩漏（第3項）。

參、營業秘密與競業禁止之關聯

營業秘密（trade secret）為市場競爭下之產物，係產業倫理（industrial ethics）、商業道德（commercial morals）所衍生之智慧財產權[2]。有鑒於產業蓬勃發展及商業市場競爭激烈，各行業透過惡意挖角之方式，不當獲取營業秘密，時有所聞。故雇主為避免受雇人離職後，將營業秘密外洩，甚至將產業之研發技術成果，讓他人坐享其成，雇主除與受雇人在

---

[2] 葉茂林、蘇宏文、李旦，營業秘密保護戰術——實務及契約範例應用，永然文化出版股份有限公司，1995年5月，頁11。營業秘密之起源得追溯至羅馬帝國時代，羅馬法禁止行為人誘使他人或奴隸洩漏僱用人或主人有關營業秘密。

職或離職期間，簽訂保密條款外，受雇人於離職後，在一定期間不得為自己或他人從事或經營與前雇主競爭之相關工作，以保護雇主之權益及避免不公平競爭之發生。因競業禁止約款，影響受雇人之工作權甚鉅，而競業禁止與營業秘密雖屬不相同之概念，其等之規範要件有異，然其等間亦有密切之關連。準此，如何兼顧企業之競爭優勢及員工之工作權，誠有探討之必要。

肆、例題解析——營業秘密之保護

甲任職A房屋仲介公司期間，曾與A房屋仲介公司簽訂保密條款，約定不得洩漏客戶之相關資料。所謂保密條款者，係指當事人約定，一方應就其所知悉或持有之他方秘密文件或其他資料，負保密責任，不得洩漏、自行或使第三人使用。通常保密條款之內容雖以營業秘密為主，然應保持之秘密，並不限於營業秘密。準此，甲離職後，未經A房屋仲介公司同意，不得利用A房屋仲介公司之客戶資料，否則有違反保密條款之情事。況客戶資料屬房屋仲介業者之商業上重要資料，經由客戶資料之運用，得媒介或促進交易之完成，故具有一定之經濟價值，其為營業秘密保護之標的。足認甲除違反保密約款之規定，應負契約債務不履行或違約之責任外，甲攜走客戶資料至B房屋仲介公司，B房屋仲介公司有故意或過失時，甲與B房屋仲介公司成立共同侵害A公司之營業秘密，應負連帶負損害賠償責任（民法第185條第1項）。

伍、相關實務見解——營業秘密之保護

立法院向檢察機關調閱已偵查終結而不起訴處分確定或未經起訴而以其他方式結案之案件卷證，須基於目的與範圍均屬明確之特定議案，並與其行使憲法上職權有重大關聯，且非屬法律所禁止者為限。其調閱偵查卷證之文件原本或與原本內容相同之影本者，應經立法院院會決議；要求提供參考資料者，由院會或其委員會決議為之。因調閱卷證而知悉之資

訊，其使用應限於行使憲法上職權所必要，並注意維護關係人之營業秘密等[3]。

第二節 營業秘密之保護理論

國際間就營業秘密之保護之立法模式大致有二種模式：(一)透過獨立之營業秘密保護法加以保護；(二)作爲不公平競爭防止法之一部。而我國營業秘密法認爲營業秘密爲財產權之一環，故制定營業秘密法保護之，由法律賦予營業秘密所有人得依據其意思行使其權利，並禁止與排除第三人之不法侵害。

例題2

員工與其任職之公司簽訂保密約定或契約，倘發生涉及營業秘密之爭議。試問依據營業秘密法或刑法之規範，員工應負何種民事責任或刑事責任？

壹、契約理論

契約法理論（the contract theory）認爲營業秘密之保護，來自營業秘密所有人與接觸人間，因契約所生之保密義務，當事人間存有明示契約（express contract）、事實上或法律上之默示契約（contract complied in fact or law）、準契約理論（quasi contract）關係[4]。故營業秘密保護之範圍會視契約規定而變動，且其保護範圍因契約自由原則而產生擴張之情

---

[3] 大法官釋字第729號解釋。

[4] 唐昭紅，商業秘密研究，民商法論叢，6卷，法律出版社，1997年4月，頁726至727。擬制契約關係或準契約關係，當事人間均存有信賴關係（fiduciary relationship）與忠實義務（duty of loyalty）。

事。再者，主要契約規定爲保密約款與競業禁止約款，其常存在於僱傭或勞動契約、委任契約、授權契約、加工或代工契約、共同研發契約、獨立保密契約。當事人以契約之違約責任，以事先預防及事後制裁有關侵害營業秘密之行爲，其包括契約前義務、契約附隨義務及契約後義務[5]。

一、契約前義務

營業秘密所有人與其交易之相對人締約進行接觸或磋商，而使無契約關係之相對人知悉或取得營業秘密，當事人在此階段中基於誠信原則負有告知、注意、忠誠等先契約義務，相對人負有保守秘密及不爲使用之先契約義務。

二、契約附隨義務

契約成立生效後，債務人除負有主給付義務與從給付義務外，尚有附隨義務。所謂附隨義務，乃爲履行給付義務或保護當事人之人身或財產上利益，而於契約發展過程基於誠信原則所生之義務，包括協力義務以輔助實現債權人之給付利益[6]。例如，在僱傭契約雖未就受僱人之保密義務加以約定，受僱人對僱主仍負有保守營業秘密之忠誠義務，忠誠義務係基於誠信原則之附隨義務而來。

三、後契約義務

所謂後契約義務者，係指契約關係消滅後，當事人尚負有某種作爲或不作爲義務，以維護給付效果，或協助相對人處理契約終結之善後事務。故在契約關係消滅後，爲維護相對人人身與財產上之利益，當事人間衍生以保護義務爲內容，所負某種作爲或不作爲之義務。例如，離職後之受僱

---

[5] 張靜，智慧財產專業法官培訓課程——營業秘密法及相關智慧財產問題，2006年3月8日，頁2。

[6] 最高法院98年度台上字第78號民事判決。

人得請求雇主開具服務證明書、受雇人離職後不得洩漏任職期間所知悉之營業秘密。其係脫離契約而獨立，不以契約存在為前提[7]。

貳、侵權行為理論

主張侵權行為理論者（the tort theory），係強調侵權行為人因破壞保密關係而產生法律責任，除應對於違反契約者，加以制裁外，並依據普通法之衡平原則，對於缺乏契約保護關係存在之第三人進行民事制裁，以體現私法上個人法益之保護，直接保護營業秘密所有人之權利或經濟利益[8]，1939年美國法律整編第1版之侵權行為法，係該理論與實務之總結[9]。

參、不正競爭理論

不正競爭理論者（the unfair competition），其主張破壞市場公平交易之競爭秩序，應加以禁止或排除。因保護營業秘密，不僅係對不正競爭行為之禁止或排除，擁有營業秘密亦屬商業上之競爭優勢，不應被第三人以不正當方法取得、使用或洩漏（營業秘密法第10條）。法律所保護者並非營業秘密本身，係在禁止他人以不正當方法取得或利用營業秘密。故營業秘密並非法律之權利，其屬財產利益之性質，適用民法184條第1項後段之規範保護[10]。例如，商業間諜是屬於不正當取得營業秘密之行為，應適用不正競爭理論。反之，以還原工程或獨立發現營業秘密者，抑是以合法取得者，均不適用不正競爭理論。營業秘密之保護，在大陸法系國家

---

[7] 最高法院95年度台上字第1076號民事判決；智慧財產及商業法院102年度民營上字第3號民事判決；臺灣臺北地方法院88年度訴字第2826號民事判決。
[8] 張玉瑞，商業秘密法學，中國法制出版社，2000年6月，頁238至239。
[9] 1939年美國法律整編第1版侵權行為法第757條註釋b及第759條規定。
[10] 謝銘洋，營業秘密、積體電路電路布局民事責任，智慧財產專業法官培訓課程，司法院司法人員研習所，2006年5月，頁3。公平交易法第19條第5款之規範重點，在於不正競爭之防止。

而言，屬於不正競爭防止之一環，故通常未特別單獨立法加以保護，而是將其納入不正競爭防止法。例如，德國對於營業秘密之保護，最重要者為不正競爭防止法[11]。

肆、財產權理論

本理論（the property theory）將營業秘密定位成財產權（property right），其本質為無體財產（intangible property）或智慧財產（intellectual property），而依據財產法加以保護，認為營業秘密係保護財產之權利，財產權理論為國際上多數國家所採用，我國營業秘密法亦認為營業秘密為財產權之一環，在1996年1月19日公布施行，作為保護營業秘密之特別法。依據法力說之見解，權利係使特定人得享受合理利益，由法律賦予該特定權利人之法律手段，權利人得依據其意思行使其權利，並得以訴訟方式，依賴法律力量實現其權利內容。準此，營業秘密法規範與滿足所有人之合理利益，法律亦承認其利益；倘未獲滿足時，所有人得行使請求權，以國家權力強制促其實現，其具有法律之實力，是營業秘密為權利，並非權利以外之法律利益[12]。

伍、例題解析——侵害營業秘密之責任

員工與公司簽訂保持營業秘密之約款，員工依約負保持營業秘密之責任，倘員工違反契約規定，依據營業秘密法之規定，應負侵害營業秘密之民事責任，營業秘密法或刑法均有洩密罪之刑事責任制裁。申言之，公司與員工間得於僱傭契約或公司人事規章，訂定法律規定以外之保密責任。再者，公司為避免接觸過公司營業秘密之人員，在離職後使用公司之營業

---

[11] 謝銘洋、古清華、丁中原、張凱娜，營業秘密法解讀，月旦出版社股份有限公司，1996年11月，頁167。

[12] 施啟揚，民法總則，三民書局股份有限公司，1995年6月，6版，頁29。區分權利與利益有：意思說、利益說及法力說等。目前之通說採法力說。

秘密而對公司產生不正當之競爭，會在僱傭契約訂定競業禁止條款，以防止企業合法利益之損害。故員工對於自己應負之保密責任，應明瞭法律之規定，以免因疏忽而造成侵害營業秘密之民事糾紛，甚至須負擔刑事責任[13]。

陸、相關實務見解——後契約義務之保密義務

在契約關係消滅後，為維護人身及財產上之利益，當事人間衍生以保護義務為內容，應負某種作為或不作為之義務。例如，離職後之受僱人得請求雇主開具服務證明書、受僱人離職後不得洩漏任職期間獲知之營業秘密等，其係脫離契約而獨立，不以契約存在為前提，違反此項義務，即構成契約終了後之過失責任，應依債務不履行之規定，負損害賠償責任，此為後契約義務。被告於原告處之任職期間，固不得兼任其他工作業務，而與客戶私相往來或洩漏業務上所保有之資料文件；然於離職後，本於誠信原則及後契約義務之法理，應認被告無正當理由，竟備份或持有與原告業務相關之資料文件，應於離職後應予銷毀或歸還原告，不因原告未督促被告交還或銷毀而免其違反工作契約約定之責任，更遑論將該資料洩漏提供予和原告處於競爭關係之第三人使用。準此，原告主張被告構成債務不履行，自得依民法第227條第2項請求損害賠償[14]。

---

[13] 經濟部智慧財產局2005年9月30日電子郵件字第940930號函。
[14] 智慧財產及商業法院98年度民著訴字第9號民事判決。

第二章

營業秘密之內容

關鍵詞：資訊、新穎性、僱傭關係、委聘關係、還原工程、持有知識、合理保護措施

方法、技術、製程、配方、程式、設計或其他可用於生產、銷售或經營之資訊，應符合營業秘密之要件，始為營業秘密之保護客體。茲以附表比較智慧財產權之要件如後[1]：

權利	要件
專利權	產業上利用性、新穎性及進步性，採註冊保護主義
商標權	具有識別性或第二意義之標誌，採註冊保護主義
著作權	具有原創性之著作，保護著作之表達，採創作保護主義
營業秘密權	秘密性、經濟價值及合理保密措施
積體電路電路布局權	原創性與非明顯易知，採註冊保護主義

第一節　營業秘密之保護要件

營業秘密之保護要件有三：秘密性、經濟價值及保密措施。當營業秘密所有人主張其營業秘密遭第三人侵害時，請求民事救濟或追究刑事責任，應證明秘密性、經濟價值及已盡合理保護措施等事實。申言之，營業秘密要件判斷次序，應先就營業秘密之客體或標的是否為秘密；繼而判斷是否具有經濟價值；最後以主觀上有管理秘密之意思與客觀上管理秘密之狀態為斷[2]。

例題3

甲經營燒臘店多年，其所販賣之北平烤鴨，因有祖傳秘方，故風味獨

---

[1] 林洲富，智慧財產權法案例式，五南圖書出版股份有限公司，2023年10月，13版1刷，頁10至11。

[2] 最高法院106年度台上字第350號民事判決。

特頗受相關消費者喜愛，乙為甲之受雇員工，某日偷看店主甲之記事本而發現烤鴨配方，並利用此配方，另行開設燒臘店。試問甲之獨家北平烤鴨配方，是否受營業秘密法之保護？

例題4

A公司與員工就具有秘密性與經濟價值之營業事項簽訂保密條款，員工負有保密義務。試問A公司對營業秘密是否已採取合理保密措施？符合營業秘密法第2條之規範？

例題5

B公司因商業利益與市場行銷之考量，命其員工蒐集與編輯相關之客戶資料或客戶名單。試問該等客戶資料是否可構成營業秘密？何人有權利使用？

壹、秘密性

一、定　義（100、102、104檢察事務官）

營業秘密之保護客體，係指方法、技術、製程、配方、程式、設計或其他可用於生產、銷售或經營之資訊，而符合秘密性、經濟價值及保密措施等要件（營業秘密法第2條；智慧財產案件審理法第4條）[3]。準此，營業秘密之類型可分技術機密與商業機密兩種類型：(一)前者為研究設計、發明、製造之專業技術；(二)後者為涉及商業經營之相關資料[4]。

---

[3] 智慧財產案件審理法第4條規定，本法所稱營業秘密，係指營業秘密法第2條所定之營業秘密。刑法第317條、第318條所稱之工商秘密包括營業秘密。

[4] 曾勝珍，營業秘密法，五南圖書出版股份有限公司，2009年3月，頁33。

(一)美　國

美國對於營業秘密之保護法源基礎有三：1.美國侵權行為法整編（Restatement of Torts）第757條[5]；2.美國之國家統一州法特別會議（National Conference of Commissioner on Uniform State Laws）於1979年制定通過之統一營業秘密法（Uniform Trade Secrets Act, UTSA）；3.1996年制定經濟間諜法案（The Economic Espionage ACT of 1996, EEA）。依據UTSA第1條第1項第4款規定營業秘密之定義可知，秘密資訊之範圍包括配方（formula）、模型（pattern）、編輯（compilation）、程式（program）、裝置（device）、方法（method）、技術（technique）或過程（process），且該資訊具有如後要件：1.其獨立之實際或潛在經濟價值，來自於非他人所公知，且他人無法以正當方法輕易確知，而其洩漏或使用可使他人獲得經濟上價值者；2.已盡合理之努力維持其秘密性者。

(二)我　國

1.以業界標準判斷秘密性

所謂秘密性或新穎性，係指非一般涉及該類資訊之人士所知悉之資訊（營業秘密法第2條第1款）。是屬於產業間可輕易取得之資訊，並非營業秘密之標的[6]。申言之，秘密性之判斷，係採業界標準[7]。除一般公眾所

---

[5] 美國法學會1939年制定之美國侵權行為法整編第757條規定有關洩漏或使用他人營業秘密之責任。關於不正當發現手段（improper means of discovery），係指行為人透過其他不正當之方法，發現他人之營業秘密，無論結果為何，均應負擔責任。雖未造成危害，然損害營業秘密權益之手段，亦為營業秘密之侵害，例如，以詐欺手段之虛偽陳述，引誘他人洩漏其營業秘密，或電話竊聽、偷竊營業秘密。

[6] 技術已公開發表、產品已於國內外大量生產製造、僅為製造流程之一般性資料、一般原理敘述、已有型錄詳細介紹、已對外發表之著作或公開使用、同業所週知之事實、抄襲外國廠商目錄等，均非營業秘密之範圍。

[7] 曾勝珍，我國營業秘密保護要件與相關案例之探討──參考美國經驗，司法院，2016年12月，頁385。

不知者外，相關專業領域中之人亦不知悉。倘為普遍共知或可輕易得知者，則不具秘密性要件[8]。舉例說明如後：(1)就醫療診所之行業別而言，病患資料非一般人可任意取得，且該等資料已相當程度反應診所營業活動之重要內涵，診所之獲利有賴該等資料之建立，診所自不願任由其他診所知悉其病患之資料，病歷資料對醫院或是醫療機構而言，係相當重要之資訊，應受營業秘密法之保護[9]；(2)任何所屬血糖機檢測儀領域之人，得於公開網站知悉血糖機檢測儀技術，是血糖機檢測儀評估文件，未具備專業或技術性，該評估內容與營業秘密之秘密性及經濟價值之要件不符[10]；(3)產品之報價或銷售價格，不涉及成本分析時，屬替代性產品進入市場進行價格競爭時得自市場中輕易獲取之資訊，不具秘密性[11]。

2.營業秘密無獨占性

申請專利範圍（claims）所公開揭露（disclosure）之技術內容，其欠缺所謂之保密性，並非營業秘密之範疇。倘專利權受侵害時，應循專利法保護，非營業秘密法所保護之客體。因營業秘密具有秘密性，所以無獨占性，故多數人就相同之營業技術上技術或資訊，均得主張有營業秘密而不相排斥，此與專利或商標有所不同[12]。因著作權並非以公開為必要之要件，而得合理使用之著作，僅限於已公開著作。故營業秘密係以非公開之著作型態存在，符合原創性之要件時，營業秘密保護之標的，同時成為著作權保護之標的。

3.秘密相對性

營業秘密所有人有保密之主觀意圖，基於事業活動之信賴關係或僱傭、銷售等契約中之保密條款，已採取合理之保密措施，以維護其秘密

---

[8] 智慧財產及商業法院106年度民營上字第1號民事判決。

[9] 臺灣高等法院94年度上字第955號民事判決。

[10] 智慧財產及商業法院104年度民營上字第2號民事判決。

[11] 最高法院104年度台上字第1654號民事判決。

[12] 鄭中人，智慧財產權法導讀，五南圖書出版股份有限公司，2003年10月，3版1刷，頁195。專利權與商標權均有公開之制度。

性，其將營業秘密合理揭露提供予特定之他人，仍不失其秘密性，顯見營業秘密之秘密性，係屬相對性，而非絕對性[13]。例如，系爭資料為調查報告，提供第三人市場調查研究機構針對A公司2020年智慧型手機出貨量之調查數據，該數據為第三人市場調查研究機構以中立研究方法，獨立獲取相關來源資料並分析而得，涉及第三人之營業秘密，僅簽訂合約取得該等數據之合約當事人有機會接觸系爭資料，並非普遍共知或可輕易得知者，依據業界之標準與秘密相對性以觀，足認系爭資料具有秘密性要件[14]。

4.最低程度之新穎性

營業秘密之秘密性屬相對性概念，僅為最低程度之新穎性，其與專利之絕對新穎性不同，故營業秘密可能僅較一般知識或技法，增加少許之技術或超過通常知識，原則上不應允許將多項先前技術之技術內容加以組合，以證明某項技術資訊不具秘密性，故與專利不具進步性之抗辯不同。準此，技術資訊是否已為先前技術所揭示而導致其不具秘密性之判斷，主要應著重於資訊與先前技術所揭示之技術內容完全相同，或兩者雖有差異，然一般涉及該類資訊之人基於通常知識，即可得知兩者為實質相同者[15]。

5. 就整體資料判斷秘密性

以營業秘密所有人之營運利益而言，倘屬不能公開之資料，其應屬秘密性。有無秘密性，係就資料整體以觀，倘資料之部分內容，雖已達公眾所周知之程度，或一般涉及該類資訊之人所知悉，然其整體內容，並非屬一般涉及該類資訊之人所知悉，且屬營業秘密所有人掌握之同業競爭優勢資訊，仍具有秘密性[16]。

---

[13] 吳啟賓，營業秘密之保護與審判實務，台灣本土法學雜誌，98期，2007年9月，頁7。智慧財產及商業法院100年度智上訴字第14號刑事判決。

[14] 智慧財產及商業法院109年度民秘聲上字第18號民事裁定。

[15] 智慧財產及商業法院109年度民營上字第3號民事判決。

[16] 智慧財產及商業法院109年度刑智上重訴字第4號刑事判決。

(三)不可避免揭露理論

1.定　義

　　所謂不可避免揭露理論，係指離職員工，難以期待其能夠從腦海中分辨其技能與經驗，是固有知識或是自前雇主所獲得之經驗。當員工至競爭企業從事相同或近似之工作時，將會不可避免揭露前雇主之營業秘密，除造成難以彌補之損失外，並使新雇主取得營業秘密。前雇主因而得請求法院核發禁制令，禁止該員工於一定期限內，為競爭對手工作，甚至永久禁止其洩漏營業秘密，此為美國普通法上之理論。基於營業秘密與員工固有知識本難以區分，倘過度保障營業秘密，將造成資源難以共享流通，創造僅流於公司內部，而無適當之人才流動，不利整體產業進步[17]。準此，此理論或原則對勞動、交易市場自由競爭與流通性，具有相當程度之影響[18]。

2.舉證責任

　　不可避免揭露理論，此為有利於雇主之事實，應由雇主負舉證責任[19]。證明如後事項：(1)離職員工知悉為雇主之營業秘密；(2)離職員工前後職務之範圍，大致相同或類似；(3)離職員工所知悉之原雇主營業秘密，對新雇主有相當經濟價值；(4)離職員工在新工作處，不可避免使用得自原雇主之營業秘密；(5)離職員工有違於誠信之不正行為（misconduct）[20]。

(四)營業秘密法與專利法之區別

　　營業秘密之新穎性與專利法所要求之新穎性，兩者不同：1.專利法之

---

[17] 智慧財產及商業法院107年度民暫抗字第4號民事裁定。

[18] 廖奕淳，我國營業秘密保護之困境與突破，國立臺灣大學法律學院法律學研究所，2016年7月，頁122至124。智慧財產及商業法院103年度民營訴字第1號民事判決。

[19] 宋皇志，營業秘密中不可避免揭露原則之研究，智慧財產訴訟制度相關論文彙編，5輯，司法院，2016年12月，頁417。智慧財產及商業法院103年度民營訴第1號民事判決。

[20] 王偉霖，2016年美國聯邦保護營業法（DTSA）於我國營業秘密法制之借鏡，2016年10月，萬國法律，209期，頁98。

絕對新穎性，係指發明創作在申請專利前從未被公開，其從未被公眾所知或使用過之情形。故在國內外刊物上公開、或因公開使用，而使不特定多數人得知其使用之狀態，均將會使創作發明之新穎性喪失，致無法獲准專利；2.營業秘密法所要求之新穎性，則為相對新穎性，僅要具有最低程度之新穎性，該資訊為「非一般涉及該類資訊之人所知者」，即符合新穎性之要件[21]。

二、審判不公開

為保護營業秘密所有人，法院判決書有關營業秘密之內容，不得公開之，否則會喪失秘密性（營業秘密法第9條第1項）。法院為審理營業秘密訴訟案件，得設立專業法庭或指定專人辦理（營業秘密法第14條第1項；智慧財產及商業法院組織法第3條）。當事人提出之攻擊或防禦方法涉及營業秘密，經當事人聲請，法院認為適當者，得不公開審判或限制閱覽訴訟資料（營業秘密法第14條第2項；智慧財產案件審理法第31條）。訴訟資料涉及營業秘密者，法院於不影響當事人行使辯論權之範圍內，得依當事人或第三人聲請裁定不予准許或限制訴訟資料之閱覽、抄錄、攝影或其他方式之重製（智慧財產案件審理法第32條第1項）。

三、營業秘密不具獨占性

營業秘密與專利不同，不具有排他效力，其不需有揭露與審查等保護要件。僅要該營業秘密不被公開或經由還原工程揭露之，其權利期間不受限制，並無專利權有權利之存續期間。營業秘密與專利權之性質雖有不同，然兩者並非不得併存，企業界自得於契約內容約定，將已公開之專利權及未公開之營業秘密，依據授權條款或讓與條款，將兩者權利一併授權或移轉之，使企業更具競爭力。因未公開之技術內容，在市場上，常具有

---

[21] 馮震宇，了解營業秘密法——營業秘密法的理論與實務，永然文化出版股份有限公司，1997年7月，頁101至102。

決定或重要之關鍵。

四、營業秘密與積體電路電路布局

申請電路布局登記，應備具申請書、說明書、圖式或照片，向電路布局專責機關為之。申請時已商業利用而有積體電路成品者，應檢附該成品（積體電路電路布局保護法第10條第1項）。故電路布局權之取得，採登記生效主義，該積體電路電路布局必須公開，其與營業秘密之本質有違。而為保護積體電路電路布局之權利人，電路布局之圖式、照片或積體電路成品，倘涉及積體電路製造方法之秘密者，申請人得以書面敘明理由，向電路布局專責機關申請以其他資料代之（第2項）。準此，積體電路電路布局權與營業秘密，得併存與相互為用。

五、營業秘密與個人資料保護

(一)個人資料之範圍

所謂個人資料，係指自然人之姓名、出生年月日、國民身分證統一編號、護照號碼、特徵、指紋、婚姻、家庭、教育、職業、病歷、醫療、基因、性生活、健康檢查、犯罪前科、聯絡方式、財務情況、社會活動及其他得以直接或間接方式識別該個人之資料（個人資料保護法第2條第1款）。故企業所有或持有之客戶資料具有營業秘密，而客戶資料受個人資料保護法之規範，自不得隨意將客戶資料作為其他使用（個人資料保護法第1條）[22]。準此，侵害受個人資料保護法保護而具有營業秘密之客戶資料，同時侵害營業秘密與個人資料，可知營業秘密與個人資料保護間，具有相當之關聯。

---

[22] 個人資料保護法第1條規定：為規範個人資料之蒐集、處理及利用，以避免人格權受侵害，並促進個人資料之合理利用，特制定本法。

(二)損害賠償責任

非公務機關違反本法規定，致個人資料遭不法蒐集、處理、利用或其他侵害當事人權利者，負損害賠償責任（個人資料保護法第29條第1項本文）。損害賠償，除依本法規定外，非公務機關適用民法之規定（個人資料保護法第31條）。倘被害人不易或不能證明其實際損害額時，得請求法院依侵害情節，以每人每一事件新臺幣500元以上2萬元以下計算（個人資料保護法第28條第2項至第3項）。

(三)刑事判決書公開被告姓名

法院組織法第83條第1項明定裁判書以公開為原則，僅於兒童及少年福利法、少年事件處理法、性侵害犯罪防治法、國家機密保護法、智慧財產及商業法院組織法等，專門針對裁判書公開設有限制公開內容之特別規定，始得例外不予公開。而同法第2項原則上規定，自然人之姓名應予公開，係立法者為平衡人民知的權利與個人資訊隱私權之衝突，並顧及公開技術有其極限所增訂，得不含自然人之身分證統一編號及其他足資識別該個人之資料，而無侵害隱私權之虞[23]。

貳、經濟價值性（100、102、104**檢察事務官**）

所謂經濟價值者，係指技術或資訊有秘密性，且具備實際或潛在之經濟價值者，始有保護之必要性（營業秘密法第2條第2款）。準此，營業秘密之保護範圍，包括實際及潛在之經濟價值。故尚在研發而未能量產之技術或相關資訊，其具有潛在之經濟價值，亦受營業秘密法之保護，不論是否得以獲利。申言之，持有營業秘密之企業較未持有該營業秘密之競爭者，具有競爭優勢或利益者。就競爭者而言，取得其他競爭者之營業秘密，得節省學習時間或減少錯誤，提升生產效率，即具有財產價值，縱使試驗失敗之資訊，仍具有潛在之經濟價值。

---

[23] 最高行政法院105年度判字第145號行政判決。

一、客戶名單

　　第三人得自客戶資料名單之揭露或使用，獲得經濟上之價值；或者具有競爭性產品之銷售價格與條件之信函，亦有經濟上之價值[24]。反之，僅表明名稱、地址、連絡方式之客戶名單，可於市場上或專業領域內，依一定方式查詢取得，且無涉其他項目。例如，客戶之喜好、特殊需求、相關背景、內部連絡及決策名單等經整理、分析之資訊，自難認有何秘密性及經濟價值[25]。

二、CoCa配方

　　國際著名之美國可口可樂公司就「CoCa」配方，因與其他同業之配方不同，具有競爭優勢或利益者，其未申請專利，屬可口可樂公司所有營業秘密，為該公司帶來龐大商機與豐厚利潤，其為具有經濟價值。

三、研發之技術

　　甲前為乙公司高階主管，因其職務及地位，有機會參與技術之研發，而接觸乙公司之營業秘密，甲現任職於乙公司，其於大陸地區市場之最大競爭對手丙公司，乙公司所有之營業秘密，倘未限制甲負保密義務，其可能藉由使用或洩漏於任職時，所知悉之機密資訊，侵害乙公司之營業秘密，丙公司有機會因聘僱甲而取得乙公司所屬非公開，且有利於企業競爭之機密資訊，進而侵害乙公司之營業利益，除削弱乙公司直接競爭力外，亦增加丙公司於同業之競爭優勢[26]。

---

[24] 臺灣高等法院88年度上易字第5232號刑事判決、93年度上易字第626號民事判決，均認為營業價格表與客戶資料，在市場上競爭為具有價值之營業秘密。

[25] 最高法院99年度台上字第2425號民事判決；智慧財產及商業法院107年度刑智上訴字第14號刑事判決。

[26] 智慧財產及商業法院103年度民營訴字第3號民事判決。

四、電腦程式內碼

甲公司製造之車床機台,其配置之電腦程式內碼,須輸入密碼始能夠閱覽、編輯及下載,可知對電腦程式內碼設有合理保密措施,而電腦程式內碼,非為一般人所能接觸、知悉或開啟之資料。準此,第三人非法取得車床機台之電腦程式內碼,即可撰寫功能相同之電腦程式,除侵害甲公司之營業利益而削弱直接競爭力外,亦增加第三人於同業之競爭優勢,致生甲公司之競爭力減損,故車床機台電腦程式之內碼,具實際或潛在經濟價值,具備經濟性之要件[27]。

五、產品配方

產品配方應具備實際或潛在之經濟價值,相較於一般配方或成分,須能產生較先前一般配方或成分無法預期之較佳功效。倘僅將已揭露之個別成分加以組合,經此組合後,未能產生較先前一般配方或成分無法預期之功效,該產品配方即不具經濟性,非屬營業秘密法所稱營業秘密[28]。

參、保密措施(100、102、104、109**檢察事務官**)

一、定 義

(一)合理保密措施

所謂保密措施者,係指營業秘密所有人已採取合理之保密措施者。申言之,營業秘密所有人或持有人,按其人力、財力,依社會或產業通常所可能之方法或技術,將不被公眾或競爭同業知悉之資訊,依業務需要分類、分級而由不同之授權職務等級者知悉[29]。故合理保密措施,必須營業秘密之所有人主觀上有保護之意願,且客觀上有保密之積極作為,使人瞭

---

[27] 智慧財產及商業法院106年度刑秘聲字第1號刑事裁定。
[28] 智慧財產及商業法院106年度民營上更(一)字第2號民事判決。
[29] 最高法院102年度台上字第235號民事裁定、106年度台上字第350號民事判決。

解其有將該資訊當成秘密加以保守之意思，並將該資訊以不易被任意接觸之方式，予以控管[30]。至於資料蒐集是否困難或複雜與否，抑是有償或無償取得，並非營業秘密之要件。再者，營業秘密涵蓋範圍甚廣，取得法律保護之方式，並非難事，倘營業秘密所有人不盡合理之保密措施，使第三人得輕易取得，法律自無保護其權利之必要性[31]。倘事業資訊為該產業從業人員所普遍知悉之知識，縱使事業將其視為秘密，並採取相當措施加以保護，其不得因而取得營業秘密[32]。

(二)審酌因素

判斷是否已達合理保密措施之程度，應在具體個案中，視該營業秘密之種類、事業實際經營及社會通念而定之。法院審查營業秘密所有人之保密措施時，不採嚴格之保密程度，解釋上已達任何人以正當方法而無法輕易探知之程度，即可認定具備合理之保密措施。

1.合理保密措施之方法

合理保密措施包含在相關文件中標明機密、未獲得授權者不得進入某些區域、有必要瞭解營業秘密者須獲得特別授權、任何接觸營業秘密者應登記；或在電腦資訊庫中設立安全密碼[33]。

2.員工離職未要求交付營業秘密之資料

公司未於員工離職時即要求交付或銷毀公司所稱具營業秘密之資料，即准予去職，是公司對於營業秘密管理顯有疏失，其未盡合理保密措施，不得主張營業秘密之保護[34]。告知員工於離職時，應交付或銷毀公司所稱

---

[30] 智慧財產及商業法院105年度民暫字第13號民事裁定、104年度民營訴字第1號、107年度民營上字第2號民事判決。

[31] 智慧財產及商業法院105年度民營訴字第4號民事判決。

[32] 臺灣高等法院86年度勞上字39號民事判決：不動產所有人之資料，一般人均得輕易自地政機關取得，故該資料缺乏營業秘密之特質。

[33] 羅怡德，美國營業秘密法之介紹與分析，輔仁法學，12期，1993年6月，頁187。智慧財產及商業法院106年度民營上字第1號民事判決。

[34] 智慧財產及商業法院103年度民營上字第6號民事判決。

具營業秘密之資料,公司可於員工到職時、任職期間或離職時爲之[35]。

3.未盡合理保密措施

甲將某配方傳眞乙、丙,傳眞接收端所在之不特定人員,均可任意獲悉或取得,且渠等未簽署保密協議,除未指明其有何法律上保密義務外,亦未採取分類、分級之群組管制措施,或應與交由特定人保管、限制相關人員取得、告知承辦人保密內容及保密方法等合理保密措施,甲僅以商業機密或機密之記載,難認已爲合理保密措施,未符合營業秘密之要件[36]。再者,縱使有簽署保密協議,惟任何人均得輕易接觸該等資訊,雖有保密協議之簽署,惟難謂營業秘密所有人已採取合理之保密措施[37]。

二、舉證責任

基於我國及美國之規定,可知營業秘密保護要件有三:秘密性、經濟價值及保密措施。資訊是否具有秘密性及價值性,得經由經濟市場之交易模式及其機能加以判斷,其有客觀之判定基準,在認定上較無困難。當營業秘密所有人主張其營業秘密遭第三人侵害時,而請求損害賠償,其有無盡合理保護之措施之事實。其爲有利於所有人之事實,自應舉證以實其說(民事訴訟法第277條)。權利人無法證明時,則有敗訴之危險性。茲將實務上常見之合理保密措施說明如後,作爲所有人保護營業秘密之參考[38]:

(一)簽訂保密契約

企業與員工或接觸營業秘密之人,渠等訂定保密契約(non-dis-

---

[35] 智慧財產及商業法院109年度刑智上重訴字第4號刑事判決。

[36] 最高法院106年度台上字第350號民事判決。

[37] 智慧財產及商業法院105年度刑智上訴字第11號、107年度刑智上訴字第24號刑事判決。

[38] 李曉媛、徐弘光、丁建華、陳振中,劉江彬編著,營業秘密與競業禁止案,智慧財產法律與管理案例評析(1),華泰文化事業股份有限公司,2003年10月,頁222至223。

closure agreement）或條款，此為契約之法律關係。企業有提出簽訂保密條款之事證時，得證明或釋明員工自企業處所取得或持有資訊者，具有秘密性。倘員工否認該等資訊不具秘密性，應提出反證釋明或證明不具秘密性[39]。

(二)設置保密措施

事業建立、維持及監督之保密措施，除以書面或公告通知全體員工外，得利用電腦管理系統建置制度。例如，設置防火牆，防止電腦駭客入侵、建制網路安全與管理。

(二)重要區域之控管

事業之重要區域應有所管制與監控，即建立阻絕措施或限制參觀工廠或生產線等活動，以防止第三人窺視製造程序，竊取營業秘密或相關資訊。例如，要求訪客或客戶簽訂保密條款。

(四)文件標明機密等級

事業對於涉及營業秘密之資料，應於文件標明機密等級，督促員工注意及遵守保密規定。舉例說明之：1.將文件區分成極機密、機密及限閱等檔案保密程級或管制文件[40]；2.借出或返還均應履行登記制度，就重要資料應有出借之嚴格要件；3.限制影印份數與追蹤管理。

(五)填寫工作日誌

要求事業之研發人員（R&D）填寫工作日誌，以資證明獨立研發過程，經由該步驟或程序，除可作為區別企業所有之營業秘密及員工之一般知識技能外，並可作為完成或取得營業秘密之證據[41]。

---

[39] 智慧財產及商業法院107年度刑智上訴字第4號、109年度刑智上重訴字第4號刑事判決。

[40] 智慧財產及商業法院103年度營上字第5號民事判決；最高法院104年度台上字第1838號民事判決。

[41] 最高法院80年度台上字第440號民事判決：資料建檔之方式，為企業維持營業秘密之合理保護措施。

(六)離職訪談

事業建立員工離職訪談（exit interview）制度，藉此提醒離職員工有保護營業秘密之義務，減免離職員工因故意或過失，洩漏或不當使用雇主之營業秘密。

(七)競業禁止約款

企業與員工簽訂合理之競業禁止之約款，以防止離職員工於一定期間，運用自前雇主所取得之資訊或工作經驗，而與前雇主從事競爭，此為契約之法律關係，當事人均受拘束。

肆、營業秘密管理之建立方針

企業對於營業秘密管理所採取措施之執行方式及程度，將影響特定資訊能否受營業秘密法保護之認定。而企業保護營業秘密之管理機制，分為物之管理、人員管理及組織管理，藉由適當與具體之營業秘密保護方法，以提升管理品質與水準，降低營業秘密遭侵害之風險及可能性。

一、物之管理

營業秘密為無體之智慧財產權，應附著於特定之媒介，包括有體之紙本文件及無體之電子化檔案，始能對外加以表達、運用或傳遞，進而產生經濟價值與效益。因營業秘密之具體內容，可能散見於不同之資料，應透過適當之管理與控制，以達有效整合企業營業秘密之目的，並可明確劃分內部員工之權責及執掌範圍。準此，就營業秘密相關之物或資訊，進行有制度之管理，為建立營業秘密保護機制之首要關鍵。有關物之管理，主要是針對記載營業秘密之各類載體，暨存放相關資料之處所或區域之管理。

(一)資訊密等之區辨與標示

為使接觸企業內部資訊之人，容易與清楚認識所接觸之文件內容，是否為機密資訊，避免判斷之不確定性，應落實將機密文件加註機密等級之措施。就紙本文件而言，可使用黏貼標籤或以不同顏色之卷宗包覆等方式

區分：密、機密、極機密、絕對機密等標示。再者，電子檔案部分，可在存取資訊之USB隨身碟上加貼標籤，以資辨識。為因應檔案之機密等級設定密碼，秘密等級越高之檔案，設定之密碼強度應越高，並定期更換密碼，以防遭他人破解與盜取機密內容。

(二)設備管制

為防堵企業內部之營業秘密遭他人竊取，應加強對存放或載有相關營業秘密資訊之設備控管，並限制對該類資訊之存取、下載、複製、回收及銷毀。例如，用於開會討論或方便說明之紙本機密文件，應於使用後立即回收，並用碎紙機予以銷毀，避免與會人士將營業秘密攜出與洩漏。而刪除或銷毀電子機密檔案時，應採取不可回復之措施，避免員工假裝已移除該檔案，嗣後加以復原。

(三)區域控管

為防止無權限之人接觸機密文件資料，應針對保存機密檔案卷宗之處所或區域，加強安全警戒管理機制，並依據特定營業秘密之經濟價值與機密程度，區分不同等級之控管方式。針對一般性之營業秘密，其保管場所應上鎖，最好能夠配置全天候輪班之保全人員加以看管，倘有人要求進入，應出示相關授權證明，並落實登記制度，以確認出入場所者之身分與停留時間。倘無足夠經費聘請保全人員，至少應裝設保全系統或監視錄影器，以達嚇阻功效。就高度機密之營業秘密，其保管場所應加裝高科技之認證系統。例如，使用IC卡認證、虹膜辨識認證、指紋辨識認證等科技，避免他人偽裝其身分或假造授權證明而進入保密場所。

(四)電腦系統管理

數位網路時代，企業使用電腦紀錄與儲存相關資訊，並經常藉由電子郵件傳送或散布內部訊息，為避免他人侵入公司內部電腦系統，竊取重要機密資料，並予以散播，企業應積極採取相應之措施，阻斷侵害發生之機會。準此，企業應訂定網路連線之管理規則，將電子郵件內容及備份資料編碼化，並以書面明確記載資料複製或備份之步驟，利於查驗或稽核。對

於以電磁紀錄方式保存之營業秘密，應加入他人無法閱覽之技術限制。例如，設定電腦或檔案之登入密碼，且密碼設定之強度應提高，禁止同一或類似之密碼重複使用，以防容易遭人破解。就強化對外部入侵之防禦而言，隨時注意是否有他人企圖透過網路入侵而盜取資料，並設置防火牆及防毒軟體，以防範電腦病毒之惡意攻擊。而為防止資訊不經意遭洩漏，針對存有營業秘密之電腦所安裝之軟體，應進行嚴格之控管與篩選，不安裝非必要之軟體，如具有即時通訊功能之聊天軟體。

二、人員管理

為使企業內部員工瞭解營業秘密管理之重要性，企業平時應定期舉辦相關之教育訓練課程或研習活動，向員工宣導相關之法令、規定及罰則，並制定具體契約條款或工作守則，明確約定員工有保守營業秘密之義務，以全面提升員工對營業秘密管理之認識。

(一)教育訓練

營業秘密管理教育課程之實施，係長期性常態性之活動，應設立固定之專責職位，選定適合之教育研習負責人擔任此職務，專門負責規劃教育研習之課程內容、製作各式教材、挑選適當講師及評估員工學習成效，將教育責任明確化，將有助於此項業務之推展與專業化。教育為潛移默化之過程，除定期舉辦特定之研習課程外，為提升員工保護營業秘密之概念，企業應善用各類員工聚集之場合，隨時提醒員工注意營業秘密管理相關事項。

(二)契約管理

1.保密條款

(1)契約自由

企業落實營業秘密保護之基本措施，應與員工簽訂保密協定或競業禁止契約，前者係為避免員工將職務上接觸、持有或開發之營業秘密，任意予以洩漏或散布，使之喪失秘密性，進而侵害企業之商業利益與市場競爭

力;後者則爲防範員工於離職後,立即轉至同領域之公司任職,並將原公司內部之研發成果或營運策略透露予新公司,破壞原公司之商業布局。企業簽訂保密協定之對象,不僅限於現職員工,亦應包括離職員工,以防員工在解除僱傭關係後,即不受當初簽訂之保密條款拘束。申言之,保密協定僅針對特定之營業秘密項目加以規制,簽訂契約時範圍不可過於廣泛,應注意合理性、明確性、必要性及符合公序良俗。基本之保密義務,包括營業秘密不得爲目的外之使用,且未經授權或同意,禁止揭露營業秘密、禁止複製或攜出載有營業秘密之媒體,離職時應返還營業秘密記錄媒體等。企業應設定特定資訊之保密期間,倘無法設定,則須明白記載在資訊之秘密性喪失前,均爲保密期間。當事人亦可於保密契約載明違反相關規定之罰則,加強契約之約束力。

(2)明確性與合理性

企業於經營活動爲保護自身之營業秘密,對於可能接觸營業秘密之人,經由保密契約,自得課予接觸者保密義務,且其約定應保守之秘密,基於契約自由原則,固非必須與營業秘密法所定義之營業秘密完全一致,惟仍須具備明確性及合理性。雇主與受僱人間所約定之辭離職聲明:保證無影印、抄寫公司文件、函電、設計圖樣、帳冊、客戶往來等資料,並保證不得洩漏在公司任職期間所知之秘密等內容。其雖不限於營業秘密法所定之營業秘密,惟至少仍須具備非一般周知之特性,且雇主已採行防止第三人獲悉之保密措施者,始屬相當,不得擴張解爲雇主之任何資訊,均在保密範圍[42]。準此,雇主與受僱人有簽訂保密條款,可認雇主已盡合理保護措施時,雇主主張受僱人違反營業秘密法,受僱人應證明其使用或洩漏之內容,不符營業秘密法第2條之營業秘密要件,其始得免除侵害營業秘密或違反契約之責任[43]。

---

[42] 最高法院104年度台上字第1654號民事判決。

[43] 顏雅倫,從我國最高法院歷年民事判決看營業秘密民事案件實務趨勢,全國律師,2016年11月,頁45。

2.競業禁止條款

企業認為有必要時，得與員工簽訂競業禁止契約，限制員工於離職後一定期間或一定區域範圍內，不得任職於同性質或同領域之公司，應注意該契約條款之合理性與必要性，以免過度侵害員工之工作權（勞動基準法第9條之1）。準此，競業禁止條款就期間、場所範圍、職務範圍等限制事項，應平衡企業營業秘密保護及離職員工之權益。

(三)工作守則

保密契約無法詳細載明之營業秘密保護手續或步驟時，企業應訂定於工作守則中，以利員工遵守。企業於工作守則規定員工之保密義務時，應注意不得違反勞動相關法規。因工作守則對全體員工均有拘束力，應確認所有員工均知悉其內容。是工作守則應明定，縱使非屬自己業務範圍之機密事項，員工仍負有不得將秘密外洩之義務。

三、組織管理

為具體達成物之管理及人員管理之目標與效果，組織管理策略之貫徹與實施，扮演相當重要之整合角色，始能有效保護營業秘密。企業可廣泛蒐集公司內部資訊，並逐項進行風險分析，繼而針對具有重要性之特殊資訊，作為營業秘密加以管理，並因應營業秘密之特性，決定管理方法。組織管理可應用PDCA模式如後：(一)決定管理方針（Plan），將營業秘密管理制度或方針書面化，並制定具體實施之準則管理手冊；(二)實施管理制度（Do），確立管理制度或方針後，應使全體員工瞭解相關規定內容，並依照權責分工實施管理制度或方針；(三)檢視管理狀況（Check），為確保管理之有效性，除日常檢視外，亦應進行定期內部稽核，必要時可委託公正第三人協助檢驗；(四)修正管理制度（Action），應規劃與定期實施檢視、分析及改善流程，以確保管理制度之效益符合預

期結果，並依實施流程之結果修正制度[44]。

伍、營業秘密之鑑定

一、證據方法

　　鑑定為一種調查證據方法，有特別經驗者依據特別法規或經驗法則所得結果，供作法院依自由心證判斷事實真偽之證據資料。當事人就其可處分之事項，對於鑑定人之人選、鑑定結果及於事實認定之效力，本得於起訴前以證據契約之形式為約定、在證據保全程序中依民事訴訟法第376條之1第1項規定成立協議，或於訴訟進行中依同法第326條第2項前段、第270條之1第1項第3款、第3項規定，達成指定合意或爭點簡化協議。例如，當事人得於起訴前或訴訟進行中，就營業秘密之鑑定人、鑑定範圍、鑑定方法等事項加以合意。此調查證據方法所定之證據契約，兼有程序法與實體法之雙重效力，具紛爭自主解決之特性及簡化紛爭處理程序之功能。倘其內容無礙於公益，而非屬法院依職權應調查之事項，且不侵害法院對證據評價之自由心證，並在當事人原有自由處分之權限內，基於私法之契約自由及訴訟法之辯論主義與處分權主義，自應承認其效力，以尊重當事人本於權利主體與程序主體地位合意選擇追求訴訟經濟之程序利益[45]。反之，無證據契約、指定合意或爭點簡化協議，法院即不受鑑定結果之拘束，應踐行調查證據之程序，繼而決定取捨[46]。

二、鑑定人之義務

　　具有營業秘密鑑定所需之特別學識經驗，或經機關委任有鑑定職務者，於他人之訴訟，有為鑑定人之義務（民事訴訟法第328條；刑事訴訟法第198條）。再者，鑑定（expert testimony），除本目別有規定外，準

---

[44] 經濟部智慧財產局，營業秘密保護實務教戰手冊，2013年12月，頁47至53。
[45] 最高法院102年度台上字第246號民事判決。
[46] 最高法院98年度台上字第1131號民事判決。

用關於人證之規定，故鑑定人有到場、陳述及具結等公法義務（民事訴訟法第324條；刑事訴訟法第197條）。再者，第19條至第20條規定查證人部分，其於營業秘密侵害事件準用之（智慧財產案件審理法第27條）。

(一)不得為鑑定人或免除鑑定義務

因鑑定可使他人代替，故鑑定人拒絕鑑定，不得拘提（民事訴訟法第329條；刑事訴訟法第199條）。為確保鑑定人之中立性及公正性，有第32條第1款至第5款情形之迴避事由，雖不得為鑑定人。然無其他適當之人可為選任或經當事人合意指定時，不在此限（民事訴訟法第330條第1項）。鑑定人拒絕鑑定，雖其理由不合於第307條第1項之得拒絕證言規定，倘法院認為正當者，得免除其鑑定義務（第2項）。當事人得依聲請法官迴避之原因，拒卻鑑定人。但不得以鑑定人於該案件曾為證人或鑑定人為拒卻之原因（刑事訴訟法第200條第1項）。鑑定人已就鑑定事項為陳述或報告後，不得拒卻。但拒卻之原因發生在後或知悉在後者，不在此限（第2項）。

(二)鑑定人具結之程式

鑑定人應於鑑定前具結，於結文內記載必為公正、誠實之鑑定，如有虛偽鑑定，願受偽證之處罰等語（民事訴訟法第334條；刑事訴訟法第202條）。而法院未命鑑定人於鑑定前具結，固屬違背民事訴訟法第334條規定，惟此規定僅為當事人之利益而設，當事人知其違背或無異議，而為本案之辯論者，依同法第197條第1項規定，其責問權即行喪失，嗣後不得更以此項訴訟程序規定之違背，為上訴理由[47]。

(三)查證人

1.當事人聲請選任查證人

營業秘密害事件，法院為判斷應證事實之真偽，得依當事人之聲請選任查證人，對他造或第三人持有或管理之文書或裝置設備實施查證。但與

---

[47] 最高法院30年上字第489號民事判決。

實施查證所需時間、費用或受查證人之負擔顯不相當者，不在此限（智慧財產案件審理法第19條第1項）。前項查證之聲請，應以書狀明確記載下列事項：(1)營業秘密有受侵害或受侵害之虞之相當理由；(2)聲請人不能自行或以其他方法蒐集證據之理由；(3)有命技術審查官協助查證人實施查證之必要；(4)受查證標的物與所在地；(5)應證事實與依查證所得證據之關聯性；(6)實施查證之事項、方法及其必要性（第2項）。前項第1款至第3款事項，應釋明之（第3項）。法院為第1項裁定前，應予當事人或第三人陳述意見之機會（第4項）。准許查證之裁定，應記載下列各款事項：(1)查證人姓名及協助查證之技術審查官姓名；(2)受查證標的物與所在地；(3)實施查證之理由、事項及方法（第5項）。駁回第1項聲請之裁定，得為抗告（第6項）。

2.查證人之資格

與當事人或第三人有民事訴訟法第32條各款情形規定法官自行迴避事由之一者，不得為查證人（智慧財產案件審理法第20條第1項）。查證人應於收受前條第5項裁定後5日內，以書面揭露下列各款事項提出於法院，並由法院送達於當事人或第三人：(1)學經歷、專業領域或本於其專業學識經驗曾參與專利權侵害訴訟、非訟或法院調解程序之案例；(2)最近3年內是否與當事人、參加人、輔佐人、法定代理人、訴訟代理人或受查證第三人有學術上或業務上之分工或合作關係；(3)最近3年內是否收受當事人、參加人、輔佐人、法定代理人、訴訟代理人或受查證第三人之金錢報酬或資助及其金額或價值；(4)關於該事件，是否有收受其他金錢報酬或資助及其金額或價值（第2項）。查證人之拒卻，準用民事訴訟法第331條至第333條規定（第3項）。

3.撤銷准許查證之裁定

第19條第5項裁定，如有下列情形之一者，法院得依職權撤銷之：(1)發生第19條第1項但書所定情事；(2)違反前條第1項規定；(3)違反前條第2項揭露規定，而有影響查證人之客觀性或公正性之虞；(4)因前條第2項第2款至第4款所定之利害關係，而有影響查證人之客觀性或公正性之虞

（智慧財產案件審理法第21條第1項）。前項情形，當事人或第三人得於知悉之日起7日內，向法院聲請撤銷第19條第5項之裁定（第2項）。前二項撤銷之裁定，不得聲明不服（第3項）。駁回第2項聲請之裁定，得為抗告（第4項）。

4.查證程序

查證人應於查證前具結，於結文內記載必為公正、誠實之查證，如有虛偽查證，願受偽證之處罰等語（智慧財產案件審理法第22條第1項）。查證人實施查證時，除得進入受查證標的物之所在地，對文書或裝置設備為經法院許可之查證方法外，亦得對受查證人發問或要求其提示必要之文書（第2項）。前項查證行為，技術審查官為協助查證人實施查證之必要，亦得為之（第3項）。受查證之當事人無正當理由拒絕或妨礙實施查證者，法院得審酌情形認聲請人關於依該查證之應證事實為真實（第4項）。前項情形，法院應予當事人辯論之機會，始得採為裁判之基礎（第5項）。受查證之第三人無正當理由拒絕或妨礙實施查證者，法院得以裁定處新臺幣10萬元以下罰鍰（第6項）。前項裁定，得為抗告，抗告中應停止執行（第7項）。

5.查證報告書

查證人實施查證後，應製作查證報告書提出於法院（智慧財產案件審理法第23條第1項）。法院收受查證報告書後，應以影本或電子檔案送達於受查證人（第2項）。查證報告書涉及營業秘密者，受查證人應於查證報告書影本或電子檔案送達後14日內，聲請法院裁定禁止向當事人開示查證報告書之全部或一部（第3項）。法院為判斷前項聲請有無正當理由，認有必要時，得向訴訟代理人或經受查證人同意之訴訟關係人，開示查證報告書之全部或一部，並以不公開方式聽取其意見（第4項）。前項情形，法院於開示查證報告書前，應通知受查證人；受查證人於受通知之日起14日內，聲請對受開示人發秘密保持命令者，於聲請裁定確定前，不得開示（第5項）。第3項禁止開示之原因消滅者，受禁止開示人得聲請法院撤銷該裁定（第6項）。第3項及前項裁定，得為抗告。駁回第3項

聲請及准許前項聲請之裁定，於抗告中，法院不得向當事人開示查證報告書（第7項）。

6.聲請查證報告書

前條第3項情形，受查證人逾期未聲請，或未經法院裁定禁止開示查證報告書者，當事人得向法院書記官聲請閱覽、抄錄、攝影或以其他方式重製查證報告書或其電子檔案之全部或一部，或預納費用聲請付與查證報告書全部或一部之繕本、影本、節本或其電子檔案（智慧財產案件審理法第24條第1項）。除前項規定外，任何人不得向法院書記官聲請之（第2項）。

7.準用鑑定人之規定

曾為查證人而為證人者，就其因實施查證所知悉之營業秘密事項，得拒絕證言（智慧財產案件審理法第25條第1項）。前項情形，查證人之秘密責任已經免除者，不得拒絕證言（第2項）。查證人之日費、旅費、報酬及其他實施查證之必要費用，準用鑑定人之規定，並為訴訟費用之一部（智慧財產案件審理法第26條）。

8.查證人之刑事責任

查證人於法院審判時，就案情有重要關係之事項，具結而為虛偽查證或陳述者，處7年以下有期徒刑（智慧財產案件審理法第74條第1項）。犯前項之罪，於所虛偽查證或陳述之案件，裁判確定前自白者，減輕或免除其刑（第2項）。查證人違反查證之目的，而重製、使用或洩漏因查證所知悉之營業秘密，處3年以下有期徒刑、拘役或科或併科新臺幣100萬元以下罰金（第3項）。犯前項之罪，其重製、使用或洩漏之營業秘密，屬國家安全法第3條所指國家核心關鍵技術之營業秘密者，處5年以下有期徒刑、拘役或科或併科新臺幣300萬元以下罰金（第4項）。於外國、大陸地區、香港或澳門犯第3項、第4項之罪者，不問犯罪地之法律有無處罰規定，亦適用第3項、第4項規定（第5項）。

三、鑑定程序

法院審理營業秘密案件中，無論是原告或告訴人之營業秘密，或是被告持有之被控侵權之營業秘密，常具有高度之專業性，倘被告爭執所持有之資訊異於告訴人之營業秘密資訊，抑是指稱原告或告訴人之資訊不構成營業秘密，法院得委託第三方專家或機構進行專業鑑定，作為是否構成侵害營業秘密之重要關鍵。營業秘密之內容不僅具有高度專業性，同時涉及諸多內部代號及標誌，僅有營業秘密所有人始能明確辨識扣案證物或鑑定標的是否為營業秘密[48]。

(一)聲請程序

聲請鑑定，應表明鑑定之事項，否則鑑定之必要與否，不能斷定（民事訴訟法第325條）。因聲請鑑定，其與聲請人證有異，毋庸聲明鑑定人。故鑑定人由受訴法院選任，並定其人數（民事訴訟法第326條第1項）。法院於選任鑑定人前，得命當事人陳述意見；其經當事人合意指定鑑定人者，雖應從其合意選任之。然法院認其人選顯不適當時，不在此限（第2項）。

(二)調查證據之程序

1.具體理由說明鑑定意見

法院固得就鑑定人依其特別知識觀察事實，加以判斷而陳述之鑑定意見，依自由心證判斷事實之真偽。然就鑑定人之鑑定意見可採與否，應踐行調查證據之程序而後定其取捨。倘法院不問鑑定意見所由生之理由如何，遽採為裁判之依據，不啻將法院調查證據與認定事實之職權委諸鑑定人，其與鑑定僅為一種調查證據之方法之趣旨，殊有違背[49]。例如，T大學電機研究所與臺灣電機技師公會之鑑定報告，兩者就營業秘密要件之認定不同，法院自應通知兩鑑定機構派人到庭陳述鑑定意見，就不明瞭之

---

[48] 邱享坤，營業秘密案件防制對策之研究，國立中正大學會計與法律數位學習碩士在職專班論文，2020年7月，頁79。

[49] 最高法院79年台上字第540號民事判決。

處，逐一澄清以為取捨之依據，具體說明其理由，以求詳盡。

2.鑑定人之拒卻

當事人雖得依聲請法官迴避之原因拒卻鑑定人，然不得以鑑定人於該訴訟事件曾為證人或鑑定人為拒卻之原因（民事訴訟法第331條第1項）。除有第32條第1款至第5款情形外，鑑定人已就鑑定事項有所陳述或已提出鑑定書後，雖不得聲明拒卻。然拒卻之原因發生在後或知悉在後者，不在此限（第2項）。

3.鑑定人陳述之義務及方法

受訴法院、受命法官或受託法官得命鑑定人具鑑定書陳述意見（民事訴訟法第335條第1項）。前項情形，依第334條規定具結之結文，得附於鑑定書提出（第2項）。鑑定書須說明者，得命鑑定人到場說明（第3項）。鑑定之經過及其結果，應命鑑定人以言詞或書面報告（刑事訴訟法第206條第1項）。例如，兩鑑定機構或機關之鑑定結果完全相反，法院自應通知該等鑑定機構派人到庭陳述鑑定意見，就不明瞭之處，逐一澄清以為取捨之依據[50]。鑑定人有數人者，得命其共同或各別陳述意見（民事訴訟法第336條）。

4.鑑定人法定費用及報酬之請求權

鑑定人於法定之日費、旅費外，得請求相當之報酬（民事訴訟法第338條第1項）。鑑定所需費用，得依鑑定人之請求預行酌給之（第2項；刑事訴訟法第209條）。例如，鑑定標的之種類不一，鑑定程序難易有別，法律亦未規定鑑定費收取之標準。故機關或團體受法院囑託鑑定價格，其鑑定費用可由其自行酌定，並可參照鑑定人之法定日費旅費為酌定之標準。

四、鑑定證人

訊問依特別知識得知已往事實之人者，適用關於人證之規定（民事訴

---

[50] 最高法院80年度台上字第1941號民事判決。

訟法第339條；刑事訴訟法第210條）。例如，甲有參與系爭營業秘密之研發與創作之過程，甲就既往事實已親身參與之部分，自得依證人之身分陳述其所經歷之事實。再者，因技術之研發及過程係自構想逐步經過技術分析、反覆測試，並進行可行性分析後，其過程均涉及相關技術領域之專門知識，甲就系爭營業秘密研發過程，就其確有親身參與之部分，其應為依特別知識陳述鑑定意見之鑑定人，是以甲為鑑定證人，而為不可代替之證據方法，自應適用關於人證之規定，而無拒卻鑑定人規定之適用（民事訴訟法第331條第1項）。

五、囑託鑑定

法院認為必要時，得囑託機關、團體或商請外國機關、團體為鑑定或審查鑑定意見。其須說明者，由該機關或團體所指定之人為之（民事訴訟法第340條第1項）。本目關於鑑定人之規定，除第334條之鑑定人具結及第339條之鑑定證人外，前項情形準用之（第2項）。準此，法院囑託機關、團體或商請外國機關、團體為鑑定或審查鑑定意見，毋庸踐行具結之程序。再者，囑託鑑定，必須受囑託之機關或團體自身，對於鑑定事項具有鑑定能力者，始足當之。倘受囑託之機關或團體並無鑑定能力，或雖有鑑定能力而任意指定第三人鑑定，均不生囑託鑑定之效力[51]。

陸、例題解析

一、營業秘密之要件

甲經營燒臘店所販賣之北平烤鴨，其燒烤配方為祖傳秘方，非一般涉及該行業者所知悉，具有秘密性之要件。因燒烤配方風味獨特頗受消費者喜愛，故該技術之秘密，在相關消費市場具備實際或潛在之經濟價值，其有經濟價值之要件。乙為受雇人，需偷看店主甲之記事本，始得發現烤鴨

---

[51] 最高法院76年度台上字第1721號民事判決。

配方，顯然欲取得該營業秘密不易，足見甲已為合理之保密措施。準此，乙竊取燒烤之秘密配方，另行開設燒臘店，該行為侵害營業秘密，甲自得依據營業秘密法之規範主張救濟。

二、保密條款

公司要求員工簽訂保密協議，足使第三人無法以正當方法輕易探知公司營業秘密，故A公司與員工簽訂保密條款，A公司對營業秘密已盡合理之保密措施[52]。至於企業於經營活動中，為保護自身之營業秘密，對於可能接觸營業秘密之人，雖得以保密契約約定接觸者之保密義務，本於契約自由原則，其所約定應遵守之保密義務，自無須與營業秘密法所定義之營業秘密完全一致[53]。然保密之資訊，應符合營業秘密法第2條規定之秘密性、經濟性及合理保密措施，始受營業秘密法規定之保護。

三、客戶資料

客戶資料或客戶名單之內容，通常包含客戶名稱、住址、聯絡人、電話、產品需求、財務狀況、交易情事及購買意願等項目，倘必須花費相當心力使能建立者，並據此掌握客戶訊息與需求面，並涉及經濟利益，應有經濟價值性[54]。反之，僅係透過工商名錄、坊間企業資訊彙編或政府網站等，即可輕易獲得者，則不符合經濟價值[55]。準此，B公司因商業利益與市場行銷之考量，命其員工蒐集與編輯相關之客戶資料或客戶名單，倘客

---

[52] 臺灣高等法院96年度勞上字第79號民事判決、臺灣高等法院臺中分院92年度上字第39號民事判決、臺灣高等法院臺中分院94年度上易字第1170號刑事判決、臺灣高等法院高雄分院90年度上易字第2143號刑事判決、臺灣桃園地方法院87年度訴字第263號民事判決。

[53] 臺灣高等法院96年度上字第198號民事判決。

[54] 臺灣高等法院88年度重勞上字第5號民事判決。

[55] 賴文智、顏雅倫，營業秘密法20講，翰蘆圖書出版有限公司，2004年4月，頁132至133。

戶資料或客戶名單，係經由辛苦蒐集與整理而得者，可證該類資訊應具有價值性，縱使其創造性或原創性較低，仍受營業秘密之保護[56]。

柒、相關實務見解

一、經濟價值之資訊

　　上訴人所持有之各類產品設計圖、生產流程、測試報告、報價單、成交價格紀錄及產品庫存表等資訊，均為上訴人之內部資料，並未對外公開，非一般涉及該類資訊之人所能得知，內容涉及營運狀況、生產成本、客戶往來業務、生產製造流程及時程安排等項目，係上訴人長年所累積之市場經驗，可作為制定各項產品價格之基準，具有實際及潛在經濟價值。而上訴人內部關於管理程序、董監會之會議紀錄、股東會增資紀錄及財部報表等資訊，係上訴人內部之營運與管理資料，並無對外公開之事實，非一般涉及該類資訊之人所能得知，關乎內部營運與稽查等事項，競爭者取得該等資訊，得節省學習時間或減少錯誤，可提升事業經營效率，具有實際與潛在經濟價值[57]。反之，產品之報價或銷售價格，倘不涉及成本分析，而屬替代性產品進入市場進行價格競爭時，得自市場中輕易獲取之資訊，並非營業秘密[58]。

二、營業秘密之保護要件

　　就經濟價值性而言，可能成為營業秘密之客體相當廣泛，原則上僅需營業秘密所有人所欲保護之資訊具有潛在經濟價值，即可劃入營業秘密法所欲保護之範圍。故欲保護之資訊是否具秘密性、是否易為他人所知及有無採取合理之保護措施，判斷之重點在於該項資訊，係第三人在客觀上不

---

[56] 公司行銷計畫、產銷策略、產品價目表、成本分析報告等，倘未經公開或非普遍為相關大眾所共知之資訊，亦有經濟上之價值。

[57] 智慧財產及商業法院102年度民營上字第2號民事判決。

[58] 最高法院102年度台上字第235號民事判決。

易以合法之方式知悉，且秘密所有人須盡合理之努力，將該項資訊限於特定範圍之人，始可得知者[59]。

第二節　營業秘密之權利主體

營業秘密不需經登記，僅要符合秘密性、經濟價值及保密措施等要件，即爲營業秘密保護之客體（營業秘密法第2條）。至於營業秘密歸屬何人，可分原始取得與繼受取得兩種類型。

例題6

甲爲A機械股份有限公司之研發人員，其依A機械公司負責人之指示研發新型之CNC工作母機。試問該研發工作母機所得之營業秘密，應歸何人所有？

壹、原始取得

一、自行研發

自行研究或開發營業秘密之結果，其當然歸屬該研發者所有。因僱傭關係、委聘關係或共同研發之營業關係，涉及多數人之關係，其研發結果並非屬純個人所成，自其應明文規範，以避免爭議。準此，我國營業秘密法第3條至第5條，分別規定營業秘密之權利主體。

二、僱傭關係（102檢察事務官）

(一)職務上與非職務上研發

僱傭期間之研發，可分職務上研發與非職務上研發。前者，係受雇人於職務上研究或開發之營業秘密，歸雇用人所有。但契約另有約定者，

---

[59] 智慧財產及商業法院103年度民營上字第3號民事判決。

從其約定（營業秘密法第3條第1項）。原則歸雇用人，例外從約定。後者，係受雇人於非職務上研究或開發之營業秘密，雖歸受雇人所有。然其營業秘密係利用雇用人之資源或經驗者，雇用人得於支付合理報酬後，而於該事業使用其營業秘密（第2項）。準此，非職務研發之營業秘密屬受雇人所有者，倘雇用人符合一定要件時，自得使用之，不成立侵害營業秘密之行為。

(二)一般性與特有知識

企業界之技術或商業資訊可分為兩類型：1.受雇人所具有之一般性知識；2.屬於營業秘密範疇之特有知識或資訊。申言之，受雇人於僱傭關係中均可習得，且具有一般性之知識、經驗與技能，或為受雇人運用自己之知識、經驗與技能所得之秘密者，係受雇人知識經驗與技能之累積，故係其人格之一部，亦為維持其生存發展所必須，即非屬於雇主之營業秘密，故可於離職後自由運用。反之，雇用人於長期經營與僱傭關係中所得之特殊性知識、經驗及技能，屬於雇用人之營業秘密[60]。

(三)約定受雇人不得享有營業秘密

專利法第9條雖規定，就受雇人非職務上所完成之發明、新型或設計，雇用人與受雇人間所訂契約，使受雇人不得享受其發明、新型或設計之權益者，約定無效。然營業秘密法並無此規範，故雇用人與受雇人得約定，就受雇人非職務上所取得之營業秘密，由雇用人享有。

三、委聘關係

出資聘請他人從事研究或開發之營業秘密，其營業秘密之歸屬依契約之約定。倘契約未約定者，歸受聘人所有。而出資人得於業務上使用其營業秘密（營業秘密法第4條）。原則上，營業秘密之歸屬從其約定，未約定即為受聘人所有，出資人則有使用營業秘密之權利。

---

[60] 馮震宇，了解營業秘密法──營業秘密法的理論與實務，永然文化出版股份有限公司，1997年7月，頁116。

四、共同研發

數人共同研究或開發之營業秘密，其應有部分依契約之約定；無約定者，推定為均等（營業秘密法第5條）。該規定與著作權法第40條第1項規定雖相類似，惟共同著作之應有部分，無約定時，得依各著作人參與創作之程度定之，程度不明時，始推定為均等。準此，本法條修改時，自得參酌著作權法之規定，一併討論之。

貳、繼受取得

繼受取得之情形大致上有受讓他人營業秘密（營業秘密法第6條第1項前段）、授權、繼承及營業合併等情事。營業秘密不同於專利權、商標權，不論原始取得或繼受取得時，均毋庸向主管機關為登記。

參、例題解析——僱傭關係之營業秘密

僱傭期間研發之營業秘密，可分職務上研發與非職務上研發之營業秘密。受雇人於職務上研究或開發之營業秘密，原則歸雇用人，例外從約定（營業秘密法第3條第1項）。反之，受雇人於非職務上研究或開發之營業秘密，歸受雇人所有，而雇用人符合一定要件得使用之（第2項）。準此，甲為A機械公司之研發人員，其奉A公司之命研發新型工作母機，其屬受雇人於職務上研究或開發之營業秘密，因未另行約定，故應歸A機械公司所有。

肆、相關實務見解——不准或限制訴訟資料之使用

依據智慧財產案件審理法第32條第1項規定，訴訟資料涉及營業秘密者，法院於不影響當事人行使辯論權之範圍內，得依當事人或第三人聲請裁定不予准許或限制訴訟資料之閱覽、抄錄、攝影或其他方式之重製。而依民事訴訟法第242條第3項規定，卷內文書涉及當事人或第三人隱私或業務秘密，倘准許前二項之聲請，有致其受重大損害之虞者，法院得依聲

請或依職權裁定不予准許或限制前二項之行為。查營業資料內容。因涉及客戶資料、客戶採購行為研判及營收預測、財務報表等對商品行銷上之重要性資訊,非一般涉及該類資訊之人所知,具有實際或潛在之經濟價值,並經合理之保密措施,應受營業秘密之保護[61]。

第三節　營業秘密權利之變動

　　營業秘密權雖非專屬權利,得共有、讓與或授權,然為保護營業秘密所有人,營業秘密則不得為質權及強制執行之標的,避免營業秘密外洩(營業秘密法第8條)。

例題7

　　A電子公司董事長甲授權B電子公司之工程師乙備份A電子公司有關設備生產資料之營業秘密。試問乙或B電子公司之行為,是否侵害A電子公司之營業秘密?

例題8

　　C診所之主持丙醫師欲移民外國,故將診所頂讓予丁醫師,並將有關之病患病歷與個人資料等營業秘密一併讓與。試問丙醫師事後決定不移民,是否得利用上揭營業秘密在國內營業?

壹、共有營業秘密之行使

　　營業秘密得全部或部分讓與他人或與他人共有(營業秘密法第6條第1項)。營業秘密為共有時,對營業秘密之使用或處分,倘契約未有約定

---

[61] 智慧財產及商業法院98年度民專抗字第11號民事裁定。

者，雖應得共有人之全體同意。然各共有人無正當理由，不得拒絕同意
（第2項）。例如，營業秘密之被授權人曾有嚴重之違約前例，足認該授
權履約具有高度之債信危機，故共有人自有正當理由，得拒絕同意授權。
各共有人非經其他共有人之同意，雖不得以其應有部分讓與他人。然契
約另有約定者，從其約定（第3項）。因營業秘密之保護核心在於其秘密
性，故共有人本人使用營業秘密，應得其他共有人同意；共有人讓與其營
業秘密之應有部分，應得其他共有人同意；共有人授權第三人使用營業秘
密，應得其他共有人同意[62]。

貳、營業秘密之讓與

　　營業秘密具有財產價值，故營業秘密可以成為交易的客體，營業秘密
得全部或部分讓與他人（營業秘密法第6條第1項）。所謂讓與者，係指
終局性移轉營業秘密，故營業秘密經移轉後，即歸屬於受讓人，原讓與人
不得再行利用該營業秘密或再讓與或授權予第三人。因營業秘密應具備秘
密性之要件，故原權利人讓與營業秘密後，應負有保密之義務，不僅本人
不得再使用該營業秘密，亦不得洩漏該營業秘密。

參、營業秘密之授權

　　營業秘密所有人得授權他人使用其營業秘密。其授權使用之地域、時
間、內容、使用方法或其他事項，依當事人之約定（營業秘密法第7條第
1項）。被授權人非經營業秘密所有人同意，不得將其被授權使用之營業
秘密再授權第三人使用（第2項）。此為次授權之禁止規定，其禁止範圍
包含非專屬授權與專屬授權。營業秘密共有人非經共有人全體同意，雖
不得授權他人使用該營業秘密。然各共有人無正當理由，不得拒絕（第3
項）。

---

[62] 賴文智、顏雅倫，營業秘密法20講，翰蘆圖書出版有限公司，2004年4月，頁
144至145。

肆、例題解析

一、營業秘密之授權

營業秘密所有人得授權他人使用其營業秘密。其授權使用之地域、時間、內容、使用方法或其他事項,依當事人之約定(營業秘密法第7條第1項)。準此,B電子公司工程師乙已得A電子公司董事長甲之同意,而備份A電子公司屬於營業秘密之公司生產資料,自無侵害A電子公司之營業秘密。反之,未經A電子公司之同意而備份者,自構成侵害營業秘密之行為(營業秘密法第10條)。A電子公司得向B電子公司及其工程師乙行使排除侵害與損害賠償之民事請求權(營業秘密法第11條、第12條)[63]。

二、營業秘密之讓與

C診所之主持丙醫師將診所頂讓予丁醫師,而將有關之病患病歷與個人資料等營業秘密一併讓與。因營業秘密經移轉後,即歸屬於受讓人,原讓與人不得再行利用該營業秘密或再讓與或授權予第三人。故丙醫師讓與營業秘密予丁醫師後,應負有保密之義務,不僅本人不得再使用該營業秘密,亦不得洩漏該營業秘密予第三人。倘丙醫師與丁醫師有另簽訂競業禁止之條款時,丙醫師不得在C診所附近開設診所,而與丁醫師競爭。

伍、相關實務見解

一、營業秘密之保密義務

加盟店競業禁止條款之目的,係為避免契約終止後,加盟者取得專門知識及營業秘密而立即成為競爭對手,故授權者基於經營專門知識及營業秘密有法律上及經濟上值得保護之利益存在,自得以契約約定競業禁止之特定地區、特定時間,對於加盟者之生存權、工作權並無重大妨害,即無

---

[63] 經濟部智慧財產局2005年4月6日電子郵件字第940406號函。

違反民法第72條、第72條之1及第247條之1顯失公平之情事。該加盟契約固僅由加盟者出面簽訂，惟加盟者之配偶亦實際參與溝通及聯繫，基於競業禁止目的，加盟者之配偶為實際經營者之一，自應受加盟契約之競業禁止規定之拘束，始符合競業禁止之誠信原則[64]。

二、持營業秘密技術申請專利

甲光電股份有限公司之原任職工程師跳槽至乙光電科技股份有限公司，將甲公司之營業秘密技術攜至乙公司，以協助乙公司發展鏡頭自動化生產製程，並進一步將其中部分技術向經濟部智慧財產局申請新型專利獲准，使甲之營業秘密內容為一般公眾所知悉，甲為研發本件營業秘密技術，支出龐大研發費用。且營業秘密一旦喪失秘密性，營業秘密所有人本可單獨享有與使用該秘密資訊之優勢地位，即不復存在。而以不法方式獲得秘密資訊之第三人，不需支付相對之代價，無償享用他人辛勤努力之研發成果獲有利益，其侵害他人營業秘密[65]。

---

[64] 臺灣高等法院臺南分院99年度上易字第196號民事判決。
[65] 智慧財產及商業法院102年度民營訴字第6號民事判決。

保全程序與秘密保持命令

關鍵詞：開示、釋明、假扣押、假處分、定暫時狀態、證據提出義務、本案訴訟審理

侵害營業秘密權利之民事救濟方法，可分事前與事後之救濟。前者為營業秘密侵害之保全；後者則著重於營業秘密所有人之請求權行使，其重心在於探討營業秘密侵權之法律關係。因兩造提出證據之過程，有時易導致營業秘密有洩漏之虞，故為保護當事人之營業秘密，法院於必要時，得核發秘密保持命令[1]。

第一節　保全程序

保全程序之目的係保全將來之強制執行，是執行法院就營業秘密所有人之假扣押或假處分聲請，應立即處理，始能確保所有人之權利。是假扣押或假處分執行事件，除須調查或補正者外，應儘速辦理完畢。而廣義之侵害智慧財產之保全，包含保全執行與證據保全。

例題9

B公司製造、販賣之商品侵害A公司所有營業秘密，而B公司於侵害A公司之營業秘密後，另行成立C公司，B公司與C公司並簽訂股份轉換契約，約定B公司與C公司以1：1之比例進行股份轉換，由B公司原有股東轉換為C公司之股東，B公司成為C公司100%持股之子公司。B公司與C公司嗣後召開臨時股東會決議通過上開股份轉換交易，C公司改選之董事及監察人之結果，全數由B公司現任董事、監察人取代，且兩公司之董事長均為甲。A公司為此向法院聲請假扣押B公司之財產，主張B公司成為C公司之子公司後，依公司法第128條之1規定，B公司股東會之權限，將由C公司指派之董事會行使。B公司欲處分其資產，將無須再依公司法第185條規定，召開股東會決議行之，得由C公司指派之董事自行決定即可。況B公司與C公司均非公開發

---

[1] 智慧財產及商業法院100年度民秘聲字第1號、106年度民秘聲字第1號民事裁定；105年度民秘聲上字第4號、第5號、第6號、第7號、第8號、第9號、第10號民事裁定。

行公司，其為資產之處分無須受公開發行公司處分資產之相關法令規範。試問A公司向法院聲請假扣押B公司之財產，法院應否准許？

壹、對侵權行為人之保全

一、保全程序之目的

　　所謂保全程序者，係指為保全強制執行及避免權利受侵害或防止急迫行為，而暫時維持法律關係現狀為目的之特別訴訟程序。故營業秘密所有人聲請法院向侵權行為人強制執行，必先取得執行名義，而取得執行名義，通常曠日費時，侵權行為人難免趁機脫產，或者是爭執之法律關係恐有所變遷，是為保全權利人日後取得執行名義後，得以實現營業秘密之權利，自有保全將來強制執行之必要。而保全程序可分取得保全執行名義之裁判程序及執行程序。準此，保全執行之前，應先行保全訴訟，故保全訴訟為保全執行之前提，保全執行為保全訴訟之目的[2]。

二、保全裁定與執行

(一)假扣押與假處分

　　保全裁定分為假扣押裁定與假處分裁定（強制執行第4條第1項第2款）。假扣押之目的係對金錢請求或易為金錢請求之保全強制執行（民事訴訟法第522條）。例如，對侵害營業秘密者之財產進行假扣押，俾於日後依據侵權行為之法律關係取得終局之執行名義，以進行金錢債權之執行（營業秘密法第11條第1項）。假處分之目的在於對非金錢請求，為保全將來之保全強制執行（民事訴訟法第532條）。例如，禁止債務人處分侵害營業秘密之物品，此為維持請求標的之現狀。取得保全程序之執行名義，係規定於民事訴訟法與智慧財產案件審理法，由應繫屬之法院或已繫

---

[2] 林洲富，實用強制執行法精義，五南圖書出版股份有限公司，2023年2月，17版1刷，頁147。

屬之法院裁定。再者，保全程序之執行過程，為強制執行法所規範[3]。故地方法院民事執行處置法官或司法事務官、書記官及執達員，專責辦理假扣押與假處分之執行事務（強制執行法第2條）。

(二)釋明保全原因

假扣押或假處分之聲請，在起訴前，向應繫屬之法院為之，在起訴後，向已繫屬之法院為之（智慧財產案件審理法第51條）。債權人聲請假扣押或假處分，就假扣押或假處分之原因，未提出能即時調查之證據以釋明者，應駁回其聲請，倘假扣押或假處分之原因，經釋明而有不足，法院仍得命供擔保以補其釋明之不足，准為假扣押（民事訴訟法第526條第1項、第2項、第533條）。證明與釋明在構成法院之心證上程度未盡相同，所謂證明者，係指當事人提出之證據方法，足使法院產生堅強之心證，可完全確信其主張為真實而言。所謂釋明者，係指當事人提出之證據未能使法院達於確信之程度，僅在使法院得薄弱之心證，信其事實上之主張大概為如此者有間，兩者非性質上之區別，係分量上之不同[4]。

貳、不得執行營業秘密

營業秘密不得為質權及強制執行之標的（營業秘密法第8條）[5]。其立法理由係認為營業秘密得為設質或強制執行之標的時，所有人未清償債務而遭拍賣，參與投標者均有機會知悉他人營業秘密，將使營業秘密喪失秘密性，對所有人保護不周。自上開立法理由以觀，雖有主張債權人僅不得拍賣營業秘密，自可假扣押或假處分營業秘密。然就金錢債權之強制執行方法而言，依據執行之先後可分為三個時期：(一)第一時期為查封程序，由執行法院禁止債務人處分財產；(二)第二時期為換價程序，實施拍賣或

---

[3] 林洲富，前揭註書，頁147。
[4] 最高法院95年度台抗字第386號民事裁定。
[5] 營業秘密不得設質之原因，除為保守營業秘密外，其鑑價困難及無登記、公告等公示制度，亦為主要之理由。

變賣債務人財產；(三)第三時期係滿足程序，將換價所得之金錢交與債權人，以滿足債權人之債權。而假扣押或假處分之保全程序屬強制執行之一環，既然明文規定不得強制執行，應涵蓋保全程序在內。準此，營業秘密人不得以第三人之營業秘密有侵害其所有營業秘密，向法院聲請假扣押或假處分第三人之營業秘密。因營業秘密人聲請保全程序之動機，可能係藉保全程序之機會，探知競爭對手之商業秘密，其本意並非基於侵害而生之請求權行使。

參、定暫時狀態處分（105檢察事務官）

一、釋明責任

定暫時狀態處分之聲請，在起訴前，向應繫屬之法院為之，在起訴後，向已繫屬之法院為之（智慧財產案件審理法第51條）。聲請定暫時狀態之處分時，聲請人就其爭執之法律關係，為防止發生重大之損害或避免急迫之危險或有其他相類之情形而有必要之事實，應釋明之；其釋明有不足者，法院應駁回聲請（民事訴訟法第538條第1項；智慧財產案件審理法第52條第1項）[6]。例如，營業秘密所有人之產品為新興科技產品，其涉及產品開發及改良，市場競爭激烈，倘營業秘密所有人之技術或業務機密外洩，勢必造成重大損害，縱使其得以訴訟排除該損害，然取得確定判決須經過相當時日，因而延誤商機，致營業秘密所有人所受之損害必屬重大，且難以回復，故認營業秘密所有人主張其為避免重大損害而有定暫時狀態處分之必要，應屬有據[7]。

二、審酌因素

聲請人就有爭執之智慧財產法律關係聲請定其暫時狀態之處分者，須釋明該法律關係存在及有定暫時狀態之必要；其釋明不足者，應駁回聲

---

[6] 臺灣高等法院96年度抗字第1641號民事裁定。
[7] 臺灣高等法院91年度抗字第3417號民事裁定。

請，不得准提供擔保代之或以擔保補釋明之不足。聲請之原因雖經釋明，法院仍得命聲請人供擔保後爲定暫時狀態之處分（智慧財產案件審理法第52條第2項；智慧財產案件審理細則第65條第1項、第2項）。法院審理定暫時狀態處分之聲請時，就保全之必要性，應審酌聲請人將來勝訴可能性、聲請之准駁對於聲請人或相對人是否將造成無法彌補之損害，並應權衡雙方損害之程度及對公眾利益之影響。前項所稱將來勝訴可能性，倘當事人主張或抗辯智慧財產權有應撤銷或廢止之原因，並爲相當之舉證，法院認有撤銷或廢止之高度可能性時，應爲不利於智慧財產權人之裁定（智慧財產案件審理細則第65條第3項）。

三、本案訴訟審理模式

(一)應令兩造有陳述意見之機會

營業秘密侵害事件中，倘營業秘密所有人聲請定暫時狀態處分，禁止被控侵害營業秘密人繼續製造及銷售侵害營業秘密等行爲。因定暫時狀態處分可滿足本案勝訴之內容，故法院命被控侵權人停止繼續製造及銷售商品等行爲，自不待本案判決確定，將導致被控侵權人有被迫退出市場之不利結果，影響至爲重大，其造成之損害亦難預計。是基於營業秘密侵害事件具有技術性與專業性之特性，就聲請定暫時狀態處分之要件，法院之審理程序應較假處分嚴謹。法院爲定暫時狀態處分前，應令兩造有陳述意見之機會。但聲請人主張有不能於處分前通知相對人陳述之特殊情事，並提出確實之證據，經法院認爲適當者，或法院認聲請人之聲請顯無理由者，不在此限（智慧財產案件審理法第52條第3項）。定暫時狀態處分之方法，由法院酌量情形定之，不受聲請人聲請之拘束。但其方法應以執行可能者爲限，不得悖離處分之目的而逾越其必要之程度（智慧財產案件審理細則第65條第4項）。準此，營業秘密所有人向法院聲請對侵害營業秘密人爲定暫時狀態之處分，禁止其使用營業秘密，營業秘密所有人應充分與高度釋明其有勝訴可能性、法院駁回聲請將造成無法彌補之損害、營業秘密所有人受損害較大、准許聲請符合公眾利益等要件。

(二)限期起訴與損害賠償

定暫時狀態處分,自送達聲請人之日起14日內未起訴者,法院得依聲請或依職權撤銷之(智慧財產案件審理法第52條第4項)。前項撤銷處分之裁定應公告,其於公告時生效(第5項)。定暫時狀態之裁定,因自始不當或債權人聲請,或因第5項之情形,經法院撤銷時,聲請人應賠償相對人因處分所受之損害(第6項)。智慧財產案件審理法第52條第4項規定,依聲請或依職權撤銷定暫時狀態之處分時,法院應向聲請人及其他法院查詢有無提起訴訟(智慧財產案件審理細則第66條)。智慧財產案件審理法第52條第4項之14日期間,為通常法定期間,並非不變期間,聲請人雖遲誤14日之通常法定期間,然於定暫時狀態處分之法院為撤銷是項處分之裁定前起訴,法院不得為撤銷定暫時狀態處分之裁定[8]。

肆、證據保全

一、證據保全之目的

證據保全為廣義之保全概念,在智慧財產侵害之民事事件,保全證據為證明侵權行為及請求損害賠償之至要關鍵,其具有預防證據滅失、礙難使用或知悉證據狀態,有達成預防訴訟及幫助法院發現真實等功能。準此,證據有滅失或礙難使用之虞,或經他造同意者,得向法院聲請保全;就確定事、物之現狀有法律上利益並有必要時,亦得聲請為鑑定、勘驗或保全書證。保全證據之聲請,應表明下列各款事項:(一)他造當事人,如不能指定他造當事人者,其不能指定之理由;(二)保全之證據;(三)依該證據應證之事實;(四)應保全證據之理由。前開(一)及(四)之理由,應釋明之(民事訴訟法第368條第1項、第370條)。

---

[8] 最高法院107年度台抗字第728號民事裁定。

二、證據保全之聲請

保全證據之聲請，在起訴前，向應繫屬之法院爲之，在起訴後，向已繫屬之法院爲之（智慧財產案件審理法第46條第1項）。法院實施證據保全時，得爲鑑定、勘驗及保全書證或訊問證人、專家證人、當事人本人（第2項）。法院實施證據保全時，得命技術審查官到場執行職務（第3項）。相對人無正當理由拒絕證據保全之實施時，法院得以強制力排除之，但不得逾必要之程度。必要時並得請警察機關協助（第4項）。法院於證據保全有妨害相對人或第三人之營業秘密之虞時，得依聲請人、相對人或第三人之請求，限制或禁止實施保全時在場之人，並就保全所得之證據資料命另爲保管及不予准許或限制閱覽、抄錄、攝影或其他方式之重製（第5項）。前項有妨害營業秘密之虞之情形，準用第36條至第40條規定（第6項）。法院認爲必要時，得囑託受訊問人住居所或證物所在地地方法院實施保全。受託法院實施保全時，適用第2項至第6項規定（第7項）。

三、證據保全與營業秘密之權衡

(一)審酌因素

因證據保全對於訴訟之他造營業秘密有重大影響，考量智慧財產案件之特殊性，並維護競爭秩序之公平，爲保障證據保全之訴訟上證明權，同時避免當事人濫用證據保全制度，藉此窺探他造之營業秘密，法院應適度斟酌智慧財產權遭受侵害之可能性，並審愼衡量兩造相互衝突之利益，包含：1.聲請人因准許保全證據裁定所可能獲得之利益；2.除證據保全外有無其他證據調查方法可資利用；3.倘駁回其保全證據之聲請，是否將使聲請人之實體利益喪失殆盡；4.相對人是否因准許保全證據裁定，致其營業秘密遭公開而可能受有不利益[9]。例如，保全證據之聲請人所欲證據保

---

[9] 智慧財產及商業法院106年度民聲上字第5號民事裁定。

全，可藉由稅捐機關調查或提供相關之交易證據。而相對人之每月之產銷、進出貨紀錄憑證等單據，均屬相對人有財產價值之資訊，具有商業之機密性，並非可輕易取得之公開資料，倘任意容許具有同業競爭關係之聲請人保全該等文書，將致相對人之營業秘密遭公開而可能受有不利益之虞，對相對人之營業影響重大。準此，自無保全相對人之每月之產銷、進出貨紀錄憑證等資料之必要性[10]。

(二)正當方法取得營業秘密

　　行為人以不正當方法取得或使用他人營業秘密，雖為營業秘密法所禁止，然以正當方法取得營業秘密者，則不成立侵害。因營業秘密具有秘密性，其有可能多數人擁有相同之營業技術或資訊，不具排他之效力，其與申請專利範圍應公開揭露技術內容而取得獨占地位，兩者有所不同。故經由正當方法取得營業秘密者，自無保全證據之必要性。例如，保全證據之聲請人主張侵害其營業秘密之產品，除聲請人有製造外，另有其他廠商有生產與提供能力。故相對人有可能自他人處取得該營業秘密之生產技術或資訊，或經由分析具有該營業秘密之產品，或是對該營業秘密進行還原工程，相對人自有能力製造具有該營業秘密之產品。準此，聲請人聲請保全相對人營業處所內有關產品之配方表、研發紀錄及產銷紀錄等書面文件或電子記錄，即無必要性[11]。

伍、例題解析──聲請假扣押要件

一、釋明請求與假扣押原因

　　債權人就金錢請求或得易為金錢請求之請求，欲保全強制執行者，得聲請假扣押；假扣押，非有日後不能強制執行或甚難執行之虞者，不得為之；請求與假扣押之原因，應釋明之。倘釋明有不足者，債權人陳明願供

---

[10] 智慧財產及商業法院100年度民聲字第21號民事裁定。
[11] 智慧財產及商業法院100年度民聲字第12號民事裁定。

擔保或法院認爲適當者,法院得定相當之擔保,命供擔保後爲假扣押(民事訴訟法第522條第1項、第523條第1項、第526條第1項、第2項)。所謂有不能強制執行或甚難執行之虞者,係指債務人浪費財產,增加負擔,就其財產爲不利益之處分,恐將達於無資力之狀態,或債務人逃匿或逃避遠方等情事。倘債權人不具聲請假扣押之理由,法院應駁回其假扣押之聲請。至於民事訴訟法第526條第2項固規定債權人就請求與假扣押之原因釋明不足時,得因債權人陳明願供擔保,且已供法院所定之擔保者,法院得命爲假扣押。然聲請假扣押,仍應符合民事訴訟法第523條第1項所定之要件,始得爲之。故債權人雖已供擔保以代釋明,惟法院仍應斟酌情形,判斷究有無民事訴訟法第523條第1項所定之情形,暨債權人所供之擔保是否已足以補釋明之欠缺,並非一經提出擔保,法院即當然准予假扣押[12]。準此,債權人聲請假扣押,就請求與假扣押之原因,應先予釋明,致使法院信其請求及假扣押之原因,大致爲適當,僅於其釋明不足時,法院爲補強釋明,認債權人陳明就債務人可能遭受之損害,願供擔保與足以補釋明之不足,始得命供擔保後爲假扣押,非謂法院於債權人未爲釋明,僅陳明願供擔保時,即得爲命供擔保之假扣押裁定。

二、未釋明假扣押之原因

A公司爲本件營業秘密之所有人,B公司未經其同意或授權,擅自對外銷售侵害本件營業秘密之商品,A公司得依據侵害營業秘密之法律關係向B公司行使請求權。而B公司與C公司簽訂股份轉換契約,使B公司成爲C公司之子公司,此屬公司法第六章之一所規範之關係企業,公司本得爲之,並未違法。因A公司未提出證據釋明B公司有浪費財產、增加負擔、就財產爲不利益之處分或隱匿財產情事,致成爲無資力之狀態。即尚難以B公司成爲C公司之子公司爲由,遽認B公司有將資產悉數脫產、挪移或隱匿,致A公司對B公司有日後不能強制執行或甚難執行之虞等假扣押原

---

[12] 臺灣高等法院85年度抗字第1646號民事裁定。

因。準此，A公司對於假扣押之原因，未提出其他得即時調查之證據以爲釋明，致無法使法院產生符合假扣押原因要件之心證，實難認A公司就假扣押之原因已盡釋明之責，其所爲假扣押聲請，應予駁回[13]。

陸、相關實務見解——債務人得供擔保免爲處分或撤銷處分

假處分所保全之請求，得以金錢之給付達其目的，或債務人將因假處分而受難以補償之重大損害，或有其他特別情事者，法院始得於假處分裁定內，記載債務人供所定金額之擔保後免爲或撤銷假處分；假處分裁定未依前項規定爲記載者，債務人亦得聲請法院許其供擔保後撤銷假處分。除別有規定外，關於假處分之規定，其於定暫時狀態處分準用之（民事訴訟法第536條第1項、第2項、第538條之4）。足見定暫時狀態之處分，雖非以保全執行爲主要目的，惟仍屬保全權利之方法，原係法院爲防止發生重大損害或避免急迫危險或有其他相類之情形認有必要時，爲平衡當事人間之權利義務或利益而爲之裁定，當事人之權益固因此而受有影響，惟定暫時狀態處分之保全權利方法，對債務人可能造成重大之損害，或債權人所受之損害非不能以金錢補償時，債務人自得提供擔保免爲處分或撤銷處分[14]。

第二節　秘密保持命令

智慧財產之訴訟涉及營業秘密時，其應保密之對象，常爲競爭同業之他造當事人，基於保護營業秘密所有人，雖得不予准許或限制其閱覽或開示，然爲兼顧他造當事人之辯論，應賦予利用或接觸營業秘密之權利，故法院得核發秘密保持命令，以防止營業秘密因提出於法院而致洩漏之風

---

[13] 智慧財產及商業法院101年度民全上字第1號民事裁定。
[14] 最高法院94年度台抗字第743號民事裁定；智慧財產及商業法院104年度民暫抗字第2號民事裁定。

險[15]。就美國的訴訟案件而言,在雙方攻擊防禦過程中,常運用證據開示程序或策略,以取得他方之營業秘密。為保護其營業秘密,被請求之一方則尋求運用保護命令(protective order)自保。準此,倘無法正視在美國訴訟證據開示程序,可能面臨之營業秘密喪失風險,則常給予對造可趁之機。故如何在訴訟程序中保護其營業秘密,特別是運用保護命令與禁制令等訴訟手段,已成為營業秘密所有人與相對人不可忽略之課題[16]。

例題10

　　智慧財產法院證據保全之裁定命「被告製造商品之訂貨單應交法院拍照、攝影或拷貝」。經智慧財產法院委託轄區法院執行,執行保全證據之法官至被告處後,要求被告提出訂貨單時,被告表示需數日時間始能提出訂貨單,倘執行證據保全之法官認訂貨單應在被告處。試問法院是否得指揮司法警察在該公司內施以強制力,進行搜尋,以執行證據保全?

例題11

　　B影視公司藉由提起確認其與A影視公司間著作權授權關係不存在之訴訟,趁機探求A影視公司之商業機密,並騷擾A影視公司之交易對象C影視公司,B影視公司於本件訴訟中聲請法院命C影視公司提出其與A影視公司間之授權合約書與協議書。A影視公司以上開授權合約書、協議書中有關授權與協議條件等事項,均屬A影視公司與C影視公司間之商業利益,均屬營業秘密。爰依民事訴訟法第344條及智慧財產案件審理法第36條、第37條等規定,聲請核發秘密保持命令,限制B影視公司就該訴訟資料之閱覽、抄錄、攝影或以其他方式重製。試問法院應如何處理?理由為何?

---

[15] 智慧財產及商業法院106年度民秘聲上字第1號民事裁定。

[16] 馮震宇,論美國營業秘密訴訟及保護命令,智慧財產訴訟制度相關論文彙編,5期,司法院,2016年12月,頁328。

例題12

> 　　聲請人聲明請求准許就聲請人於專利權授權契約之本案訴訟事件，所提出有關聲請人自2020年5月起至2020年10月止之會計傳票與銷貨收據，具有營業秘密，請求核發秘密保持命令，並遮蔽產品售價、單價及總售價等項目。試問法院應如何審理？依據為何？

壹、強制處分

　　文書或勘驗物之持有人，無正當理由不遵守法院之命令提出文書及勘驗物時，法院得科處新臺幣10萬元以下罰鍰及必要時命為強制處分（智慧財產案件審理法第34條第1項）。該持有人包括當事人及第三人，以促使當事人協助法院為正確之裁判，強化訴訟當事人之證據提出義務。拒絕提出文書及勘驗物之要件，必須該文書及勘驗物涉及隱私或營業秘密，且有公開將致當事人或第三人受重大損害之虞之正當理由。縱使有涉及隱私或營業秘密，倘法院認為有提出作為證據之必要，或為判斷是否有拒絕提出之正當理由，而於必要時得命文書持有人提出（民事訴訟法第344條第2項但書）。法院為強制處分裁定之執行時，準用強制執行法關於物之交付請求權執行之規定，以強化訴訟當事人證據提出義務（智慧財產案件審理法第34條第2項、第4項）。當事人或第三人不遵守法院之命令提出文書及勘驗物時，法院得以強制力解除當事人或第三人之占有，由法院取得現實占有（強制執行法第123條第1項）。準此，文書或勘驗物確實存在，持有人確無正當理由而拒絕提出時，可適用直接強制，以物理力解除其占有。

貳、開示事證之限制

一、不公開方式

(一)有正當理由

　　法院為判斷文書或勘驗物之持有人有無不提出之正當理由，而於必要時仍得命其提出，並以不公開方式行之（智慧財產案件審理法第34條第4項）。原則上，法院不得開示該文書及勘驗物（第5項本文）。例外情形，為聽取訴訟關係人之意見而有向其開示之必要者，得開示該文書及勘驗物，法院於開示前，應通知文書或勘驗物之持有人，持有人於受通知之日起14日內，聲請對受開示者發秘密保持命令者，而於聲請裁定確定前，不得開示，以衡平聲請人與證據持有人之權益（第5項但書、第6項）。

(二)文書或勘驗物持有人陳述意見

　　本法第34條第1項文書、勘驗物或鑑定所需資料等證據，涉及持有人之營業秘密，如予公開，有致該持有人受損害之虞者，持有人得拒絕提出。但法院為判斷其有無拒絕提出之正當理由，必要時，得命其提出，並以不公開之方式行之（智慧財產案件審理細則第42條第1項）。前項但書情形，法院認有聽取訴訟關係人意見之必要時，應以不公開方式開示證據之全部或一部；於開示前，並得曉諭持有人對受開示者聲請發秘密保持命令（第2項）。前項情形，法院於聲請發秘密保持命令之裁定確定前，不得開示（第3項）。

二、審酌因素

　　法院為判斷證據持有人有無拒絕提出之正當理由時，應斟酌營業秘密事項與待證事實之關聯性、有無代替證明之方法或事實推定之規定、聲請秘密保持命令之可能性等情況而為認定（智慧財產案件審理細則第42條第4項）。準此，法院應先審究該證據是否具有關聯性、必要性及不可替

代性，以判斷證據持有人有無拒絕提出之正當理由。倘具備該等要件後，繼而探討證據持有人之營業秘密抗辯是否有理由。反之，不具備該等要件，法院毋庸再審查營業秘密抗辯是否有理由，即證據持有人無提出之義務。

參、秘密之保護

　　為保障當事人或第三人之隱私或業務秘密，訴訟卷內文書涉及當事人或第三人隱私或業務秘密，倘准許當事人或法律上之利害關係人閱覽、抄錄或攝影卷內文書，有致其受重大損害之虞者，法院得依聲請或依職權裁定不予准許或限制之（民事訴訟法第242條第3項）。法院應衡量文書提出之利益與不提出之利益，以決定是否准許閱覽、抄錄、攝影公開或者加以限制。詳言之，倘法院認為因文書提出而發現客觀真實所能獲致之利益，逾於該文書不提出時所遭受之不利益時，仍應命相對人提出該文書。而為兼顧相對人之利益，得禁止或限制當事人或第三人閱覽、抄錄該文書資料。同理，當事人提出之攻擊或防禦方法，涉及當事人或第三人隱私、業務秘密，經當事人聲請，法院認為適當者，得不公開審判；法院亦得經兩造合意而不公開審判（民事訴訟法第195條之1）。例如，侵害專利或營業秘密之訴訟中，常涉及兩造研發新產品之營業秘密或應保護之未公開資訊，故應有保護程序之設計，以維護當事人之合法權益。

肆、聲請秘密保持命令

　　在智慧財產侵權訴訟中，當事人提出之攻擊或防禦方法涉及營業秘密，經當事人聲請，法院認為適當者，得不公開審判或限制閱覽訴訟資料（營業秘密法第14條第2項；民事訴訟法第344條第2項、第195條之1；智慧財產案件審理法第31條、第32條）。當事人除於訴訟進行中以保護營業秘密為事由，聲請秘密保持命令外，亦得於證據保全程序為之。詳言之，法院於證據保全有妨害相對人或第三人之營業秘密之虞時，得依聲請

人、相對人或第三人之請求,限制或禁止實施保全時在場之人,並就保全所得之證據資料,命另為保管及不予准許或限制閱覽(智慧財產案件審理法第46條第5項)。前項有妨害營業秘密之虞之情形,準用第36條至第40條之秘密保持命令規定(第6項)。秘密保持命令之聲請,應以書狀記載應受秘密保持命令之人、應受命令保護之營業秘密、符合第36條第1項各款所列事由之事實(智慧財產案件審理法第37條)。準此,證據保全之相對人得以保護營業秘密為事由,聲請秘密保持命令。

伍、秘密保持命令之審理

一、我國法制

(一)核發秘密保持命令

1.聲　請

秘密保持命令之聲請,應以書狀記載下列事項:(1)應受秘密保持命令之人;(2)應受命令保護之營業秘密;(3)符合第36條第1項各款所列事由之事實(智慧財產案件審理法第37條)。當事人或第三人依本法第12條規定,提出聲請狀,聲請核發秘密保持命令時,應以書狀記載下列要件事實,並釋明下列第1款及第2款事項:(1)當事人書狀記載之內容、已調查或應調查之證據涉及營業秘密(智慧財產案件審理細則第44條第1款);(2)營業秘密如經開示,或供該訴訟進行以外之目的使用,有妨害當事人或第三人基於該營業秘密之事業活動之虞,而有限制其開示或使用之必要(第2款);(3)至秘密保持命令聲請時止,應受秘密保持命令之人並未自閱覽書狀或調查證據以外方法,取得該營業秘密(第3款)。

2.要　件

智慧財產權之訴訟常與營業秘密有關,為保護當事人智慧財產案件審理中,訴訟資料涉及營業秘密事項,得不公開審判,並得限制訴訟資料及卷證之閱覽、抄錄、攝影或其他方式之重製(智慧財產案件審理法第31條、第32條、第55條)。為使保護營業秘密之程序更加周全,智慧財產

案件審理法第36條至第40條有規範秘密保持命令。詳言之，法院就智慧財產之民事事件，符合秘密保持命令要件，得依當事人或第三人聲請對他造當事人、代理人、輔佐人或其他訴訟關係人發秘密保持命令。聲請秘密保持命令者，應釋明如後事項：(1)當事人書狀之內容，記載當事人或第三人之營業秘密，或已調查或應調查之證據，涉及當事人或第三人之營業秘密；(2)為避免因前款之營業秘密經開示，或供該訴訟進行以外之目的使用，有妨害該當事人或第三人基於該營業秘密之事業活動之虞，致有限制其開示或使用之必要（智慧財產案件審理法第36條第1項）。反之，倘受秘密保持命令之人於秘密保持命令聲請前，已依其他途徑取得或持有營業秘密者，因與秘密保持命令制度在於鼓勵營業秘密持有人於訴訟中提出資料，而協助法院為適正裁判之本旨無關，故不得限制持有秘密之人為該營業秘密之利用（第2項）。法院認有核發秘密保持命令之必要時，經曉諭當事人或第三人依第1項規定提出聲請，仍不聲請者，法院得依他造當事人之請求，並聽取當事人或第三人之意見後，對未受第1項秘密保持命令之人發秘密保持命令（第3項）。

3.裁定內容

　　法院准許秘密保持命令之裁定，應載明受保護之營業秘密、保護之理由及其禁止之內容（智慧財產案件審理法第38條第1項）。受秘密保持命令之人，就該營業秘密，不得為實施該訴訟以外之目的而使用之，或對未受秘密保持命令之人開示（智慧財產案件審理法第36條第4項）。秘密保持命令之聲請或請求事件，法院為裁定前，得為必要之證據調查；並得通知當事人或第三人協商應受秘密保持命令之人及應受命令保護之營業秘密範圍（智慧財產案件審理細則第49條第1項）。前項應受秘密保持命令之人，以得因本案接觸該營業秘密之人為限（第2項）。關於秘密保持命令之聲請，法院於裁定確定前，得暫停本案訴訟關於該營秘密部分之審理（智慧財產案件審理細則第51條）。

4.違反秘密保持命令之刑事制裁

　　違反秘密保持命令者處以刑事制裁，以兼顧訴訟之促進及營業秘密之

保護。違反秘密保持命令者,最高法定刑為3年以下有期徒刑(智慧財產案件審理法第72條第1項)[17]。均較刑法第317條之洩漏業務上知悉工商秘密罪、第318條之洩漏職務上工商秘密罪,最高法定刑分別1年或2年以下有期徒刑為重。準此,秘密保持命令為智慧財產訴訟新制之重要創設[18]。

5.裁定之救濟

秘密保持命令之聲請或請求事件,法院為裁定前,得為必要之證據調查;並得通知當事人或第三人協商應受秘密保持命令之人及應受命令保護之營業秘密範圍(智慧財產案件審理細則第49條第1項)。前項應受秘密保持命令之人,以得因本案接觸該營業秘密之人為限(第2項)。秘密保持命令係證據裁定,屬訴訟進行中所為之裁定,當事人不得抗告。至於駁回秘密保持命令聲請之裁定,得為抗告(民事訴訟法第483條;智慧財產案件審理法第38條第4項)。法院認為秘密保持命令之聲請有理由者,應為准許之裁定;認為無理由者,應以裁定駁回。法院就秘密保持命令聲請之裁定正本,不得以記載營業秘密之訴訟資料為附件(智慧財產案件審理細則第52條第2項)。秘密保持命令經送達於相對人時對其發生效力,且法院對於秘密保持命令不得為公示送達(智慧財產案件審理細則第54條第1項)。法院依第49條第1項通知協商時,得曉諭兩造協議由應受命令之人到院領取秘密保持命令(第2項)。受秘密保持命令之人,其住所或居所有遷移時,應向法院陳明(第3項)。

(二)撤銷秘密保持命令

准許秘密保持命令之裁定,當事人雖不得抗告。然法院認有秘密保持命令不當,得依職權撤銷或變更其內容,並應於裁定前使當事人或關係人有表示意見之機會。詳言之,受秘密保持命令之人,得以其命令之聲請欠

---

[17] 違反秘密保持命令罪雖係違反法院所發命令,惟其所保護者,係屬營業秘密持有人之個人法益,因此其刑事訴追之開啟,仍宜尊重營業秘密持有人之意思,故違反秘密保持命令罪係告訴乃論(智慧財產案件審理法第35條第2項)。

[18] 黃麟倫,日本秘密保持命令制度,司法周刊,1289期,2006年5月,2版。我國基本上係移植日本秘密保持命令之制度。

缺第36條第1項之要件，或有同條第2項之情形，或其原因嗣已消滅，向訴訟繫屬之法院聲請撤銷秘密保持命令。而本案裁判確定後，應向發秘密保持命令之法院聲請（智慧財產案件審理法第39條第1項、第2項）。聲請撤銷秘密保持命令之裁定，應送達於聲請人及相對人，該撤銷裁定，得為抗告（第5項、第6項）。秘密保持命令經裁定撤銷確定時，失其效力（第7項）。撤銷秘密保持命令之裁定確定時，除聲請人、請求人及相對人外，就該營業秘密如有其他受秘密保持命令之人，法院應通知撤銷之意旨（第8項）。準此，當事人僅能聲請撤銷秘密保持命令，無法聲請修正或變更秘密保持命令內容。

(三)續發秘密保持命令

訴訟卷宗內有營業秘密資料者，雖經法院發秘密保持命令，然受秘密保持之人，可能於訴訟中有更迭，即可能發生未受秘密保持命令之人聲請閱覽訴訟卷宗情事。為避免營業秘密外洩，故對於曾發秘密保持命令之訴訟，倘有未經限制或不許閱覽且未受秘密保持命令之人，聲請閱覽、抄錄、攝影卷內文書時，法院書記官應立即通知聲請命令之人。除非秘密保持命令業經撤銷確定者，不在此限（智慧財產案件審理法第40條第1項）。例如，A電子公司先向法院聲請對B電子公司法定代理人與其訴訟代理人核發秘密保持命令，經法院作成准許裁定在案。A電子公司為使本案訴訟得繼續順利進行，避免上揭之營業秘密外洩，滋生無謂之紛爭，認為A電子公司之員工甲有參與技術之研發，實有增列為受秘密保持命令人之必要性，爰繼續聲請就甲核發秘密保持命令，命甲就該營業秘密，不得為實施本案訴訟以外之目的而使用，或對未受秘密保持命令之人開示[19]。

(四)預備追加聲請秘密保持命令或不准許閱覽之相當期間

為酌留受通知之秘密保持命令聲請人，預備追加聲請秘密保持命令或不准許閱覽之相當期間，是法院書記官自聲請命令之當事人或第三人受通

---

[19] 智慧財產及商業法院101年度民秘聲上字第2號民事裁定。

知之日起14日內，不得將卷內文書交付閱覽、抄錄、攝影或其他方式重製。聲請命令之當事人或第三人於受通知之日起14日內，聲請對請求閱覽之人發秘密保持命令，或聲請限制或不准許其閱覽時，法院書記官於其聲請之裁定確定前，不得為交付（智慧財產案件審理法第40條第2項）。

二、美國法制

美國法院在事證開示之過程中，原則上即使有營業秘密，亦得以揭露[20]。例外情形，倘被要求提出之文件涉及營業秘密者，得請求法院核發保護令（protective orders），以避免揭露營業秘密或依據F.R.C.P.第26條(c)(7)(8)規範，以特別之方式揭露。保護令之條款常規定，所有於訴訟中揭露之資訊，僅得用於本案訴訟之目的，不得作為其他用途[21]。法院在審核營業秘密所有人請求核發保護命令之聲請時，會考慮以下因素，以決定是否核發保護令：(一)營業秘密所有人之企業以外之人知悉該營業秘密之程度；(二)營業秘密所有人之企業員工知悉該營業秘密之程度；(三)營業秘密所有人用以保護該營業秘密方式之程度；(四)營業秘密所有人對於研究與開發該營業秘密所投入之資金與期間；(五)第三人依適當與合法方式，可取得該營業秘密之難易程度[22]。準此，美國法之保護令核心，在於決定其保密之程度與准許揭露之方法，是保護令之性質與我國智慧財產案件審理法所規範之秘密保持命令類似。違反美國法之保護令，輕則構成違反律師倫理之律師懲戒事由，重者成立藐視法庭，並無刑事制裁規定，故違反之制裁與我國相異[23]。

---

[20] American Tobacco Co. v. Evans, 508 So. 2d 1057, 1061 (Miss. 1987); Federal Open Market Comm'n v. Merrill, 443 U.S. 340, 362 (1979).

[21] Raphael V. Lupo, Protective for orders, in PATENT LITIGATION STRATEGIES HANDBOOK 126-127 (Barry L. Grossman & Gary M. Hoffman ed., 2000).

[22] Restatement of Torts 757 (1982); Playskool, Inc. Famus Corp., 212 U.S.P.Q. 8, 16 (S.D.N.Y. 1981).

[23] 范曉玲，智慧財產民事案件之證據蒐集兼論秘密保持命令，智慧財產訴訟新紀元——智慧財產案件審理法評析，元照出版有限公司，2009年，頁238。

三、TRIPs協定

　　侵害專利權或營業秘密之訴訟中，常會涉及兩造在研發新產品過程之營業秘密或不公開而應保護之資訊[24]。準此，TRIPs協定第42條後段規定，當事人有權提出證據及陳述理由，在訴訟程序不違反憲法規定（constitutional requirements）原則，應提供認定與保護秘密資訊之措施。TRIPs第43條第1項後段亦規定，必須確保當事人所提出之秘密資訊有保護之機制[25]。故法院認為必要時，得選任專家檢視當事人之營業秘密或不公開而應保護之資訊[26]。TRIPs協定之規定與我國民事訴訟法第242條第3項規定類似，即為保障隱私或業務秘密，訴訟卷內文書涉及隱私或業務秘密，有致其受重大損害之虞者，法院得依聲請或依職權裁定，不予准許或限制當事人或法律上之利害關係人閱覽、抄錄或攝影卷內文書。

陸、例題解析

一、證據保全之強制力

　　智慧財產案件審理法第46條雖規定證據保全之實施，必要時得以強制力為之。然證據保全係民事訴訟程序，其強制力自應受限制。文書、勘驗物或鑑定所需資料之持有人，無正當理由不從法院之命提出文書、勘驗物或鑑定所需資料者，法院得以裁定處新臺幣10萬元以下罰鍰；於必要時，並得以裁定命為強制處分（智慧財產案件案理法第34條第1項）。前項強制處分之執行，準用強制執行法關於物之交付請求權執行之規定（第2項）。參照智慧財產案件案理法第34條第1項、第2項規定，提出文書勘

---

[24] 劉尚志、王敏銓、張宇樞、林明儀，美台專利訴訟——實戰暨裁判解析，元照出版有限公司，2005年，頁40。

[25] subject in appropriate cases to conditions which ensure the protection of confidential information.

[26] MICHAEL BLAKRNEY, TRADE RELATED ASPECTS OF INTELLECTUAL PROPERTY RIGHTS: A CONCISE TO THE TRIPS AGREEMENT 125 (1996).

驗物提出命令強制處分之程序,僅得以準用強制執行法關於物之交付請求權執行之規定。故不得請警察機關協助進行強制力之搜尋,以找尋是否有證據保全之標的[27]。

二、營業秘密之保護

(一)准許部分

A影視公司與C影視公司間授權合約書與協議書之內容,其記載渠等間授權影片之名稱、數量、內容、費用及其他當事人權利義務事項,而協議書之內容亦涉及渠等授權期限。該等契約效力現仍存續中,其涉及A影視公司與C影視公司間之授權內容,未經公開,顯非同業所知悉者,渠等就授權影片具有實際及潛在之經濟價值,A影視公司向法院陳明應禁止B影視公司與其訴訟代理人閱覽、抄錄及攝影已有採取合理之保密措施,故上開授權合約書與協議書,涉及A影視公司與C影視公司之商業利益,應為其營業秘密之範圍。因本件訴訟案之法律關係,為確認A影視公司與B影視公司間著作權授權是否存在,自與A影視公司與C影視公司間著作權授權關係無涉。職是,倘提供上開授權合約書與協議書,給予B影視公司法定代理人與其訴訟代理人閱覽、抄錄、攝影或以其他方式重製,將妨害A影視公司與C影視公司間基於該等資料之事業活動,故有保護該等營業秘密之必要性。準此,B影視公司法定代理人與其訴訟代理人就上開授權合約書與協議書所載內容,均不得為閱覽、抄錄、攝影或以其他方式重製。

(二)駁回部分

法院已不准B影視公司法定代理人與其訴訟代理人就前開之授權合約書與協議書為閱覽、抄錄及攝影,渠等自無接觸或得知內容之可能性,自無限制B影視公司法定代理人與訴訟代理人,就本件營業秘密供本案訴訟進行以外之目的使用,或對未受秘密保持命令者開示之必要性,此部分聲

---

[27] 司法院98年度智慧財產法律座談會彙編,司法院,2009年7月,頁41。

請為無理由，應予駁回。再者，A影視公司雖聲請對B影視公司核發秘密保持命令。然A影視公司為法人組織，其與自然人同有獨立之人格，係由自然人設立、經營，對外之法律行為，均須以具行為能力之自然人代表為之，本件已裁定命A影視公司法定代理人不得為閱覽、抄錄及攝影，自無就A影視公司併予核發秘密保持命令之必要[28]。

三、會計傳票與銷貨收據為營業秘密

(一)營業秘密之要件

聲請人所持有會計傳票與銷貨收據，涉及商品報價單、銷售數量、成交價格紀錄及客戶名單等資訊，均為聲請人內部資料，並未對外公開，非一般涉及該類資訊之人所能得知，具有秘密性。該等內容有關營運狀況、生產成本及客戶往來業務等項目，係聲請人長年所累積之市場經驗，可作為制定商品價格之基準，具有實際及潛在經濟價值，而競爭同業無法輕易探知該等技術或商業資訊，可認定聲請人具備合理之保密措施。

(二)營業秘密之秘密性屬相對性

營業秘密法所要求之新穎性，係採用相對新穎性，僅要具有最低程度之新穎性，該資訊為非一般涉及該類資訊之人所知者，即符合新穎性之要件。準此，營業秘密之秘密性，係屬相對性，而非絕對性，故聲請人就會計傳票與銷貨收據有保密之主觀要件，且已採取合理之保密措施，以維護其秘密性，而將營業秘密合理揭露提供予特定之他人，不論係基於事業活動之信賴關係或僱傭、銷售等契約中之保密條款，或者向稅捐機關據實申報，仍不失其秘密性。

(三)有限制開示或使用之必要性

商業之營業秘密涉及與商業經營有關資料，如顧客名單、行銷策略與計畫、財務及會計報表、受雇人資料等事項。聲請人於本案訴訟提出之會

---

[28] 智慧財產及商業法院100年度民秘聲字第5號民事裁定。

計傳票與銷貨收據影本，為聲請人之進貨、銷貨及存貨系統資料，內含公司進貨、銷貨及存貨等貨品進銷來源去向、售價及數量等系統化詳細資料。僅聲請人之相關管理階層及財務會計人員始能接觸，具有實際或潛在經濟價值，且該等資料之開啟與使用，需特定之軟硬體技術配合，並限於聲請人內部電腦、網路始得登入。準此，聲請人提出之會計傳票與銷貨收據，具有秘密性、經濟性及盡合理保密措施等要件，符合營業秘密之保護要件。倘該營業秘密經開示，或供訴訟進行以外之目的使用，確有妨害聲請人基於營業秘密之事業活動之虞，足徵有限制開示或使用之必要性。

(四)相對人訴訟代理人與複代理人有保密之必要

關於應受秘密保持命令之人，以得因本案接觸該營業秘密之人為限。如他造已委任訴訟代理人，其代理人宜併為受秘密保持命令之人。法院為前項裁定前，得通知兩造協商確定之（智慧財產案件審理細則第49條）。因相對人訴訟代理人、複代理人等人於本案訴訟中，均會接觸聲請人於本案訴訟中提出之會計傳票與銷貨收據，為避免因該等營業秘密經開示，或供訴訟進行以外之目的使用，有妨害聲請人基於營業秘密之事業活動之虞，自應限制相對人訴訟代理人開示或使用之必要性，渠等為受秘密保持命令之人，就營業秘密不得為實施該訴訟以外之目的而使用之，或對未受秘密保持命令之人開示。

(五)無遮蔽產品交易相對人、售價、單價及總售價等項目之必要性

法院已限制相對人訴訟代理人、複代理人開示或使用之必要性，渠等為受秘密保持命令之人，就營業秘密不得為實施該訴訟以外之目的而使用之，或對未受秘密保持命令之人開示。渠等均受本件秘密保持命令所拘束，已足以保護聲請人所有營業秘密。準此，基於衡量保護聲請人所有營業秘密與相對人本案訴訟之攻防等因素，法院認無遮蔽產品交易相對人、售價、單價及總售價等項目之必要性[29]。

---

[29] 智慧財產及商業法院101年度民秘聲上字第2號、107年民專抗字第3號、107年民專抗字第5號民事裁定。

柒、相關實務見解

一、核發秘密保持命令之對象

公司為事業體，法律上屬法人組織，固與自然人同有獨立之人格，惟公司係由自然人設立與經營，對外之法律行為均須以具行為能力之自然人代表為之。查聲請核發秘密保持命令之相對人為公司，對外之法律行為由其法定代理人代表為之。法院已就其法定代理人核發秘密保持命令，自無就相對人公司併予核發秘密保持命令之必要，此部分聲請為無理由，亦應予駁回[30]。

二、藥品銷售數量與銷售客戶有核發秘密保持命令之必要

聲請人所持有之藥品報價單、銷售數量、成交價格紀錄及客戶名單等資訊，均為聲請人內部資料，並未對外公開，非一般涉及該類資訊之人所能得知，具有秘密性。該等內容涉及營運狀況、生產成本及客戶往來業務等項目，係聲請人長年所累積之市場經驗，可作為制定藥品價格之基準，具有實際及潛在經濟價值，而競爭同業無法輕易探知該等技術或商業資訊，可認定聲請人具備合理之保密措施。準此，聲請人之藥品銷售對象與銷售數量，具有秘密性、經濟性及盡合理保密措施等要件，符合營業秘密之保護要件。倘上揭營業秘密經開示，或供訴訟進行以外之目的使用，確有妨害聲請人基於營業秘密之事業活動之虞，足徵有限制開示或使用之必要性，聲請人就系爭藥品之銷售數量與銷售對象部分，聲請核發秘密保持命令，應予准許[31]。

---

[30] 智慧財產及商業法院101年度民秘聲上字第1號民事裁定。
[31] 智慧財產及商業法院105年度民秘聲上字第1號民事裁定。

三、秘密保持命令與限制閱覽訴訟資料

(一)法院不得依職權核發秘密保持命令

智慧財產案件審理法第54條所定刑事案件，依同法第66條準用第36條第1項，明定當事人或第三人就其持有之營業秘密，經釋明符合該條項第1款、第2款情形者，法院得依該當事人或第三人之聲請，對他造當事人、代理人（辯護人）、輔佐人或其他訴訟關係人發秘密保持命令。考其立法目的，係為兼顧營業秘密之保護，暨因不許或限制他造當事人之閱覽或開示，妨礙他造當事人之訴訟防禦權之利益衝突，故明定秘密保持命令之制度，以防止營業秘密因提出於法院而致外洩之風險。而該營業秘密係當事人或第三人所持有，是否具秘密性，該當事人或第三人知悉最詳，且有無核發秘密保持命令之必要，攸關其權益，法律規定依其聲請發動。倘當事人或第三人認訴訟資料不具秘密性，或無核發秘密保持命令之必要，法院不宜逕為相異之認定，有疑義時，得於裁定前詢問當事人、應受秘密保持命令之人、關係人或為其他必要之證據調查（刑事訴訟法第222條第2項；智慧財產案件審理細則第47條）。

(二)法院限制閱覽訴訟資料

當事人提出之攻擊或防禦方法涉及營業秘密，經當事人聲請，法院認為適當者，得不公開審判或限制閱覽訴訟資料（營業秘密法第31條）。係因審判固應公開行之，惟當事人提出之攻擊或防禦方法涉及營業秘密時，倘均公開審判，可能造成營業秘密之二次受害。經當事人聲請時，法院認為適當者，得不公開審判或限制閱覽訴訟資料。訴訟資料涉及營業秘密者，法院得依聲請不公開審判；亦得依聲請或依職權限制卷宗或證物之檢閱、抄錄、攝影或其他方式重製（智慧財產案件審理法第32條）。因刑事審判除有法定事由得不予公開外，應公開法庭行之；被告或自訴人、告訴人之辯護人或代理人對於卷宗或證物，得依法檢閱、抄錄、攝影或其他方式重製。智慧財產案件審理法第54條之侵害智慧財產刑事案件，其證據或其他訴訟資料涉及營業秘密時，經公開審判或將全部卷宗、證物提

供檢閱、抄錄、攝影或其他方式重製，可能造成權利人受重大損害。準此，允許法院對被告或辯護人限制卷宗或證物之檢閱、抄錄、攝影或其他方式重製，此為刑事訴訟法之特別規定。

(三)秘密保持命令與限制閱覽訴訟資料得併存

智慧財產案件審理法第36條創設秘密保持命令，目的在禁止因訴訟獲悉而取得營業秘密之人，為訴訟外目的之使用或對外開示，其與同法第24條後段限制閱覽訴訟資料旨在避免營業秘密外洩，固均在保護營業秘密，然法律依據與規範意旨不同；且就發動方式，前者僅得依聲請為之，後者得由法院依職權為之；於救濟方面，就駁回秘密保持命令聲請之裁定，得為抗告（智慧財產案件審理法第38條第4項）。准許之裁定，雖不得抗告，然受秘密保持命令之人，得向法院聲請撤銷（智慧財產案件審理法第39條第1項）。而限制閱覽訴訟資料之裁定，原則得為抗告（智慧財產案件審理法第32條）。「聲請對請求閱覽之人發秘密保持命令」及「聲請限制或不准許其閱覽」可一併聲請，可知法院為保護營業秘密得採取之合理手段，包括核發秘密保持命令或限制閱覽訴訟資料等旨，足見核發秘密保持命令與限制閱覽訴訟資料係不同保護方法。準此，秘密保持命令及限制閱覽訴訟資料得併存，其適用要件、救濟程序，應分別以觀，不因法院為求便利，將兩者併載於同一裁定而受影響。準此，受秘密保持命令之人，倘同時遭限制閱覽訴訟資料，就前者得依智慧財案件審理法第39條第1項規定聲請撤銷。後者參照同法第2條、刑事訴訟法第33條賦予被告及辯護人閱卷權之規定，佐以民事訴訟法第242條第4項允許當事人或第三人聲請法院撤銷或變更限制裁定之精神，基於相同解釋，自得就所受之限制聲請撤銷或變更。因憲法第16條規定人民有訴訟權，旨在確保人民有受公平審判之權利，依正當法律程序之要求，刑事被告應享有充分之防禦權，包括卷證資訊獲知權，俾受公平審判之保障。刑事案件審判中，應使被告及其辯護人得以適當方式適時獲知其被訴案件之卷宗及證

物全部內容[32]。況智慧財產案件審理法第72條，對違反秘密保持命令者科處刑罰，具相當之拘束力，營業秘密在已有秘密保持命令可資保護下，究有無再限制閱覽訴訟資料及其限制（或開示）之方式，法院仍應視個案情形，妥適權衡，俾兼顧營業秘密之保護及訴訟防禦權之保障，認定有無限制閱覽訴訟資料之必要[33]。

---

[32] 大法官釋字第762號解釋。

[33] 最高法院110年度台抗字第161號刑事裁定。

第四章

營業秘密之侵害與救濟

關鍵詞：還原工程、保密義務、過失主義、工商秘密、境外侵害、不正當方法、具體損害計算說

因公務、業務或契約而知悉或持有他人之營業秘密者,負有保密義務。故應負保密義務人未經營業秘密所人同意而使用或無故洩漏之,或第三人以不正當方法取得之營業秘密,而使用或洩漏者,營業秘密權利人得利用民事或刑事等救濟。

第一節　侵害態樣

以不正當方法取得營業秘密者,成立侵害營業秘密。反之,以合法方式取得營業秘密,則不構成營業秘密侵害。因我國營業秘密法對外國人之保護採互惠原則,故外國人所屬之國家與中華民國如無相互保護營業秘密之條約或協定,或依其本國法令對中華民國國民之營業秘密不予保護者,其營業秘密得不予保護(營業秘密法第15條)。侵害營業秘密行為,參照營業秘密法第10條與第13條之1規定,可區分為不法取得、不法洩漏及不法使用等態樣[1]。

例題13

> 甲為A公司之職員,因公至B公司學習新電鍍技術,A與B公司訂有技術合作契約,由B公司出售電鍍設備與A公司,甲學成後將其所習技術作成書面資料交與A公司,嗣後辭職而進入C公司任職,將該電鍍技術用於C公司之生產線上。試問甲之行為,有無侵害A與B公司之營業秘密?

例題14

> 乙利用實驗之方式,得知美國可口可樂公司之「CoCa」配方,並利用該配方製造可樂銷售。試問乙之行為,有無侵害可口可樂公司之營業秘密?其理由何在?

---

[1] 馮達發,營業秘密法實務之淺析與建言,全國律師,2016年11月,頁27。

例題15

> 甲委託乙組裝A工作母機，渠等間之組裝工作母機契約規定：本組裝委託案為甲方之智慧財產權，未經甲方同意或授權不得進行仿製或參考開發之行為，倘有違約應負擔相關法律責任。乙參考A工作母機，另行設計功能不同之B工作母機。試問乙之行為，有無違反上開組裝工作母機契約規定？

壹、我國立法例

一、保密義務

公務員因承辦公務而知悉或持有他人之營業秘密者，不得使用或無故洩漏之（營業秘密法第9條第1項）。當事人、代理人、辯護人、鑑定人、證人及其他相關之人，因司法機關偵查或審理而知悉或持有他人營業秘密者，不得使用或無故洩漏之（第2項）。仲裁人及其他相關之人處理仲裁事件，知悉或持有他人之營業秘密者，亦不得使用或無故洩漏之（第3項）。

二、侵害營業秘密（104檢察事務官）

營業秘密法第10條第1項例示5種侵害營業秘密之行為態樣，倘有其他侵害情事，自得依營業秘密法第12條規定，向侵權行為人請求損害賠償，不以第10條第1項例示者為限。茲說明第10條第1項例示態樣如後：

(一)侵害態樣

1.不正當取得

以不正當方法取得營業秘密者，為侵害營業秘密（營業秘密法第10條第1項第1款）。所謂不正當方法者，係指竊盜、詐欺、脅迫、賄賂、擅自重製、違反保密義務、引誘他人違反其保密義務或其他類似方法（營

業秘密法第10條第2項）[2]。本款侵害營業秘密之態樣，係最常見之營業秘密侵害之行為。諸如盜取他人電腦程式原始碼、引誘員工出售機密資訊、透過網路進入他人伺服器重製機密文件等。本款在處理取得營業秘密之行為，倘為取得後之利用，則屬第2款之侵害行為[3]。

(1)非為職務之正當使用

勞動契約之個人資料保護切結書，約定公司客戶資料，受雇人非因職務之需求，不得重製或使用。而受雇人違背該契約義務，擅自重製電腦系統內儲存之公司客戶資料，即非為職務上正當使用，是受雇人重製該營業秘密資料，構成營業秘密法第10條第1項第1款之不正當方法，侵害公司之營業秘密，不論是否有造成公司之實質損害。

(2)還原工程（103檢察事務官）

以正當方法取得營業秘密，不構成侵害。例如，分析他人之產品或還原工程（Reverse Engineering）取得他人之營業秘密。因營業秘密無獨占性，他人得經由合法方式取得相同之營業秘密。所謂還原工程或逆向工程，係指針對可公開取得之已知產品，經由逆向程序，逐步解析以獲得該產品之規格、功能、組成、成分、製作過程或運作程序等技術資訊之方法[4]。因營業秘密非獨占之權利，可多數人同時或前後所有，還原工程僅為合法方式取得他人相同之營業秘密，不影響他人所有營業秘密之存在[5]。

2.轉得人轉得時之惡意侵害

知悉或因重大過失而不知其為以不正當方法取得之營業秘密，而取得、使用或洩漏者，為侵害營業秘密（營業秘密法第10條第1項第2

---

[2] 勞動基準法第12條第1項第5款故意洩漏雇主技術上、營業上之秘密，致雇主受有損害者。

[3] 經濟部智慧財產局2003年12月營業秘密法制之研究期末報告之頁18，網頁：http://www.tipo.gov.tw/ch/Download_DownloadPage.aspx?Path=2962&UID=9&ClsID=46&ClsTwoID=106&ClsThreeID=0&KeyWord=，最後瀏覽日期：2012年2月2日。

[4] 智慧財產及商業法院104年度民營訴字第3號民事判決。

[5] 智慧財產及商業法院109年度刑智上重訴字第4號刑事判決。

款）。本款所規範之對象為前款營業秘密之惡意轉得人，其屬自始惡意之人。可分為如後二種類型[6]：

(1)第三人向不當持有他人營業秘密者取得

他人不當自營業秘密擁有人或持有人處取得營業秘密後，第三人在知悉或因重大過失而不知之狀況，再向不當持有他人營業秘密之人取得營業秘密。例如，A公司為發展無線通訊產品，向前來兜售相關IC設計資料僱之個人購買，且未探究該個人如何取得該等資料，倘該個人是商業間諜，向其他公司竊取而來，A公司之行為屬於本款之侵害行為。

(2)第三人與不當方式取得之人進行合作

自營業秘密擁有人或持有人處以不正當方式取得營業秘密後，知悉或因重大過失而不知此情形者，其與不當方式取得之人進行合作，而加以使用或洩漏之行為。例如，B公司為進軍TFT液晶面板產業，挖角C公司之重要研發團隊，B公司利用研發團隊腦中所留存之資料，快速生產出TFT產品，並另行授權與他人合資成立D公司使用該技術。倘該技術使用先前C公司之營業秘密，則B公司自行利用、授權他人使用，均會侵害C公司之營業秘密，倘D公司亦知悉此事，D公司之利用行為，亦會侵害B公司之營業秘密。

3.轉得人轉得後之惡意侵害

取得營業秘密後，知悉或因重大過失而不知其以不正當方法取得之營業秘密，而使用或洩漏者。取得時為善意，而嗣後為惡意，成立侵害營業秘密（營業秘密法第10條第1項第3款）。例如，善意取得營業秘密後，因新聞報導該洩密案而知悉此事，其仍然繼續使用或洩漏。本款著重於行為人在不知情或善意之狀況，取得他人以不正當方法獲取之營業秘密，因行為人不知情，雖本無須負侵害營業秘密之責任，然由於行為人已實際持有該營業秘密，倘行為人知悉或因重大過失而不知其所持有之營業秘密，為他人以不正當方法取得之營業秘密，則行為人應對於其所持有之營業秘

---

[6] 經濟部智慧財產局，前揭註報告頁19。

密停止繼續使用或提供予他人，以避免營業秘密侵害之情事擴大。故行為人不停止繼續使用或提供予他人，則屬營業秘密法所稱之侵害行為。例如，企業透過管道向某公司取得營業秘密後，透過新聞報導得知其所取得之營業秘密，是商業間諜自其他公司所偷竊所得，倘企業仍繼續使用或將該營業秘密提供予他人，則屬於營業秘密之侵害行為[7]。

4.法律行為取得後之不正當方法使用或洩漏（100檢察事務官）

法律行為取得營業秘密，而以不正當方法使用或洩漏者，成立侵害營業秘密（營業秘密法第10條第1項第4款）。例如，因僱傭、委任、承攬、授權、信託或合作開發等法律關係，而取得營業秘密。本款主要是在處理依法律行為合法取得他人之營業秘密，取得營業秘密之人，應依各該法律行為或契約之內容使用或提供營業秘密予他人，倘逾越其依法律行為所可使用或提供予他人之範圍，則屬於侵害行為。例如，營業秘密之被授權人，依據授權契約中保密條款規定，在提供予合作夥伴或任何相關人士營業秘密時，須要求該接觸營業秘密之人簽訂保密合約，始可提供，倘被授權人未遵守此約定，而任意提供予其他人，其屬於以違反保密義務之不正當方式使用或洩漏予其他人，而為本款所規範之侵害行為[8]。

5.依法令取得後之不當使用或無故洩漏者

依法令有守營業秘密之義務，而使用或無故洩漏者，成立侵害營業秘密（營業秘密法第10條第1項第5款）。例如，營業秘密法第9條第1項之公務員保密義務、建築師法第27條之建築師保密義務、銀行法第28條第4項之經營信託與證券業務人員的保密義務、民法第245條之1第1項第2款之締約過失責任。詳言之，本款可區分為營業秘密法與其他專業人士規範等類型。茲說明如後：

(1)營業秘密法

公務員因承辦公務而知悉或持有他人之營業秘密者，不得使用或無

---

[7] 經濟部智慧財產局，前揭註報告頁19。
[8] 經濟部智慧財產局，前揭註報告頁20。

故洩漏之（營業秘密法第9條第1項）。當事人、代理人、辯護人、鑑定人、證人及其他相關之人，因司法機關偵查或審理而知悉或持有他人營業秘密者，不得使用或無故洩漏之（第2項）。仲裁人及其他相關之人處理仲裁事件，準用前項規定（第3項）。本條處理情形有三：①公務員因公務接觸他人營業秘密之保密義務；②參與司法程序之人接觸他人營業秘密之保密義務；③參與仲裁程序之人接觸他人營業秘密之保密義務。

(2)專業人士

就專業人士之規範，茲列舉如後：①建築師對於因業務知悉他人之秘密，不得洩漏（建築師法第27條）；②不動產估價師對於因業務知悉之秘密，除依第21條之規定或經委託人之同意外，不得洩漏。但為提升不動產估價技術，得將受委託之案件，於隱匿委託人之私人身分資料後，提供做為不動產估價技術交流、研究發展及教學之用（不動產估價師法第18條）；③銀行經營信託及證券業務之人員，關於客戶之往來、交易資料，除其他法律或主管機關另有規定外，應保守秘密；對銀行其他部門之人員，亦同（銀行法第28條第4項）；④會計師未得指定機關或委託人之許可，洩漏業務上之秘密（會計師法第22條第10款）[9]。

三、舉證責任

不正當方法者，包含竊盜、詐欺、脅迫、賄賂、擅自重製、違反保密義務、引誘他人違反其保密義務或其他類似方法（營業秘密法第10條第2項）。準此，行為人因法律行為取得營業秘密，而以不正當方法使用或洩漏者，即成立侵害營業秘密，不以發生實害結果為必要。因取得侵害營業秘密行為之證據不易，其證明度雖可降低，仍應注意被告對原告所提之證據是否已有提出說明，並應令其舉證，以平衡兩造間之舉證責任，俾發現真實[10]。

---

[9] 經濟部智慧財產局，前揭註報告頁20。
[10] 最高法院97年度台上字第968號民事判決。

四、記憶抗辯

所謂記憶抗辯，係指員工久任特定領域工作，累積相當深厚豐富之專業知識與技能，而該等資訊存在於該員工記憶，其離職後，並未竊取或下載公司文件資料，至新公司後自然將其具備之智識分享予新公司之成員，是否構成營業秘密之侵害，值得探討。我國司法實務有參考美國實務建立之必然揭露理論或不可避免揭露原則（Inevitable Disclosure Doctrine），認為成立侵害營業秘密[11]。必然揭露理論係美國法院於前雇主主張營業秘密有被離職員工不正洩漏之威脅或危險，而聲請假處分或定暫時狀態處分時，經由案例累積所建立之原則。部分法院認為離職員工確實能接觸或知悉前公司之營業秘密，或於離職前已有洩漏營業秘密予其他公司之明確事證，即應禁止其跳槽至競爭對手公司工作，尤其不能擔任與其在原公司相似之職位或職務，以免侵害原公司之營業秘密，並造成不公平競爭之結果[12]。

貳、美國立法例

一、經濟間諜法案

美國在保護營業秘密方面，前於1996年制定經濟間諜法案（The Economic Espionage ACT of 1996, EEA）而有重大之進展，美國聯邦法院對於有美國籍或擁有綠卡之人士，暨該等人士實質擁有或控制之公司，不論其居住於國內、外，均取得管轄權。倘該等人士或公司有侵害美國企業所有之營業秘密之行為者，美國企業可直接於美國對其起訴，嗣後取得勝訴判決時，即可直接依據美國法加以強制執行[13]。

---

[11] 智慧財產及商業法院102年度民營上字第3號民事判決。

[12] 謝宛蓉，我國營業秘密法制及爭議問題介紹——以刑事責任為中心，智慧財產權月刊，178期，2013年10月，頁24。智慧財產及商業法院102年度民營上字第3號民事判決。

[13] 曾勝珍，營業秘密權益歸屬之探討，智慧財產權法專題研究，金玉堂出版

二、侵害營業秘密

EEA參考UTSA（Uniform Trade Secrets Act）之規定，在EEA第1832條規定五種侵害營業秘密之行為態樣（theft of trade secrets），茲說明如後[14]：(一)竊取或未經授權而占有、持有或隱匿，或者以詐欺、詐術或詐騙方式獲得營業秘密；(二)未經授權而拷貝、複製、記述、描述、攝影、下檔、轉換、毀損、影印、重製、傳送、交付、送達、郵寄、通訊或傳達營業秘密；(三)明知該營業秘密係遭竊取、盜用，或者未經授權而取得占有、收受、購買或持有該營業秘密；(四)本款為意圖犯，即意圖實施(一)至(三)款所規定之任何行為者；(五)本款為共同侵權之規定，即數人共謀實施(一)至(三)款所規定之任何行為，而其中一人或數人為達成其共同之目的已著手實施。

參、臺美立法例比較

依據EEA第1832條規定，公眾利用合法方式所取得之資訊，並不屬於營業秘密所保護之客體。而未為一般大眾所知悉之資訊，必須該資訊無法利用合法方式取得，且其具有現實或潛在之獨立經濟價值，並經營業秘密所有人採取合理之保護措施，始符合營業秘密之保護要件[15]。其立法內涵與我國營業秘密法第2條相同，均在保護營業秘密之所有人免於他人使用不正當手段取得其營業秘密，而無法禁止他人以合法方法取得。

社，2004年6月，頁256。美國之資訊自由法（the Freedom of Information Act of 1996）、行政程序法（the Administrative Procedure Act of 1994）及行政糾紛處理法（the Administrative Dispute Resolution Act of 1994）對營業秘密亦有相關之規定。

[14] EEA第1831條規定經濟間諜罪（economic espionage）之刑罰與行為態樣。

[15] 馮震宇，從永豐案判決論美國經濟間諜法之適用，萬國法律，107期，1999年10月，頁5、15。

肆、例題解析

一、侵害營業秘密

因法律行為取得營業秘密，而以不正當方法使用或洩漏者，為侵害營業秘密（營業秘密法第10條第1項第4款）。A公司與B公司訂有技術合作契約，由B公司出售電鍍設備與A公司，A公司之職員甲因公派至B公司學習新電鍍技術，甲學成後，雖將其所習技術作成書面資料交與A公司，惟嗣後另至C公司任職，將該電鍍技術用於C公司之生產線上。準此，甲之行為違反前揭規定，同時侵害A與B公司之營業秘密[16]。

二、合法方法取得營業秘密

乙經由實驗而以還原工程之方式，得知美國可口可樂公司之「CoCa」配方，因營業秘密不似專利有獨占性，具有排他之效力，故營業秘密得由數人以上同時所有，渠等間不成立營業秘密之侵害。準此，乙以合法方法取得配方，其得利用該配方製造可樂銷售，並未無侵害可口可樂公司之營業秘密。

三、使用營業秘密之行為

甲委託乙組裝A工作母機，並約定組裝委託案為甲方之營業秘密，未經甲方同意或授權不得進行仿製或參考開發之行為，如有違約應負擔相關法律責任。所謂仿製或參考開發之行為，係指兩機器間之整體相同，或僅單純為尺寸之變更；反之，倘兩機器存有特別之不同，且此等設計存在特別功能或技巧，其難謂係仿製或參考開發之行為。準此，乙參考A工作母機，另行設計功能不同之B工作母機，並無違反禁止使用營業秘密之約定[17]。

---

[16] 臺灣高等法院臺中分院89年度重上字第101號民事判決。
[17] 智慧財產及商業法院100年度民營上字第1號民事判決。

伍、相關實務見解——以不正當方法取得營業秘密

將電腦交付他人修理，修繕者因修理之必要性，雖有重製備份之必要性，然應於修理完畢後銷毀重製之備份。被上訴人修理上訴人之私人電腦，其於修理過程中有重製備份，固有合理重製之事由存在，惟應於修理完畢後立即銷毀重製備份，詎被上訴人私自留存檔案，應認其取得上訴人持有資訊之始，係利用修理電腦之機會以擅自重製之不正當方法取得，其符合營業秘密法第10條第1項第1款、第2項規定，以不正當方法取得營業秘密。因被上訴人取得上訴人之資訊時，並非善意，不符合同條項第3款之適用[10]。

第二節　民事救濟

營業秘密受侵害時，權利人得對侵權行為人行使損害賠償、禁止侵害、銷燬侵權物品等請求權。營業秘密法第13條第1項、第2項就損害賠償額規定，計算損害賠償之方法有：營業秘密所有人所受之損害與所失利益、利益差額、侵害人因侵害行為所得之利益。再者，法院認定損害賠償時，應依據法定計算方式，計算損害賠償數額，不得任意創造其他之計算方式，否則有違反營業秘密法規定。故營業秘密法第13條第1項損害賠償之計算，應較民事訴訟法第222條第2項優先適用。因每種計算方式之基礎及經濟意義不同，計算損害賠償數額時，不得依據不同之計算方式進行計算，導致發生矛盾情事。再者，當事人主張有利於己之事實，就其事實有舉證之責任。證明應證事實之證據資料，並不以直接證據為限；凡先綜合其他情狀證明某事實，再用推理之方法由某事實證明應證事實之間接證據，亦應包括在內。採用間接證據時，必其所成立之證據，在直接關係雖僅足以證明他項事實，然由此他項事實，本於推理之作用，足以證明待證

---

[18] 智慧財產及商業法院102年度民營上字第2號民事判決。

事實者而後可,斷不能以單純論理為臆測之根據,就待證事實為推定之判斷。職是,營業秘密具有專業性與技術性,就是否具有營業秘密要件及損害賠償數額之認定,自得囑託專家或專業機構鑑定。

民事救濟	法律規範	說明
損害賠償請求權	營業秘密法第12條第1項	過失責任主義
損害賠償之計算	營業秘密法第13條第1項 民事訴訟法第222條第2項	具體損害計算說、差額說、總利益說、總銷售額說、契約說、酌定說
懲罰性賠償金	營業秘密法第13條第2項	故意侵害營業秘密行為
禁止侵害請求權	營業秘密法第11條第1項	無過失責任主義,分為排除侵害與防止侵害請求權
銷燬請求權	營業秘密法第11條第2項	無過失責任

例題16

　　甲原任職於A公司,渠等聘僱合約書約定,甲不得於合約終止或解除後2年內利用A公司之機密資訊為自己或他人從事或經營與A公司直接競爭之產品。而所謂機密資訊者,係指甲於受聘期間因職務關係所創作開發,或取得或知悉A公司註明或標示機密、限閱或其他同義字之一切商業上、技術上或生產上之資訊。甲離職後至B公司任職,A公司與B公司雖均為服務業,然個別之營業項目並不相同。試問A公司是否得以該甲違反競業禁止、保密義務為由,請求甲負違約之損害賠償責任?

壹、民事管轄法院

一、專屬管轄權

(一)第一審民事事件

　　營業秘密法之第一審及第二審民事訴訟事件，由智慧財產及商業法院管轄（智慧財產及商業法院組織法第3條第1款、第4款）。是智慧財產及商業法院，原則上對於營業秘密第一審民事事件有專屬管轄權（智慧財產及商業法院組織法第3條第1款；智慧財產案件審理法第9條第1項本文）。準此，原則上依營業秘密法所保護之智慧財產權益所生之第一審民事訴訟事件，由智慧財產及商業法院法官1人獨任審判[19]。例外情形，係當事人合意普通法院為第一審管轄法院，由該法院為管轄法院（智慧財產案件審理法第9條第1項但書）。

(二)第二審民事事件

　　營業秘密法之第二審民事訴訟事件，由智慧財產及商業法院合議行之，其為專屬管轄，非屬普通高等法院管轄（智慧財產及商業法院組織法第3條第1款；智慧財產案件審理法第47條）[20]。

(三)認定營業秘密法院管轄之民事事件基準

　　依專利法、商標法、著作權法、光碟管理條例、營業秘密法、積體電路電路布局保護法、植物品種及種苗法或公平交易法所保護之智慧財產權益，暨其他依法律規定或經司法院指定由智慧財產及商業法院管轄之第一審及第二審民事訴訟事件，由智慧財產及商業法院管轄（智慧財產及商業法院組織法第3條第1款、第4款；智慧財產案件審理法第9條第1項、第47條）。故智慧財產及商業法院管轄之民事訴訟事件，依智慧財產及商業法院組織法第3條第1款規定，採列舉方式，以條文所示之法律為限，係以智慧財產權構成要件、效力及保護等為基準。職是，營業秘密所有人依營

---

[19] 智慧財產及商業法院99年度民營訴字第6號民事判決。
[20] 智慧財產及商業法院102年度民營上字第2號民事判決。

業秘密法規定之效果，得以之為訴訟標的，向智慧財產及商業法院起訴；反之，當事人非以營業秘密法規定訴請求時，則不屬於智慧財產及商業法院組織法所規定之民事事件。申言之，當事人以一訴主張單一或數項訴訟標的，其主要部分涉及營業秘密者，基於同一原因事實而不宜割裂，均為營業秘密之民事訴訟。倘原告以當事人間之離職後競業禁止契約，作為請求權基準，僅以營業秘密僅為攻擊或防禦事項，並非法律關係之訴訟標的或主要部分請求，非屬智慧財產及商業法院管轄之民事事件，智慧財產及商業法院應依被告之聲請，依民事訴訟法第28條第1項規定，裁定移送普通法院管轄[21]。

二、準據法之適用

以智慧財產為標的之權利，依該權利應受保護地之法律（涉外民事法律適用法第42條）。故侵害營業秘密之行為發生於國外者，屬涉外案件。職是，倘我國企業海外子公司之營業秘密係來自母公司，母公司為營業秘密所有人，侵權行為雖發生在海外，母公司得主張其營業秘密受我國法之保護，而使法院適用我國營業秘密法之規定予以審判，而非適用侵權行為地法[22]。

貳、民事集中審理

營業秘密為智慧財產權之一環，其為無體財產權，故侵害營業秘密事件具有特殊性，其與一般之民事侵權事件不同，致權利人於起訴時，難以明確請求權基礎與特定損害賠償數額，法院自應善盡闡明之義務，整理當事人有爭執與不爭執之事實，繼而經由爭點整理之程序，使當事人整理出事實上、證據上及法律之上爭執與不爭執項目。準此，法院僅就訴訟有關

---

[21] 智慧財產及商業法院106年度民暫抗字第1號民事裁定。
[22] 謝宛蓁，我國營業秘密法制及爭議問題介紹——以刑事責任為中心，智慧財產權月刊，178期，2013年10月，頁26。

之爭點，進行證據調查與辯論程序，使有限之司法資源，作有效率之運用。

一、原告之攻防

權利人主張其營業秘密權受侵害，提起侵害營業秘密之民事訴訟時，其應提出權利證明、侵害類型與行為、請求權基礎及損害計算等攻擊或防禦方法。茲說明如後：

(一)權利證明

營業秘密權屬私權之範疇，其與一般私權之權利人相同，權利人對其營業秘密之存在與其要件，即秘密性、經濟價值性及保密措施等要件負舉證之責任（營業秘密法第2條）[23]。原告為證明其為營業秘密之權利人，應保留營業秘密取得之過程及其有關事項之資料，作為證明自身權利之方法。嗣後發生營業秘密爭執時，應提出相關資料作為訴訟上之證據方法，由法院認定原告是否有取得營業秘密，始作為保護之標的。因營業秘密與專利不同，不具有排他效力，准許平行之營業秘密存在，倘原告就權利證明已盡舉證責任，被告抗辯有免責事由，可證明其經由合法方法取得營業秘密，其屬反證事實，自應由被告負舉證責任（民事訴訟法第277條本文）。

(二)侵害營業秘密之行為

我國營業秘密法例示營業秘密之資訊，包含方法、技術、製程、配方、程式、設計或其他可用於生產、銷售或經營之資訊（營業秘密法第2條）。職是，原告應證明其受侵害之營業秘密為何種類型之資訊。再者，原告主張被告故意或過失不法侵害其營業秘密時，原告應證明被告有侵害營業秘密之侵權行為（營業秘密法第10條）。申言之，不法侵害營業秘密之行為，主要包括取得、洩漏及使用等態樣。就其行為階段之發生順序

---

[23] 智慧財產及商業法院102年度民營上字第2號民事判決。

與營業秘密取得之原因合法與否,可分侵權類型如後:1.合法取得營業秘密後之不法洩漏;2.合法取得營業秘密後之不法使用;3.不法取得營業秘密;4.不法取得營業秘密後之不法洩漏;5.不法取得營業秘密後之不法使用[24]。

(三)請求權基礎

原告除應證明其為權利人(營業秘密法第2條至第6條)或被授權人(營業秘密法第7條),暨說明被告有何侵害營業秘密之行為外,應主張其所依據之請求權基礎如後:1.民法第28條之法人侵權責任、第184條第1項之民事侵權責任、第185條第1項之共同侵權責任、第188條第1項前段之雇用人責任、第179條之不當得利請求權;2.公司法第23條第2項之公司負責人責任;3.營業秘密法第11條第1項之禁止侵害請求權、第11條第2項之銷燬請求權、第12條第1項前段之損害賠償請求權、第12條第1項後段之共同侵權責任、第13條第2項之懲罰性損害賠償。

(四)裁判費用

原告於侵害營業秘密民事訴訟事件,同時主張侵害營業秘密之損害賠償請求權、禁止侵害請求權或銷燬請求權,因該等請求權之經濟利益,各自獨立而並非相同,即無主從或相牽連關係,應合併計算訴訟標的之價額(民事訴訟法第77條之2第1項前段)。

(五)損害賠償計算

營業秘密具有秘密性,常無可資參考之市場價值,故營業秘密遭侵害時,對被害人造成之損害不易呈現,損害賠償金額難以估計。故侵害營業秘密之損害賠償計算,有具體損害計算說、差額說、總利益說、總銷售額說、懲罰性損害賠償額說、契約說及法院酌定損害賠償說(營業秘密法第13條;民事訴訟法第222條第2項)。權利人得就各款擇一計算其損害,而非限定權利人僅能擇一請求。故原告就不同之計算損害賠償方式,分別

---

[24] 智慧財產及商業法院100年度刑智上訴字第14號刑事判決。

提出其舉證之方法，並請求法院擇一計算損害方法，命侵權行為人負損害賠償責任，法院不可限縮權利人之計算損害方法[25]。因所得數額容有不同，可見法律規定並未要求計算損害額精確無誤[26]。

二、被告抗辯

　　侵害營業秘密之民事訴訟事件中，倘被告未取得原告同意或授權而有合法使用營業秘密之權源時，被告為免除負侵權行為責任，除否認有原告所控訴之侵害營業秘密行為外，常會抗辯原告非營業秘密人、原告資訊不具營業秘密之保護要件、被告合法取得營業秘密、未逾越授權範圍或請求權已罹於時效等事由，以阻卻侵害營業秘密之成立。當事人間有營業秘密授權之場合，渠等就授權範圍有爭執，法院認定營業秘密之授權範圍，首先應檢視授權契約之約定，倘契約無明文、文字漏未規定或文字不清時，繼而探求契約之真意或目的，或推究是否有默示合意之存在。職是，營業秘密之授權契約中所授與之權利及其利用方式，應參酌授權契約之目的，不應拘泥於契約所使用之文字。故當事人之真意不明，亦無默示合意存在時，應考量契約授權之目的，經認定契約真意不明，而無默示合意存在，或無法適用授權之目的，始可認為約定不明，進而推定未授權。

三、法院審理

(一)賦予當事人辯論之機會

　　營業秘密侵害之事件，倘當事人釋明其主張營業秘密受侵害或有受侵害之虞事實有高度之可能性，他造否認其主張時，法院應定期命他造就其否認之理由具體答辯（智慧財產案件審理法第35條第1項）。他造無正當理由，逾期未答辯或答辯非具體者，法院得審酌情形認當事人已釋明之

---

[25] 98年度智慧財產法律座談會彙編，司法院，2009年7月，頁31。
[26] 李維心，營業秘密損害賠償計算規定之研究，全國律師，20卷11期，2016年11月，頁24。

內容爲眞實（第2項）。法院應於裁判前，使當事人有辯論之機會（第3項）。申言之，他造無正當理由，屆期未答辯或答辯非具體者，法院就該事實眞僞之爭執，應給予兩造有辯論之機會，始得審認當事人已釋明之事實爲眞實。

(二)適度開示心證

　　法院本身已具備與營業秘密事件有關之專業知識，或經技術審查官爲意見陳述後，就營業秘密事件有關之特殊專業知識，倘未於裁判前對當事人爲適當揭露，使當事人有表示意見之機會，將對當事人造成突襲。故法院本身所已知與營業秘密事件判斷有關之特殊專業知識，應予當事人有辯論之機會，始得採爲裁判之基礎（智慧財產案件審理法第29條第1項）。再者，爲避免突襲性裁判及平衡保護訴訟當事人之實體利益及程序利益，法院就訴訟事件公開心證之範圍（第2項）。其包括闡明並確認該訟爭法律關係之事實上、法律上及證據上爭點，而就待證事實存否及適用特殊經驗法則所獲得之階段性心證及法律見解，得適時爲適當之揭露，以保障訴訟當事人之聽審機會及衡量有無進而爲其他主張與聲請調查證據之必要[27]。

(三)不公開審判

　　當事人提出之攻擊或防禦方法，涉及當事人或第三人營業秘密，經當事人聲請，法院認爲適當者，得不公開審判；其經兩造合意不公開審判者，亦同（智慧財產案件審理法第31條第1項）。訴訟資料涉及營業秘密者，法院得依聲請或依職權裁定不予准許或限制訴訟資料之閱覽、抄錄、攝影或其他方式重製（第2項）。例如，藥物注射劑產品之成分、技術、製程、配方等資訊，經核爲之內部資訊，非一般涉及該類資訊之人所知者，應爲營業秘密及業務秘密。而當事人於藥品市場上具競爭關係，倘該等資訊爲他造所知悉，自得據以調整其定價或行銷策略，無非使他造藉由

---

[27] 最高法院100年度台上字第480號、第1013號及101年度台上字第38號民事判決。

知悉一造之內部資訊，而取得市場競爭上之利益，有致相對人受重大損害之虞。經審酌卷內證據或相關情事，認定為營業秘密者，一造得聲請不予他造閱覽、抄錄或攝影此部分訴訟資料，洵屬正當[28]。

(四)舉證責任

　　營業秘密訴訟於法院實務案件量有逐年增加之趨勢，營業秘密所有人於訴訟過程中，舉證其生產、經營及銷售資訊為營業秘密法所定之營業秘密，繼而舉證所受侵害及損害賠償額範圍，並非易事。準此，應降低營業秘密所有人之舉證責任[29]。況智慧財產案件審理法第35條規定，被告有具體答辯義務及違反效果，使被害人獲得適當之救濟[30]。

1.積極答辯義務與促進訴訟義務

　　營業秘密侵害之事件，倘當事人就其主張營業秘密受侵害或有受侵害之虞之事實已釋明者，他造否認其主張時，法院應定期命他造就其否認之理由為具體答辯（智慧財產案件審理法第35條第1項）。前項他造無正當理由，逾期未答辯或答辯非具體者，法院得審酌情形認當事人已釋明之內容為真實（第2項）。前項情形，法院於裁判前應令當事人有辯論之機會（第3項）。申言之，營業秘密侵害之民事事件，就侵害事實及其損害範圍之證據，常存在當事人一方而蒐證困難，倘未能促使他造將證據提出於法院，而要求主張營業秘密受侵害或有受侵害之虞之事實者，應就侵害事實及損害範圍負全部之舉證責任，將使被害人難以獲得應有之救濟。故當事人就其主張營業秘密受侵害或有受侵害之虞之事實已為釋明者，他造否認其主張時，法院應定期命他造對於否認之事實附具體理由答辯，倘取得營業秘密之來源及使用範圍等，並非單純消極否認。而他造無正當理由，逾期未答辯或答辯非具體者，法院得審酌情形認當事人已釋明內容為真實，俾以促使當事人協助法院為適正之裁判。準此，被告有具體答辯促進

---

[28] 智慧財產及商業法院98年度民專抗字第38號民事裁定。
[29] 最高法院97年度台上字第968號民事判決。
[30] 李維心，營業秘密損害賠償計算規定之研究，全國律師，2016年11月，頁24。

訴訟義務，法院得要求被告負有積極參與訴訟之義務，將使侵害營業秘密案件之救濟更具有時效性。而為保障當事人在訴訟程序上之權利，法院於裁判前，應令當事人有辯論之機會。

2.訴訟程序上之權利

法院得審酌情形認其已釋明之事實為真實者，故當事人須釋明其營業秘密受侵害或有受侵害之虞的高度可能性。前述已釋明之事實，他造否認其主張者，法院應定期命他造就其否認為具體之答辯（智慧財產案件審理法第35條第1項）。他造無正當理由，逾期未答辯或答辯非具體者，法院就該事實真偽之爭執，應給予兩造有辯論之機會，始得審認當事人已釋明之事實為真實（第2項、第3項）。準此，在營業秘密民事侵害事件中，常涉及高科技產業之商業競爭，倘權利人未釋明營業秘密受侵害或有受侵害之虞的高度可能性，縱令被控侵害人應說明其製造產品之具體態樣，對科技產業競爭秩序之影響甚為重大，並非妥適，是其釋明責任應予提高。倘權利人已盡釋明之責任，就其已釋明之事實，被控侵害人予以否認者，法院應先定期命被控侵害人就其否認之事實為具體答辯。倘被控侵害人僅單純消極否認侵害之主張。而未提出答辯理由，或答辯理由非具體者，法院仍應給予兩造有辯論之機會後，始得依自由心證審認權利人關於其營業秘密受侵害或有受侵害之虞之主張為真實，俾保障當事人在訴訟程序上之權利。

3.釋明之證據方法

權利人之釋明，得用可使法院信其主張為真實，且得即時調查之一切證據，包括人證、文書、鑑定、勘驗及當事人本人訊問，其與證明在分量上不同，凡當事人提出之證據，雖未能使法院達於確信之證明程度，然可使法院得薄弱之心證，信其事實上之主張大概為如此者，應認已盡釋明之責。職是，營業秘密侵害之民事事件，被害人應就其營業秘密受侵害或有受侵害之虞之事實，先提出證據或情況證據釋明之，使法院就該項事實之存否，得到大致為正當之薄弱心證，倘他造仍予否認時，法院即應命他造就其否認之理由為具體答辯，以平衡當事人間之舉證責任，俾發現真實，

倘他造無正當理由，屆期未答辯或答辯非具體者，法院就該事實真偽之爭執，經給予兩造辯論之機會，即得審認當事人已釋明之事實為真實[31]。

參、禁止侵害請求權（105檢察事務官）

　　營業秘密受侵害時，營業秘密法規定其民事救濟方法，賦予被害人有請求禁止侵害行為、銷燬侵害物及損害賠償等權利。排除侵害及防止侵害請求權，其性質上屬禁止妨害之請求，係物上請求權之性質（民法第767條第1項中段、後段）。故不考慮其主觀之可歸責要素，即不以故意或過失為要件。至於損害賠償請求權，除非有特別規定，應採過失主義。再者，倘有多數人侵害營業秘密，有共同侵害及法人侵害營業秘密之責任。請求禁止侵害行為之事由，依據是否已發生侵害而區分，有排除侵害與預防侵害等類型。

一、營業秘密已受侵害

　　營業秘密受侵害時，被害人得請求排除之，此為營業秘密所有人之排除侵害請求權（營業秘密法第11條第1項前段）。例如，企業主請求離職員工不得再使用符合營業秘密之客戶資料。

二、營業秘密有被侵害之虞

　　對於有意圖侵害他人之營業秘密之行為，而有侵害營業秘密之虞者，得請求防止行為之發生，此為營業秘密所有人之防止侵害請求權（營業秘密法第11條第1項後段）。例如，企業主請求離職員工不得使用符合營業秘密之客戶資料。

---

[31] 智慧財產及商業法院103年度民營訴字第3號民事判決。

肆、銷燬請求權（105檢察事務官）

　　被害人請求禁止侵害營業秘密之行為時，對於侵害行為作成之物或專供侵害所用之物，得請求銷燬或為其他必要之處置，不以行為人或持有人具有故意或過失為要件（營業秘密法第11條第2項）。此救濟方式，具有減免損害擴大之功能。例如，企業主除得請求離職員工不得使用符合營業秘密之客戶資料外，亦得請求該離職員工銷燬上揭客戶資料。一般而言，營業秘密所有人均會一併行使禁止請求權與銷燬權，故兩者間具有關聯性。法院得於判決中諭知侵害人應銷燬其所有侵害營業秘密之物品或從事侵害行為之原料或器具。因營業秘密所有人非侵害營業秘密之物品、原料或器具所有人，並無處分權，法院不得諭知交予營業秘密所有人銷燬。

伍、損害賠償請求權（104、105檢察事務官）

　　因故意或過失不法侵害他人之營業秘密者，負損害賠償責任。數人共同不法侵害者，連帶負賠償責任（營業秘密法第12條第1項）。詳言之，直接侵害之數人共同侵害他人營業秘密者，負連帶損害賠償責任（民法第185條第1項）。再者，誘導侵害與助成侵害者，其性質屬教唆、造意人或幫助人，視為共同侵權行為人，應與直接侵害之人負連帶賠償責任（第2項）。

一、損害賠償之計算

　　營業秘密所有人請求損害賠償時，被害人得就下列各款擇一計算其損害（營業秘密法第13條；民事訴訟法第222條）：營業秘密所有人所受之損害與所失利益、利益差額、侵害人因侵害行為所得之利益、懲罰性損害賠償及法院酌定賠償額。在同一損害賠償請求權之基礎，依法律所定不同方法計算，應係攻擊防禦方法之變更，而非訴訟標的之變更[32]。職是，我

---

[32] 李維心，營業秘密損害賠償計算規定之研究，全國律師，2016年11月，頁22。

國對於侵害營業秘密之損害賠償原則，除使加害人負回復至不法侵害行為發生前之狀態義務，並令其負財產上及非財產上之損害賠償外，亦參考英美法制規定，對於故意侵權行為，認為其惡性較為重大，而加重其責任，得對侵權行為人課予懲罰性損害賠償，以收嚇阻及懲罰之效果。

(一)具體損害計算說

1.所受損害與所失利益

營業秘密所有人請求損害賠償時，得依據民法第216條規定（營業秘密法第13條第1項第1款前段）。詳言之，除法律另有規定或契約另有訂定外，應以填補債權人所受損害及所失利益為限。依通常情形，或依已定之計畫、設備或其他特別情事，可得預期之利益，視為所失利益。此為侵權行為之法定賠償範圍。所受損害係指積極損害而言，而該損害與責任原因具有因果關係存在者。所失利益係指消極之損害，倘無責任原因之事實，即能取得此利益，因有此事實之發生，導致無此利益可得。是所失利益可涵蓋[33]：(1)確實可以獲得之利益而未獲得者；(2)依通常情形可預期之利益；(3)依已定之計畫或其他特別情事可預期之利益。

2.市場機制

營業秘密之價值，通常應由市場機制決定，其須視各種資訊或技術之類別，以作為決定市場價值之基準，是認定營業秘密所有人所受之損害及所失利益，其具有高度之專業性。所有人為舉證證明所受之損害及所失利益，而於具體訴訟事件程序進行，自得聲請法院囑託專業機構鑑定之（民事訴訟法第340條第1項）。

3.案例分析

被告前擔任原告光電股份有限公司行銷及業務處技術處長，原告與被告所簽訂之員工保密義務與智財權移轉同意書契約，約定被告在受雇於原告期間，所知悉或持有之機密資訊，有保密之義務。被告因職務關係而合

---

[33] 孫森焱，民法債編總論，三民書局股份有限公司，1990年10月，頁327至328。

法取得或持有原告之營業機密，其於任職期間，雖有權重製營業機密而使用於業務範圍，然被告逾越原告授權範圍，擅自重製與使用原告公司之營業秘密，另成立A光學股份有限公司，法院認定被告違反保密義務，有不正當使用營業秘密行為（營業秘密法第10條第1項第4款、第2項）。經囑託專業機構鑑定結果，除使原告投入之相關成本受有損失外，亦妨害原告製造及銷售相關光學鏡頭產品之發展，使原告所受損害計新臺幣（下同）3,000萬元。職是，原告得依營業秘密法第13條第1項第1款本文規定，請求被告賠償3,000萬元[34]。

(二)利益之差額

1.營業秘密所有人所得利益之差額

倘營業秘密所有人不能提供證據方法以證明其損害時，所有人得就其使用營業秘密通常所可獲得之利益，減除受害後使用同一營業秘密所得之利益，以其差額為所受損害（營業秘密法第13條第1項第1款後段）。此係減輕所有人之舉證責任。所謂使用通常所可獲之利益，係指無營業秘密被侵害，所有人在相當期間內之正常營運，使用營業秘密能獲得之利潤。雖造成利益之差額因素，不僅限於營業秘密之侵害，實有諸多因素，僅比較營業秘密被侵害前後之獲利差異，不僅計算不精準外，亦忽視損害賠償責任成立及範圍之因果關係。然侵害營業秘密之損害計算，具有高度之專業性及技術性，通常不易取得相關事證，令營業秘密所有人負擔此舉證責任，殊屬不易，是減輕所有人之舉證證明，侵權人因侵害行為所得利益之責任，本款自有其必要性。

2.案例分析

被告前擔任原告網路資訊股份有限公司之工程師，被告於2020年間之任職期間，知悉原告有關網路資訊業務之營業秘密，其洩漏告知第三人，成立侵害原告營業秘密（營業秘密法第10條第1項第4款、第2項）。

---

[34] 智慧財產及商業法院104年度民營訴字第11號民事判決。

原告於2020年間使用此營業秘密之結果，依通常情形可得預期之利益，為新臺幣（下同）1億元，減除遭被告告知第三人加入網路資訊業務經營之市場，2020年可得之利益7,000萬元。準此，就2020年之損害賠償計算以觀，原告實施營業秘密通常所可獲得之利益1億元，減除受害後實施同一營業秘密所得之利益7,000萬元，2020年之差額為3,000萬元，原告得依營業秘密法第13條第1項第1款但書規定，請求被告賠償3,000萬元[35]。

(三)侵權人因侵害行為所得之利益

1.扣除成本及必要費用

營業秘密所有人亦得以侵權人因侵害行為所得之利益作為損害賠償之範圍（營業秘密法第13條第1項第2款前段）。所謂侵害行為所得之利益，係指侵害人因侵害所得之毛利，扣除實施侵害行為所需之成本及必要費用後，所獲得之淨利而言。因我國營業秘密法就成本及必要費用之舉證責任，採舉證責任倒置之原則，不由營業秘密所有人證明，而由侵權人舉證，倘侵權人不能就其成本或必要費用舉證時，得以銷售該項物品全部收入為所得利益（營業秘密法第13條第1項第2款後段）[36]。雖侵權人所受之利益有諸多因素，並不等同於所有人之損害，惟要求所有人就侵權人之成本或必要費用加以舉證，常不易取得相關事證。反之，該等事證就侵權人而言，得輕易取得，其就此提出相關事證，自可減免自己之損害賠償責任，是該舉證責任之倒置，對侵權人而言，並無不平之處[37]。

2.直接成本與間接成本

營業秘密法對於成本與必要費用，並未具體界定，參酌會計學上生產成本，可分直接成本與間接成本。申言之：1.所謂直接成本或變動成本，係指追溯成本時，能直接辨認或直接歸屬至成本標的；2.所謂間接成本或固定成本，係指無法直接辨識或直接歸屬至特定成本標的，應透過特定方

---

[35] 臺灣高等法院96年度勞上字第12號民事判決。
[36] 最高法院86年度台上字第1705號民事判決。
[37] 智慧財產及商業法院102年度民營訴字第6號民事判決。

法進行分攤之成本。因固定成本或間接成本不隨產量之變動而變，其數值固定，縱使無侵權行為之發生，營業秘密權利人仍應支出固定成本或間接成本。是計算營業秘密侵害人所得之利益時，所得扣除之成本與必要費用，應界定為會計學上直接成本或變動成本，而不包括間接成本或固定成本。在侵害人能證明成本與必要費用之場合，營業秘密人得請求侵害人因侵權行為所得利益計算，作為損害賠償之範圍，其係會計學上之毛利，進行成本分析時，不扣除間接成本或固定成本，僅能扣除直接成本或變動成本。而租金、修繕、零件保養、保險費、權利金等項目，非屬侵權行為之所需成本及必要費用，均屬間接成本或固定成本，不得自侵權行為所得利益中扣除之[38]。

3.同業利潤標準

財政部每年就營利事業各種同業，核定利潤標準，作為課徵所得稅之依據，其核定之同業利潤標準，係依據各業抽樣調查，徵詢各該業同業公會之意見而為核定，雖依據統計及經驗所定之標準[39]。然銷售之成本或必要費用，未等同業利潤標準表所載之毛利率或淨利率[40]。職是，下級審採用同業利潤標準表所載之毛利率或淨利率，作為計算侵害營業秘密行為所得利益，上級審常以課徵所得稅之依據，不等同侵權行為人因侵害行為所得之利益，而以下級審之民事判決理由，違反營業秘密法第13條第1項第2款本文規定，成為廢棄下級審民事判決之理由[41]。

(四)懲罰性損害賠償

1.故意侵害營業秘密

侵權人故意侵害營業秘密，法院得依侵害情節，酌定損害額以上之賠

---

[38] 最高法院104年度台上字第1540號民事判決。

[39] 最高法院98年度台上字第1857號民事判決。

[40] 最高法院102年度台上字第1986號、102年度台上字第944號、100年度台上字第876號、100年度台上字第1091號民事判決。

[41] 最高法院99年度台上字第2437號民事判決：侵害人應舉證證明其成本及必要費用，不應斷然使用同業利潤標準表計算。

償，其不得逾損害額之3倍，此為懲罰性賠償責任（營業秘密法第13條第2項）。準此，侵害行為屬故意者，法院因被害人之請求，依侵害情節，酌定損害額以上之賠償時，自應審酌當事人雙方之資力、侵害營業秘密之程度及其他一切情形定之[42]。準此，我國營業秘密法僅限於故意侵害行為，始得令侵權行為人負懲罰性賠償責任。民事之損害賠償雖不區分行為人之主觀惡性，不論行為人是否為故意或過失。惟量定懲罰性賠償（punitive damages）金額，則須以行為人主觀惡性為依據，其重視被告行為之反社會性（antisocialist）及主觀道德上之可歸責性[43]。此為英美法上之特有賠償類型，可抑制侵權人侵害營業秘密之動機，非屬損害補償性質之賠償（no compensatory damages），其於侵權及契約責任均有適用。

2.案例分析

甲前擔任A光電公司之工程師，並簽訂保密條款，甲離職後自創B光電公司，其違反保密條款，將A光電公司之營業秘密使用於B光電公司之產品（營業秘密法第10條第1項第4款、第2項）。其於市場之全部收入計1,000萬元，A光電公司因甲侵害其營業秘密，導致營業收益減少新臺幣（下同）50萬元，依據差額說計算，僅能請求賠償50萬元（營業秘密法第13條第1項第1款但書）。倘A光電公司主張以B光電公司於市場之收入1,000萬元，其未提出成本或必要費用而扣除之，A光電公司依據總銷售額得請求B光電公司與甲連帶賠償1,000萬元（營業秘密法第13條第1項第2款但書；公司法第23條第2項）。準此，A光電公司主張以銷售總價額說計算損害賠償，對其較為有利。

(五)契約說

1.定型化條款

營業秘密權利人請求損害賠償時，被害人得依民法第216條規定請求（營業秘密法第13條第1項第1款本文）。法定損害賠償範圍，除法律另

---

[42] 最高法院93年度台上字第560號民事判決。
[43] 謝哲勝，財產法專題研究（2），元照出版有限公司，1999年1月，頁7。

有規定或契約另有訂定外，應以填補債權人所受損害及所失利益為限（民法第216條第1項）。專利法第97條第1項第1款本文、商標法第71條第1項第1款本文、著作權法第88條第2項第1款本文及積體電路電路布局保護法第30條第1款本文，均有相同規範。侵害智慧財產，均可適用契約約定說。準此，事業為保護所有之營業秘密，得要求受雇人不得洩漏在職期間，所知悉或取得之營業秘密，並簽訂違約金條款，作為計算侵害營業秘密之損害賠償之計算基準。懲罰性違約金條款，通常為雇主預定用於同類僱傭契約之條款而訂定之契約，性質雖為定型化契約，然基於契約自由原則，懲罰性違約金之約款具有必要性時，且所限制範圍未逾越合理程度，亦未違反民法第247條之1第1款至第4款之事由，按其情形顯失公平者，法院應認定懲罰性違約金之約定有效，受雇人應受拘束。職是，受雇人侵害營業秘密時，應支付事業約定懲罰性違約金。

2.懲罰違約金條款

違約金，除當事人另有訂定外，視為因不履行而生損害之賠償總額（民法第250條第1項）。倘約定債務人不於適當時期或不依適當方法履行債務時，即須支付違約金者，債權人除得請求履行債務外，違約金視為因不於適當時期或不依適當方法履行債務所生損害之賠償總額（第2項）。違約金有懲罰性違約金及損害賠償預定性違約金，倘屬懲罰性違約金，債權人除得請求違約金外，並得請求履行債務，或不履行之損害賠償。損害賠償預定性違約金，係以違約金作為不履行所生之賠償總額，請求違約金後，不得再請求其他損害賠償。揆諸前揭說明，營業秘密權利人請求損害賠償時，依營業秘密法第13條第1項第1款本文規定，其法定損害賠償範圍，除契約另有訂定外，亦得請求所受損害及所失利益。故當事人約定受雇人不得洩漏在職期間所知悉或取得之營業秘密，並簽訂之違約金條款，其性質為懲罰性違約金。

3.違約金之酌減

約定之違約金額過高者，法院得減至相當之數額（民法第252條）。違約金之約定，係基於個人自主意思之發展、自我決定及自我拘束所形成

之當事人間之規範，本諸契約自由之精神及契約神聖與契約嚴守之原則，契約當事人對於其所約定之違約金數額，雖應受其約束。惟當事人所約定之違約金過高者，為避免違約金制度造成違背契約正義等值之原則，法院得參酌一般客觀事實、社會經濟狀況及當事人所受損害情形，依職權或聲請減至相當之金額[44]。準此，違約金約款合法有效成立，約定受雇人違約時，應賠償懲罰違約金。法院審酌當事人所提出之事證資料、社會經濟狀況及兩造利益，倘認為約定懲罰違約金之數額，確有過高而不合理之情事，為保護受雇人之利益，得依民法第252條規定，依職權或聲請核減至相當數額，以實現社會正義。

4.案例分析

甲原擔任A公司事業處之資深經理，A公司為避免技術及業務不法洩漏，A公司與甲簽訂誠信廉潔與智慧財產約定書，甲承諾遵守約定書內容，在職期間及離職後之競業禁止義務，並同意遵守保密義務、離職時文件返還等相關義務。甲嗣後雖申請留職停薪，然留職停薪期間屆滿後，除未向被上訴人申請復職外，亦未與A公司聯繫，故A公司發函通知甲於函到日終止勞動契約，A公司依約定書之約定，給付甲競業禁止補償費新臺幣（下同）400萬元，並表示甲願意履行所定之競業禁止義務，同意另行給予甲增額競業禁止補償費200萬元，且依據甲任職於A公司之具體業務內容，限縮競業禁止範圍，並請求甲至A公司辦理離職手續及領取競業禁止補償費。詎甲於留職停薪開始後3日，竟大量轉寄A公司內部機要、機密、重要信件至其外部信箱，違反保密義務、資料返還義務及在職期間與離職後競業禁止義務等約定，以不正方法取得被A公司之營業秘密，甚於離職前擅自至與A公司具高度競爭關係之B公司擔任總經理，對A公司造成重大損害。A公司終止其與甲間之勞動契約，甲未返還與未銷毀自A公司取得各項之重要、機要、機密之資訊、文件、資料等，除違反營業秘密法第10條第1項第4款、第2項外，亦違反約定書保密及離職文件處理之約

---

[44] 最高法院102年度台上字第1606號民事判決。

定。準此，甲有違約及違反營業秘密法之行為，A公司得依競業禁止之約定，向甲請求侵害營業秘密、違反保密義務、文件返還義務及違反競業禁止義務等之損害賠償、違約所得及違約金220萬元，應屬合理正當（營業秘密法第13條第1項第1款本文）[45]。

(六)法院酌定賠償數額

1.不能證明其數額或證明顯有重大困難

當事人已證明受有損害，而不能證明其數額或證明顯有重大困難者，法院應審酌一切情況，依所得心證定其數額（民事訴訟法第222條第2項）。揆諸立法意旨，係以在損害已證明，而損害額有不能證明或證明顯有重大困難之情形，為避免被害人因訴訟上舉證困難，而使其實體法上損害賠償權利難以實現所設之規範，用以兼顧當事人實體權利與程序利益之保護。性質上為證明度之降低，而非純屬法官之裁量權，負舉證責任之當事人仍應在客觀上可能之範圍提出證據，使法院得本於當事人所主張一定依據之事實，綜合全辯論意旨，依經驗法則及相當性原則，就損害額為適當之酌定[46]。準此，營業秘密所有人主張其不能證明損害數額或證明顯有重大困難，雖請求法院依據所得心證定損害數額，然應證明其受有損害，無法依據營業秘密法第13條規定計算損害賠償金額，法院始有民事訴訟法第222條第2項之裁量權。

2.不得請求懲罰性賠償

故意侵害營業秘密行為，被害人雖基於具體損害計算說、契約約定說、差額說、總利益說或銷售總價額說，向加害人請求損害賠償，法院始得因被害人之請求，依侵害情節，酌定損害額3倍以下之賠償（營業秘密法第13條第2項）。然法院酌定賠償之金額，應審酌一切情況，諸如當事人之資力與營業規模、當事人之產業特性、加害人之主觀要件、侵害期間、侵害方法、權利人研發營業秘密之成本與費用、被害人於加害人任職

---

[45] 智慧財產及商業法院103年度民營上字第6號民事判決。
[46] 最高法院101年度台上字第158號、105年度台上字第1501號民事判決。

期間之職位與薪資、營業秘密所保護之客體或標的、營業秘密之貢獻度、造成損害之事實與程度等因素。故法院已考慮侵權行為人故意或過失之責任，倘權利人主張依懲罰性賠償說計算賠償金額，應認為有重複計算損害賠償金額之虞，不應准許其請求，況營業秘密法第13條第2項之懲罰性賠償，僅適用營業秘密法第13條第1項之損害賠償計算方法，不包含民事訴訟法第222條第2項之法院酌定賠償金額。

3.審判長之闡明權義

審判長應注意令當事人就訴訟關係之事實及法律為適當完全之辯論（民事訴訟法第199條第1項）。審判長應向當事人發問或曉諭，令其為事實及法律之陳述、聲明證據或為其他必要之聲明及陳述；其所聲明或陳述有不明瞭或不完足者，應令其敘明或補充之（第2項）。陪席法官告明審判長後，得向當事人發問或曉諭（第3項）。準此，當事人雖已證明受有損害，然不能證明其數額或證明顯有重大困難者，導致無法依據具體損害計算說、差額說、總利益說或銷售總價額說，向加害人請求損害賠償（營業秘密法第13條第1項）[47]。法院雖應審酌一切情況，斟酌全辯論意旨及調查證據之結果，依所得心證定其數額（民事訴訟法第222條第2項）。然為防止法官未經闡明遽行適用酌定賠償說，計算損害賠償額，而對當事人產生突襲性裁判，法院除應發問或曉諭權利人是否主張酌定賠償說，計算損害賠償金額外，就酌定賠償說之事實，亦應使當事人為適當陳述及辯論，就法律觀點為必要之陳述及為適當完全之辯論，是法官藉公開其認為重要之法律觀點，促使當事人為必要之聲明、陳述或提出證據[48]。

4.案例分析

被告擅自重製具有營業秘密之機械圖檔，並寄予甲使用，機械圖檔為原告所有，造成原告之營業秘密洩漏（營業秘密法第10條第1項第1款、

---

[47] 當事人以契約約定說作為損害賠償金額，因有明確之賠償金額約定，損害賠償數額並非無法證明，故無法適用民事訴訟法第222條第2項之酌定賠償說明。

[48] 最高法院96年度台上字第732號民事判決。

第2項）。因原告無法證明甲有使用機械圖檔製造機器銷售予第三人，故甚難估算被告因侵權行為所獲得之利益及原告之實際損害額，原告請求法院依職權酌定損害賠償額，應屬正當，法院審酌原告僱用員工製作機械圖檔，須支付員工薪資，薪資之支出屬於產出圖檔之成本（民事訴訟法第222條第2項）。本案機械圖檔為原告主管乙之指導所屬員工丙所繪製，屬原告之專案計畫，原告主管乙指導花費3個月，其所屬員工丙繪製圖檔完成，約花費6個月。職是，以原告主管乙3個月薪資與所屬員工丙6個月薪資，作為酌定被告侵害原告圖檔之營業秘密，應負損害賠償金額之基準[49]。

二、侵害營業秘密之責任

因故意或過失不法侵害他人之營業秘密者，負損害賠償責任。數人共同不法侵害者，連帶負賠償責任（營業秘密法第12條第1項）。而數人共同不法侵害他人之權利者，連帶負損害賠償責任。不能知其中孰為加害人者，亦同（民法第185條第1項）。造意人及幫助人，視為共同行為人（第2項）。所謂視為共同行為人之幫助人，係指以積極或消極之行為，對實施侵權行為人予以助力，促成其侵權行為之實施者而言[50]。申言之，民事共同侵權行為與刑事共同正犯間，兩者構成要件並不完全相同，共同侵權行為人間不以有意思聯絡為必要，數人因過失不法侵害他人之權利，倘各行為人之過失行為，均為其所生損害之共同原因，此係行為關聯共同，亦足成立共同侵權行為[51]。

---

[49] 智慧財產及商業法院104年度民營訴字第8號、106年度民營上字第1號民事判決。
[50] 最高法院101年度台抗字第493號民事裁定。
[51] 司法院1977年6月1日（66）院臺參字第0578號令例變字第1號。

三、法人之侵權責任

因產業競爭激烈，企業常以優渥待遇爲誘因，對其競爭之對手進行惡意挖角或利誘其員工跳槽，其目的常爲取得競爭同業之營業秘密，因受雇人於職務上研究或開發之營業秘密，原則上歸雇用人所有。除非，僱傭契約另有約定者（營業秘密法第3條）。準此，跳槽員工所提供之技術內容或商業訊息，並非其自身所專有技術（know-how）及智能，係屬前雇主所有而應受保護之營業秘密，倘符合如後要件，該法人應與行爲人對營業秘密之所有人連帶負損害賠償責任（民法第28條）。申言之：(一)該挖角主體爲法人組織體，其包括私法人及公法人，(二)其進行挖角之人爲其負責人或有代表權人；(三)而對外徵才亦屬其職務之行爲。凡該人事行爲爲執行職務之執行行爲，暨有外表或內部有牽連之相關行爲，均屬因執行職務之行爲；(四)挖角行爲符合具備一般侵權行爲之成立要件（民法第184條）。詳言之：1.須有侵權行爲；2.侵害他人之營業秘密之權利；3.侵害行爲須不法；4.營業秘密所有人受有損害；5.侵害行爲與被害人間之損害，須有相當之因果關係[52]；6.須有故意或過失；7.侵害人須有責任能力。再者，法人爲公司組織，倘公司負責人對於公司業務之執行，有侵害他人之營業秘密時，導致權利人受有損害時，對營業秘密之所有人應與公司負連帶賠償之責（公司法第23條第2項）。

四、損害賠償請求權之消滅時效

(一)消滅時效期間

營業秘密所有人之損害賠償請求權，自請求權人知有行爲及賠償義務人時起，2年間不行使而消滅。自侵權行爲時起，逾10年者，不問請求權人知悉行爲及賠償義務人與否，其請求權即歸於消滅（營業秘密法第12

---

[52] 最高法院48年台上字第481號民事判決：損害賠償之債，以有損害之發生及有責任原因之事實間，具有相當因果關係，爲其成立要件。

條第2項）。所謂知有行為及賠償義務人之知，係指明知而言。倘當事人間就知之時間有所爭執，應由賠償義務人就請求權人知悉在前之事實，負舉證責任[53]。而關於侵權營業秘密之損害賠償請求權之消滅時效，應以所有人實際知悉行為及賠償義務人時起算，非以知悉賠償義務人因侵權行為所構成之犯罪行為，經檢察官起訴，或法院判決有罪為準[54]。所有人知有侵權行為及賠償義務人，為特別之消滅時效期間之起算要件，如所有人僅知其一，因該特別之消滅時效期間，較一般請求權為短，是僅單純知悉有侵權行為，而不知其侵權人為何人，或者僅知有行為發生及該行為人，而不知其行為之為侵權行為，本於侵權行為請求賠償，其2年之短期消滅時效，則無從進行[55]。再者，賠償義務人有數人時，其時效期間應個別進行。

(二)消滅時效之起算

因侵權行為所生之損害賠償請求權，自請求權人知有損害及賠償義務人時起，2年間不行使而消滅。自有侵權行為時起，逾10年者亦同（民法第197條第1項）。所謂自請求權人知有損害時起之主觀「知」條件，屬1次之加害營業秘密行為，致他人於損害後尚不斷發生後續性之損害，該損害為屬不可分或質之累積，或為一侵害狀態之繼續延續者，應分別以被害人知悉損害程度呈現底定、損害顯在化或不法侵害之行為終結時起算其時效。倘加害人之侵害營業秘密行為，係持續發生或加害之持續不斷，致加害之結果或損害持續不斷，而各不法侵害行為及損害結果係現實各自獨立存在，並可相互區別或量之分割者，營業秘密權利人之損害賠償請求權，即隨各損害不斷漸次發生，自應就各不斷發生之獨立行為所生之損害，分別以被害人已否知悉而各自論斷其時效之起算時點[56]。

---

[53] 最高法院72年台上字第1428號民事判決。
[54] 最高法院72年台上字第738號民事判決。
[55] 最高法院100年度台上字第2087號民事判決。
[56] 最高法院94年度台上字第148號民事判決。

五、評析損害賠償之計算

認定損害賠償數額時，倘將侵權行為人因侵害行為所得利益直接與營業秘密所有人所失之利益劃上等號，實過於簡化損害範圍之因果關係，而忽略經濟學上可能影響之諸多因素。例如，營業秘密之資訊型態、營業秘密所有人之市場力量及消費者之需求等。故所得結論常有悖於事實，是法院或囑託專家計算損害賠償時，應有穩固之經濟分析基礎，始能精算出正確之損害賠償金額。本文茲將應考慮之經濟原則，分述如後[57]：

(一)市場力量

市場經濟下，因具備私有財產權，每個人均得依據自由意志決定其經濟政策，而資源之配置則依賴市場為主導。是物品之市價，係由物品之供需雙方所形成，供給及需求係兩股市場力量（market forces），共同決定市場價格。是具有市場力量之營業秘密所有人，有決定價格之能力，故營業秘密所有人之市場力量，其與市場之占有程度形成正比關係。換言之，營業秘密所有人之市場力量達到獨占之程度時，價格之變化對於需求量影響較小。反之，市場中有許多競爭者存在，而於市場上存有相關物品之代替物，價格之變化對於需求量影響較大。

(二)需求法則

所謂需求法則（law of demand），係指單以物之需求量與價格之關係，作反向變動思考，當價格上漲時需求減少，價格下跌時需求增加，故價格指導人們決策之行為模式。例如，消費者對於具有營業秘密之物品喜好程度及其消費能力不變之情況，當其他物價亦未變動，當該物品價格下降，消費者對於該物品之需求量會隨之增加。反之，當該物品價格上漲，消費者對於該物品之需求量會隨之減少。

---

[57] 張清溪、許嘉棟、劉鶯釧、吳聰敏，經濟學理論與實務上冊，翰蘆圖書出版有限公司，2000年8月，4版，頁45至48、167至168。

(三)成本分析

經濟學上之生產成本可分固定成本（fixed costs, FC）及變動成本（variable costs, VC）。總成本（total cost, TC）為固定成本加上變動成本。固定成本不隨產量之變動而變，其數值為固定。例如，管理階層人員之薪資、財產稅及保險等支出，均屬固定成本。變動成本為隨產量之變化而增減。例如，原料及成本。準此，計算侵害營業秘密之所得之利益時，僅需扣除該額外銷售所需之變動成本，不應將固定成本計入成本項目。

陸、例題解析——競業禁止與保密義務

甲任職於A公司期間，渠等簽訂聘僱合約書，其約定甲不得於合約終止或解除後2年內，利用A公司之機密資訊為自己或他人從事或經營與A公司直接競爭之產品。合約書並定義機密資訊者，係指甲於受聘期間因職務關係所創作開發、或取得或知悉A公司註明或標示機密、限閱或其他同義字之一切商業上、技術上或生產上之資訊。甲離職後至B公司任職，A公司與B公司之登記營業項目不同，難謂甲至B公司後有利用A公司之機密資訊，係為自己或他人從事或經營與A公司直接競爭之產品。準此，A公司以甲違反競業禁止、保密義務為由，請求甲負違約之損害賠償責任，為無理由[58]。

柒、相關實務見解——法院酌定賠償數額

依外部客觀情事觀之，足認其可預期取得之利益，因責任原因事實之發生，致不能取得者，即可認為係所失之利益。是此項所失利益，倘具有繼續性之狀態，應就債權人在該繼續期間所可預期取得之利益，綜合加以評估調查，不能單以一時一地所失之利益，作為認定之標準。倘不能證明債權人在該繼續期間可取得利益之數額或證明顯有重大困難者，自得依民

---

[58] 臺灣臺北地方法院88年度重勞訴字第5號民事判決。

事訴訟法第222條第2項規定，由法院審酌一切情況，依所得心證定其數額[59]。

第三節　刑事責任

營業秘密雖毋庸申請或辦理登記，然營業秘密法有規範侵害營業秘密之刑事責任，侵害營業秘密之犯罪行為及其效果，分別規定於刑法、營業秘密法及智慧財產案件審理法。準此，侵害營業秘密之刑事責任有竊盜、侵占、背信、詐欺、妨害秘密、侵害營業秘密罪、境外侵害營業秘密罪或兩罰主義等罪處罰。

刑事責任	法律規範	說明
洩漏業務上知悉工商秘密罪	刑法第317條、告訴乃論	處1年以下有期徒刑、拘役或3萬元以下罰金
洩漏職務上知悉工商秘密罪	刑法第318條、告訴乃論	處2年以下有期徒刑、拘役或6萬元以下罰金
利用電腦洩密罪	刑法第318條之1、告訴乃論	處2年以下有期徒刑、拘役或15,000元以下罰金
破壞電磁紀錄罪	刑法第359條、告訴乃論	處5年以下有期徒刑、拘役或科或併科60萬元以下罰金
竊取動產罪	刑法第320條第1項、第3項	處5年以下有期徒刑、拘役或50萬以下罰金
普通公務或公益侵占、或業務侵占罪	刑法第335條、第336條第1項、第2項、第3項	處5年以下有期徒刑、拘役或科或併科3萬元以下罰金。對於公務上或公益侵占罪，處1年以上7年以下有期徒刑，得併科15萬元以下罰金。對於業務侵占罪，處6月以上5年以下有期徒刑，得併科9萬元以下罰金
背信罪	刑法第342條	處5年以下有期徒刑、拘役或科或併科1,000元以下罰金
違反秘密保持命令罪	智慧財產案件審理法第72條第1項	處3年以下有期徒刑、拘役或科或併科新臺幣100萬元以下罰金

---

[59] 最高法院102年度台上字第837號民事判決。

刑事責任	法律規範	說明
	智慧財產案件審理法第72條第2項	處5年以下有期徒刑、拘役或科或併科新臺幣300萬元以下罰金
	智慧財產案件審理法第73條	智慧財產案件審理法72條第1項、第2項之罰金
查證人侵害營業秘密罪	智慧財產案件審理法第74條第3項	處3年以下有期徒刑、拘役或科或併科新臺幣100萬元以下罰金。
	智慧財產案件審理法第74條第4項	處5年以下有期徒刑、拘役或科或併科新臺幣300萬元以下罰金。
侵害營業秘密罪	營業秘密法第13條之1第1項、告訴乃論	處5年以下有期徒刑或拘役,得併科新臺幣100萬元以上1,000萬元以下罰金
境外侵害營業秘密罪	營業秘密法第13條之2第1項	處1年以上10年以下有期徒刑,得併科新臺幣300萬元以上5,000萬元以下之罰金
法人或自然人之兩罰主義	營業秘密法第13條之4本文	科新臺幣100萬元以上1,000萬元以下罰金;科新臺幣300萬元以上5,000萬元以下之罰金

例題17

　　甲原任職A公司擔任產品行銷部經理,並於到職日簽署網際公司員工保密條款,約定於受雇期間,因利用A公司之設備、資源或因職務關係,直接或者間接收受、接觸、知悉、構思、創作或開發之資料及資訊,或標示密字或其他類似文字或經宣示為機密者,不論其是否以書面為之,是否已完成,亦不問是否可申請、登記專利權或其他智慧財產權等,非經A公司同意或依職務之正常行使,不得交付、告知、移轉或以任何方式洩漏予第三人或對外發表,亦不得為自己或第三人利用或使用之,離職後亦同。甲嗣後自A公司離職後,至與A公司營業性質相近之B公司擔任產品行銷部、客戶服務部協理兼董事之職務,甲將其於A公司取得之客戶資料,其含客戶公司名稱、地址、採購人員姓名等工商秘密,無故洩漏予B公司,並將上開客戶資料連同其他客戶資料以電腦檔案儲存於磁碟或光碟片之方式,交由配合之郵遞公司列印後,黏貼在B公司出版之商品廣告目錄上,以寄發給各客戶之總務或採購人員。試問甲洩漏A公司客戶資料之行為,有何刑事責任?

例題18

　　乙擔任C市政府都市發展局技佐，負責C市農業區土地使用審查業務，適丙欲在農業區籌建加油站，而依加油站設置管理規則，加油站之籌建應先取得土地可供作加油站使用證明後，始可向主管單位提出籌建申請。丙檢具相關資料，向C市政府都發局掛號申請設立加油站之土地使用證明，由乙受理，乙擅將職務上所持有丙之申請資料，交與在C市覓地建設加油站之丁閱覽，致丁得於短期內趕辦所需地籍謄本等資料，並向C市政府都發局提出設立加油站之使用證明，乙優先審查丁所提出之申請案，導致丁先取得使用證明，進而向C市政府建設局提出籌建許可，丙之申請案因500公尺內已有其他加油站之申請設置，而無法獲得設置許可。試問乙將丙之申請資料交付丁閱覽，有何刑事責任？

例題19

　　戊經營A電腦股份有限公司，其未經營業秘密所有人之同意，利用電腦重製之方法，取得具有著作財產權之營業秘密。試問戊之重製行為，該當何刑事罪責？

例題20

　　甲為A公司之工程師，因其職務關係至B公司學習新車床技術，A與B公司訂有技術合作契約，由B公司出售車床設備與A公司，甲就該新車床技術有簽訂保密與競業禁止約定，負有保密與競業禁止義務。甲學習完成後，雖將其所習技術作成書面資料交與A公司後，然辭職進入C公司任職，將該新車床技術用於C公司之生產線。試問甲之行為，有何刑事罪責？

例題21

A電子公司董事長甲委託其公司工程師乙修理個人電腦，乙因修理電腦之故，自甲之電腦備份A電子公司有關設備生產資料之營業秘密，乙修理甲之電腦完畢，甲告知乙應刪除該營業秘密，詎乙意圖在大陸地區使用之，而不刪除該營業秘密。試問乙之行為，有何刑事罪責？

例題22

甲為A公司之負責人未經營業秘密人之同意，擅自以重製之方法取得具有著作權之營業秘密，並使用於A公司之業務範圍。試問甲與A公司之行為，該當何刑事罪責？

壹、管轄法院

一、第一審法院

(一)地方法院

刑法第253條至第255條、第317條、第318條之罪，或違反商標法、著作權法，暨智慧財產案件審理法第72條至第74條關於違反秘密保持命令罪與查證人偽證案件之起訴，應向管轄之地方法院為之。檢察官聲請以簡易判決處刑者，亦應由地方法院依現行刑事訴訟法之規定處理（智慧財產案件審理法第54條第1項）。申言之，侵害智慧財產之犯罪，為加強查緝效果，保障智慧財產權，偵查中應由各地方法院檢察署檢察官、司法警察官或司法警察就近查察，而檢察官或司法警察官為進行偵查或調查，應向各地方法院檢察署對應之地方法院聲請搜索票。倘檢察官有向地方法院聲請羈押之必要，地方法院對於搜索票或羈押之聲請，應為即時之調查及裁定。準此，第一審之偵查業務，由地方法院檢察署檢察官為之，基於偵

查與審判之對應性，第一審刑事審判業務，應由地方法院管轄。

(二)合法搜索要件

搜索票未特別記載准許警方實施搜索、扣押時，得由告訴代理人或相關人員為檢視電腦內容等行為。倘警方於實施搜索時，告訴代理人、法務助理及工程師，均於搜索現場張貼便條貼、檢視電腦內容、拍照、製作光碟明細表等搜尋應扣押物，其等參與執行搜索、扣押之行為，違反刑事訴訟法第128條之2第1項、第136條第1項規定，其與法定搜索程式不合，查扣之電腦及電腦程式著作之光碟等物，其屬非法搜索取得之證據[60]。

二、智慧財產及商業法院

犯營業秘密法第13條之1、第13條之2、第13條之3第3項及第13條之4有關侵害營業秘密罪之案件，應由第一審智慧財產法庭管轄（智慧財產案件審理法第54條第2項第1款）。犯國家安全法第8條第1項至第3項之罪之案件，應由第二審智慧財產法庭管轄（第2款）。其與前項第1款之案件有裁判上一罪或刑事訴訟法第7條第1款所定相牽連關係之第一審管轄權屬於地方法院之其他刑事案件，經檢察官起訴或合併起訴者，應由第一審智慧財產法庭管轄（第3項）。第2項第1款之案件，其偵查中強制處分之聲請，應向犯罪地或被告之住所、居所或所在地之地方法院為之（第4項）。不服第一審智慧財產法庭關於第54條第2項第1款案件依簡易程序所為裁判，提起上訴或抗告者，應向智慧財產法庭合議庭為之（智慧財產案件審理法第57條第1項）。不服地方法院關於第54條第1項案件或第一審智慧財產法庭受理之案件，依通常、簡式審判或協商程序所為第一審裁判，提起上訴或抗告者，應向第二審智慧財產法庭為之；不服地方法院關於第54條第1項及第2項第1款案件於偵查中所為強制處分裁定，提起抗告者，亦同（智慧財產案件審理法第58條第1項）。其與第54條第1項案件

---

[60] 最高法院98年度台上字第4439號、第7850號刑事判決。

有刑事訴訟法第7條第1款所定相牽連關係之其他刑事案件，經地方法院合併裁判，並合併上訴或抗告者，適用前項規定。但其他刑事案件係較重之罪，且案情確係繁雜者，第二審智慧財產法庭得裁定合併移送該管高等法院審判（第2項）。前項但書之裁定，得為抗告（第3項）。

三、刑事附帶民事訴訟

(一)裁定駁回原告之訴

參考刑事訴訟法第502條第1項、第503條第1項規定，法院認為營業秘密刑事案件附帶民事訴訟不合法，或刑事訴訟諭知無罪、免訴或不受理者，應以判決駁回原告之訴（智慧財產案件審理法第63條第1項前段）。刑事訴訟經法院依刑事訴訟法第161條第2項、第326條第3項規定，裁定駁回公訴或自訴者，參照刑事訴訟法第503條第4項規定，應裁定駁回原告之訴（第1項後段）[61]。刑事法院駁回原告之訴時，刑事訴訟法第503條第1項但書關於該項前段情形，經原告聲請時，應將附帶民事訴訟移送管轄法院民事庭之規定，其不適用之。

(二)刑事法院應自行判決

第54條侵害智慧財產刑事案件第一審係由地方法院專業法庭或智慧財產及商業法院審理，第二審由專業之智慧財產及商業法院審理，均具專業能力，而於審理附帶民事訴訟，除第三審法院依刑事訴訟法第508條至第511條規定裁判，暨第一、二審法院依刑事訴訟法第489條第2項規定論知管轄錯誤及移送者外，應自為裁判，刑事訴訟法第504條第1項、第511條第1項前段將附帶民事訴訟移送法院民事庭之規定，應不予適用（智慧財產案件審理法第63條第2項）。再者，智慧財產案件審理法第54條規定之案件，不限智慧財產及商業法院管轄，除別有規定外，凡審理第54條案件之各審法院，且不論刑事案件係適用通常、簡式審判或簡易程序，均

---

[61] 智慧財產及商業法院97年度附民上更（一）字第1號刑事判決。

有其適用。

(三)提起上訴或抗告之管轄法院

不服地方法院關於第54條案件依通常或簡式審判程序之附帶民事訴訟所為裁判，提起上訴或抗告者，應向管轄之智慧財產及商業法院為之（智慧財產案件審理法第58條）。詳言之，刑事裁判未經上訴或抗告，而僅就附帶民事訴訟之裁判上訴或抗告者，因地方法院專業法庭審理第54條刑事案件之附帶民事訴訟，係取代智慧財產及商業法院第一審程序，僅就附帶民事訴訟之裁判上訴或抗告者，應向管轄之智慧財產及商業法院為之。至於地方法院依簡易程序審理第54條案件及其附帶民事訴訟所為裁判，倘刑事裁判未經上訴或抗告，僅就附帶民事訴訟之裁判上訴或抗告者，並無本條之適用，仍應上訴或抗告於管轄第二審之地方法院合議庭，而非智慧財產及商業法院[62]。

(四)附帶民事訴訟之裁判

就第54條案件行簡易程序時，其附帶民事訴訟應與刑事訴訟同時裁判。但有必要時，得於刑事訴訟裁判後60日內裁判之。對於簡易程序之附帶民事訴訟第二審裁判上訴或抗告於第三審法院者，準用民事訴訟法第436條之2至第436條之5規定（智慧財產案件審理法第65條）。

四、準用規定

第29條第1項之特殊專業知識之適當揭露、第36條至第40條之有關秘密保持命令、第41條第1項、第53條等規定，其於審理第45條第1項及第2項案件或其附帶民事訴訟時，準用之（智慧財產案件審理法第66條第1項）。第54條第1項及第2項案件，準用刑事訴訟法關於被害人訴訟參與之規定（第2項）。

---

[62] 最高法院100年度台上字第1933號民事判決。

貳、刑法

一、洩漏業務上知悉工商秘密罪（100檢察事務官）

依法令或契約有保守因業務知悉或持有工商秘密之義務，而無故洩漏之者，處1年以下有期徒刑、拘役或3萬元以下罰金（刑法第317條）。其處罰之行為人係依法令或契約有保守因業務知悉或持有工商秘密之義務者，犯罪行為樣態限於無故洩漏工商秘密，故無法規範產業間諜或經濟間諜之行為，其為告訴乃論之罪（刑法第319條）。所謂工商秘密者，係指工業上或商業上之秘密事實、事項、物品或資料，而非公開者而言，其重在經濟效益之保護[63]。茲舉例如後：(一)上市公司董事長就公司基於商業競爭應守秘密之海外設廠情事，在公司股東會召集前洩漏予第三人，以作為炒作該公司股票之用，該董事長涉犯刑法第317條之罪責；(二)為保護其公司之工商秘密，自有要求員工簽訂保密契約之必要性，僱傭契約載明：本人承諾在受僱於公司期間及自公司離職後，均會將機密資訊嚴加保密，且不會為本人或任何第三人之利益，而使用該項機密資訊或將之洩漏或以任何方式使第三人知悉。準此，員工已簽訂僱傭契約書，應為刑法上依契約負有保密義務之人，無故洩漏工商秘密時，該當刑法第317條之罪責[64]。

二、洩漏職務上知悉工商秘密罪

(一)身分犯

公務員或曾任公務員之人，無故洩漏因職務知悉或持有他人之工商秘密者，處2年以下有期徒刑、拘役或6萬元以下罰金。其屬身分犯之性質，犯罪行為樣態限於無故洩漏工商秘密者，其為告訴乃論之罪（刑法第318條、第319條）。洩漏職務上知悉工商秘密罪之成立，須公務員或曾

---

[63] 臺灣高等法院78年度上易字第2046號刑事判決。
[64] 臺灣高等法院94年度上易字第1806號刑事判決。

任公務員之人，無故洩漏因職務知悉或持有他人之工商秘密者，始足當之；故必須行為人有積極洩密行為，且所洩漏之秘密係屬工商秘密，始為該當。所謂工商秘密者，係指工業或商業上之發明或經營計畫具有不公開之性質者。倘行為人未有積極之洩漏行為，或其所謂秘密非屬之工商秘密，即難遽以妨害秘密罪相繩[65]。

(二)刑法第132條第1項

刑法第132條第1項公務員洩漏國防以外應秘密之文書罪規定於瀆職罪章，屬侵害國家法益之犯罪，其不法內涵除在於公務員對其守密義務之違背外，亦包含守密義務之違背，造成公共利益之損害。所謂應秘密之者，係指文書、圖書、消息或物品，而與國家政務或事務上具有利害影響者。例如，個人之車籍、戶籍、口卡、前科、通緝、勞保等資料及入出境紀錄，或涉個人隱私，或攸關國家之政務或事務，均屬應秘密之資料，公務員自有保守秘密之義務，其範圍與工商秘密不同[66]。

三、利用電腦洩密罪

(一)一般態樣

無故洩漏因利用電腦或其他相關設備知悉或持有他人之秘密者，處2年以下有期徒刑、拘役或15,000元以下罰金（刑法第318條之1），其為告訴乃論之罪（刑法第319條）。例如，被告雖已自公司離職，為符合其對公司所負之保密義務，有義務將其複製至公司所配發之筆記型電腦內，有關公司之電磁紀錄檔案，予以刪除，並禁止自己再行利用與防止他人以任何方式探得該工商秘密，被告竟於任職於該公司期間，將其存入筆記型電腦內之公司工商秘密檔案，提供他公司之員工使用及搜尋，已違背其對公

---

[65] 臺灣高等法院84年度上易字第6433號刑事判決。
[66] 最高法院57年度台上字第946號、88年度台上字第923號、91年度台上字第3388號刑事判決；臺灣高等法院臺中分院97年度上訴字第2408號刑事判決。

司所負之契約保密義務，該當刑法第318條之1之洩漏電腦秘密罪[67]。

(二)加重態樣

利用電腦或其相關設備犯第316條至第318條之罪者，加重其刑至1／2（刑法第318條之2）。犯罪行爲樣態限於無故洩漏營業秘密，不及使用或取得之行爲類型，其爲告訴乃論之罪（刑法第319條）[68]。

四、破壞電磁紀錄罪

無故取得、刪除或變更他人電腦或其相關設備之電磁紀錄，致生損害於公眾或他人者，處5年以下有期徒刑、拘役或科或併科60萬元以下罰金（刑法第359條）。犯罪行爲樣態限於無故取得、刪除或變更營業秘密，不及洩漏或取得之行爲類型，其爲告訴乃論之罪。

五、竊取動產罪

意圖爲自己或第三人不法之所有，而竊取他人之動產者，爲竊盜罪，處5年以下有期徒刑、拘役或50萬以下罰金（刑法第320條第1項）。竊取他人之動產者，未遂犯罰之（第2項）。例如，員工明知公司之研發技術爲營業秘密，員工意圖爲自己不法之所有，竊取附著於紙本之營業秘密，而據爲己有，該員工應成立竊盜罪[69]。

六、普通或特殊業務侵占罪

意圖爲自己或第三人不法之所有，而侵占自己持有他人之物者，處5年以下有期徒刑、拘役或科或併科3萬元以下罰金（刑法第335條第1項）。前項之未遂犯罰之（第2項）。對於公務上或因公益所持有之物，

---

[67] 智慧財產及商業法院100年度刑智上訴字第14號刑事判決。

[68] 智慧財產及商業法院100年度刑智上訴字第14號刑事判決；臺灣臺北地方法院97年度易字第500號刑事判決。

[69] 臺灣桃園地方法院80年度易字第106號刑事判決。

犯侵占罪者，處1年以上7年以下有期徒刑，得併科15萬元以下罰金（刑法第336條第1項）。侵占業務上的持有之物，處6月以上5年以下有期徒刑，得併科9萬元以下罰金（第2項）。未遂犯罰之（第3項）。例如，員工負責保管公司之研發技術原本，員工意圖為自己不法之所有，將該原本之持有關係變為其所有關係，而據為己有，該員工應成立業務侵占罪。

七、背信罪

(一)成立要件

為他人處理事務，意圖為自己或第三人不法之利益，或損害本人之利益，而為違背其任務之行為，致生損害於本人之財產或其他利益者，處5年以下有期徒刑、拘役或科或併科50萬元以下罰金（刑法第342條第1項）。前開未遂犯罰之（第2項）。例如，員工受公司之委託，為公司處理有關營業秘密之事務，而違背公司所交付之任務，致公司受有損害，自應成立背信罪[70]。再者，所謂刑法背信罪，係指為他人處理事務之人，以侵占以外之方法違背任務，損害本人利益之行為而言，即以意圖損害本人之利益為加害目的，具此意圖之意思要件，始構成背信，且以已為違背其任務之行為為前提。申言之，刑法第342條背信罪主體，須為他人處理事務之人，為他人處理事務者，其對他人之內部關係，負有基於一定之注意而處理本人事務之法的任務。準此，為他人處理事務，係基於對內關係，並非對向關係，故為對向關係者，自不得以背信罪相繩[71]。

(二)違反保密義務條款

企業與員工簽訂保密義務或競業禁止條款，約定員工不得將其於任職期間，所知悉之營業秘密洩漏予第三人。該等條款係企業者與勞動者在勞動契約內，約束勞工不得洩漏關於任職期間，所知悉之營業秘密予第三人

---

[70] 同前註刑事判決。

[71] 最高法院71年度台上字第1159號、92年度台非字第318號、104年度台上字第1158號刑事判決。

之不作爲給付約定，是勞動者不得洩漏營業秘密爲契約義務內容，此條款屬企業者與勞動者間之對向性約定，僅係勞動者自己之不作爲義務，而不含企業者之事務，不具有爲企業者處理事務之內涵，非勞動者爲企業處理企業事務之約定及踐履，勞動者縱違反而洩漏其所知悉之營業秘密約款，除依其情節是否另構成妨害秘密外，僅生其不履行給付或不作爲義務之問題，尚無成立背信罪之可言[72]。

參、違反秘密保持命令罪

違反本法秘密保持命令者，處3年以下有期徒刑、拘役或科或併科新臺幣100萬元以下罰金（智慧財產案件審理法第72條第1項）。犯前項之罪，其受命令保護之營業秘密，屬國家安全法第3條所指國家核心關鍵技術之營業秘密者，處5年以下有期徒刑、拘役或科或併科新臺幣300萬元以下罰金（第2項）。其於外國、大陸地區、香港或澳門犯前二項之罪者，不問犯罪地之法律有無處罰規定，亦適用前二項規定（第3項）。法人之負責人、法人或自然人之代理人、受雇人或其他從業人員，因執行業務犯第72條之罪者，除處罰其行爲人外，對該法人或自然人亦應科以第72條第1項、第2項之罰金（智慧財產案件審理法第73條）。

肆、營業秘密法2013年修正

基於保護國內產業營業秘密之目的，經濟部智慧財產局將修正營業秘密法，增訂5年以下有期徒刑的刑事處罰及民事賠償範圍。就意圖攜出境外使用者將加重處分，雇主亦應併同受罰，而採告訴乃論，且爲防止公權力不當介入，適用調解先行制度，避免浪費司法資源。智慧財產局就營業秘密法修正草案，將與國科會、產業界、法務部、公平會等部會討論，

---

[72] 最高法院87年度台上字第3704號刑事判決；智慧財產及商業法院105年度刑智上易字第39號刑事判決；臺灣高等法院101年度上易字第718號、104年度上易字第1784號刑事判決。

而於2012年4月間召開公聽會，經濟部並將本法列為2012年優先推動之法案。有鑑於近年國內產業界，陸續發生嚴重營業秘密外洩案件。舉例如後：(一)聯發科技股份有限公司因離職員工攜帶營業秘密資料至新任職公司，導致該公司損失金額逾上百億元，聯發科技股份有限公司為此聲請定暫時狀態處分[73]，並提起刑事告訴在案[74]；(二)台灣積體電路製造股份有限公司之前研發部門人員，遭南韓三星公司挖角，由於涉及商業機密等問題，迫使台灣積體電路製造股份有限公司向法院提出定暫時狀態處分聲請與請求營業秘密損害賠償等民事事件，以保護其營業秘密[75]。國內雖有營業秘密法，然已逾15年未修訂，其已無法與國際潮流同步，加上條文無刑責規範，自無實質嚇阻效果。準此，增訂營業秘密法第13條之1規定，就不法手段、未經授權、違反保密義務及惡意取得營業秘密者，增訂刑事責任，處5年以下有期徒刑。另對意圖將營業秘密攜出國外使用者，依第13條規定加重處罰。同法亦新增第13條之4之法人兩罰規定，倘受雇人與法人或雇主等觸犯刑事處罰，雇主應併同受罰[76]。

伍、檢察機關辦理違反營業秘密法案件注意事項

一、重大違反營業秘密法案件

為使檢察機關妥適辦理營業秘密法案件，特訂定本注意事項。犯營業

---

[73] 最高法院103年度台抗字第759號、104年度台抗字第905號民事裁定；智慧財產及商業法院103年度民暫字第2號、104年度民暫字第1號、103年度民暫抗字第4號、104年度民暫字抗第4號民事裁定。

[74] 智慧財產及商業法院100年度刑智上訴第14號刑事判決、101年度重附民字第1號刑事附帶民事判決；臺灣臺北地方法院97年度易字第500號、99年度訴字第356號刑事判決。

[75] 最高法院104年度台上字第1589號民事判決；智慧財產及商業法院102年度民營上字第3號民事判決。

[76] 2012年4月12日經濟日報，全文網址：營業秘密法修正將訂刑責／稅務法務／財經產業／聯合新聞網http://udn.com/NEWS/FINANCE/FIN10/7022276.shtml#ixzzlrmH7F3VW Power By udn.com。

秘密法第13條之1、第13條之2之罪，且符合下列情形之一者，爲重大違反營業秘密法案件：1.營業秘密爲公開發行公司或外國公司所有；2.涉及國家安全、經濟發展，或爲維護產業倫理與競爭秩序，調和公共利益，而有必要；3.經司法警察機關報請指揮偵辦；4.分案時未列爲重大營業秘密案件，檢察官於偵查終結前認有前三款所列情事，而簽報檢察長核定辦理；5.其他經各檢察機關檢察長核定（檢察機關辦理營業秘密案件注意事項第1點、第2點）[77]。

二、專責檢察官辦理

檢察機關應指派專責檢察官偵辦重大營業秘密法案件。法務部或其他機關舉辦營業秘密法相關研習，並應優先遴派專責檢察官參加。檢察機關就營業秘密法案件應於收文後儘速分案。其屬重大營業秘密法案件，認有第2點情事者，應即交專責檢察官辦理（檢察機關辦理營業秘密案件注意事項第3點、第4點）。

三、釋明事項

檢察官偵辦重大營業秘密法案件，應注意偵查不公開規定。檢察官辦理重大營業秘密法案件，宜先由告訴人或被害人填寫釋明事項表，如附件所示基本資料、受侵害之營業秘密名稱、受侵害之營業秘密內容、受侵害之營業秘密特性、營業秘密之估價價值、保護營業秘密之措施、保護營業秘密之方法、營業秘密之侵害，並偕同專業人員到庭。必要時，應以證人或鑑定人身分訊問告訴人、被害人或專業人員（檢察機關辦理營業秘密案件注意事項第5點）。

---

[77] 2016年4月19日訂定檢察機關辦理重大違反營業秘密法案件注意事項，2020年11月19日修正爲檢察機關辦理營業秘密案件注意事項。

四、證據保全

告訴人、犯罪嫌疑人、被告或辯護人向檢察官聲請證據保全經准許者，檢察官除認有妨害證據保全之虞外，宜聽取聲請人之意見，並妥善保管保全之證據。檢察官偵辦重大營業秘密法案件，認有告訴人或被害人污染證據或藉機刺探被搜索人或第三人營業秘密之情事者，必要時，應採行預防措施。檢察官偵辦重大營業秘密法案件，應視偵查進度及案情需要，實施入出境告知、暫時留置。如認被告犯罪嫌疑重大，必要時得依刑事訴訟法第93條之2至第93條之6規定限制出境、出海（檢察機關辦理營業秘密案件注意事項第6點、第10點）。

五、專業協助辦案

檢察官偵辦營業秘密法案件，宜注意追查資金流向，必要時並得洽請其他相關機關，派員協助或提供資金流向分析報告。檢察官實施營業秘密法案件之搜索時，宜指揮具相關專長之檢察事務官、司法警察官或司法警察協助，並全程錄音錄影。告訴人或被害人於搜索時在場者，以提供必要之辨識協助為限。再者，檢察官偵辦營業秘密法案件，其於必要時，得參考檢察機關行專家諮詢要點規定，就專業部分徵詢專家及主管機關之意見，以協助釐清案件爭點、範圍及分析扣押所得資料，並應曉諭專家及主管機關人員不得公開或揭露偵查程序及內容，必要時得其核發偵查保密令（檢察機關辦理營業秘密案件注意事項第7點、第8點、第16條）。

六、扣押與取證

(一)比例原則及證據保存之安全完整

營業秘密法案件實施扣押時，應注意比例原則及證據保存之安全完整。扣押數位證據時，應注意建立數位證據之同一性及不可否認性。檢察官偵辦重大違反營業秘密法案件於涉及境外取證時，應注意依司法互助程序進行，以確保證據之證據能力。再者，檢察官偵辦營業秘密法案件，屬

營業秘密法第13條之2所定之罪時,應注意證人保護法之規定(檢察機關辦理營業秘密案件注意事項第9點、第17點)。

(二)數位證據複製品與原件真實性及同一性

我國社會隨著電腦資訊及網際網路科技之快速發展,利用電腦、網路犯罪已屬常態,而對此型態之犯罪,相關數位證據之蒐集、處理及如何因應,已屬重要課題。數位證據具無限複製性、複製具無差異性、增刪修改具無痕跡性、製作人具不易確定性、內容非屬人類感官可直接理解,須透過電腦設備呈現內容。數位證據之複製品與原件具真實性及同一性,雖有相同之效果,惟複製過程屬人為操作,且因複製之無差異性與無痕跡性,不能免於作偽、變造,原則上證明某待證事項,須提出原件供調查,或雖提出複製品,當事人不爭執或經與原件核對證明相符者,得作為證據。倘原件滅失或提出困難,當事人對複製品之真實性有爭執時,非當然排除其證據能力。法院應審查證據取得之過程是否合法,即通過證據使用禁止之要求,暨勘驗或鑑定複製品,倘未經過人為作偽、變造,複製品即係原件內容之重現,並未摻雜任何人之作用,致影響內容所顯現之真實性,經合法調查時,自有證據能力。至於能否藉由複製品,證明確有與其具備同一性之原件存在,並作為被告有無犯罪事實之判斷依據,屬證據證明力之問題[78]。

七、偵查保密令

(一)核發偵查保密令之要件

檢察官偵辦營業秘密案件,認有偵查必要時,得核發偵查保密令予接觸偵查內容之犯罪嫌疑人、被告、被害人、告訴人、告訴代理人、辯護人、鑑定人、證人或其他相關之人。受偵查保密令之人,就該偵查內容,不得為下列行為:1.實施偵查程序以外目的之使用;2.揭露予未受偵查保

---

[78] 最高法院107年度台上字第3724號刑事判決。

密令之人（營業秘密法第14條之1第1項）。前項規定，而於受偵查保密令之人，在偵查前已取得或持有該偵查之內容時，不適用之（第2項）。偵查保密令係就應保密之偵查內容禁止或限制為偵查程序以外之目的而使用，或禁止對未受偵查保密令之人揭露。是營業秘密受侵害之防止或排除，應由告訴人或被害人另依民事程序救濟之（檢察機關辦理營業秘密案件注意事項第12點）。檢察官偵辦營業秘密案件，得提醒告訴人、被害人、被告及其他利害關係人達成保密協議，約定不使用或揭露所接觸之偵查內容。檢察官為順利進行偵查程序，維護偵查不公開，發現真實，維護證據資料之秘密性，必要時，得依職權核發偵查保密令予接觸偵查內容之人。檢察官核發偵查保密令之前，得聽取告訴人、被害人或其代理人、被告或其辯護人、相關資料之所有人、持有人、保管人等之意見，以確定受偵查保密令之人及應保密之偵查內容。司法警察、司法警察官及參與偵查程序之公務員，有公務上之保密義務，不為應受偵查保密令之人（檢察機關辦理營業秘密案件注意事項第11點）。

(二)職權核發偵查保密

檢察官以言詞核發偵查保密令時，應當面告知受偵查保密令之人有關營業秘密法第14條之2第4項之事項，並載明於筆錄[79]。前項偵查保密令自告知之時起發生效力，檢察官於7日內另以書面製作偵查保密令，注意與筆錄所載之內容一致，並依法送達。檢察官核發偵查保密令時，應給予營業秘密所有人陳述意見之機會；其以書面核發者，應於送達及通知前為之。倘有營業秘密所有人不明、無法通知或有其他事實上之障礙而無法使其陳述意見，或言詞核發時已給予陳述意見之機會者，不在此限。核發偵查保密令後，應另分案件，留存該命令之副本；其相關檔卷資料，應於結案後妥適處理（檢察機關辦理營業秘密案件注意事項第13點）。

---

[79] 1.受偵查保密令之人；2.應保密之偵查內容；3.受偵查保密令之人，就該偵查內容，不得為實施偵查程序以外目的之使用、揭露予未受偵查保密令之人；4.違反之效果。

(三)職權撤銷或擴張偵查保密令

偵查中應受保密之原因消滅時,檢察官得依職權撤銷偵查保密令。偵查中應保密之偵查內容減縮時,檢察官得依職權變更偵查保密令。偵查中受偵查保密令之人或應保密之偵查內容有擴張之必要時,得對擴張部分另行核發偵查保密令;此部分不得聲明不服(檢察機關辦理營業秘密案件注意事項第14點)。

八、刑事司法互助

檢察官偵辦營業秘密案件有進行刑事司法互助必要時,應注意依國際刑事司法互助法規定之程序進行。境外調查取證涉及跨國電子通訊或網路服務業者保存之用戶資料或數位證據時,得經由檢察機關指定之聯繫窗口辦理。第五點至前點規定,於辦理外國政府、機構、國際組織、大陸地區、香港或澳門提出有關營業秘密案件之刑事司法互助請求時,亦適用之(檢察機關辦理營業秘密案件注意事項第15點)。

九、起訴程序

檢察官偵辦營業秘密法案件,嗣於調查證據完畢後,認應提起公訴者,應儘速偵結起訴,並督促書記官檢送相關卷證移送法院審理(檢察機關辦理營業秘密案件注意事項第18點)。訴訟資料涉及營業秘密者,得視其必要爲適當之處理。案件移送法院審理時,如認有限制被告及其辯護人檢閱、抄錄、重製或攝影之必要者,或檢察官有核發偵查保密令之情形,得於移審之函文中敍明,以促請法院注意。案件繫屬法院後,檢察官於必要時得依智慧財產案件審理法之規定向法院聲請不公開審判,或向法院聲請核發秘密保持命令。檢察官有核發偵查保密令者,於案件起訴後,應將屬起訴效力所及之部分通知營業秘密所有人及受偵查保密令之人,並告知有關營業秘密法第14條之3第4項、第5項規定之事項(檢察機關辦理營業秘密案件注意事項第19點)。營業秘密案件於法院審理時,檢察官

宜參酌告訴人或被害人之意見，就量刑及沒收於辯論時具體表示意見，以供法院參考（檢察機關辦理營業秘密案件注意事項第20點）。

十、適度發布新聞之必要性

重大營業秘密法案件，為維護公共利益或保護合法權益，而認有適度發布新聞之必要時，得聽取告訴人或被害人意見，並避免透露有關營業秘密之實質內容（檢察機關辦理營業秘密法案件注意事項第21點）。

十一、不起訴處分或緩起訴處分

營業秘密案件之扣押物或應沒收之物，而於不起訴處分或緩起訴處分確定後，或非屬起訴效力所及者，除通知發還外，對於依法不得發還或應沒收部分應確實破毀或廢棄，其餘卷證資料並應予妥適處理（檢察機關辦理營業秘密案件注意事項第22點）。

陸、偵查保密令
一、依職權核發

為使偵查程序得以順利進行，維護偵查不公開及發現真實，同時兼顧營業秘密證據資料之秘密性，檢察官於必要時，得核發偵查保密令予接觸偵查內容之犯罪嫌疑人、被告、被害人、告訴人、告訴代理人、辯護人、鑑定人、證人或其他相關之人，課予接觸偵查內容之人保密之義務（營業秘密法第14條之1第1項）。為避免競爭者藉由訴訟窺探偵查內容所涉及之營業秘密，受偵查保密令之人，就偵查內容，不得為下列行為：1.實施偵查程序以外目的之使用；2.揭露予未受偵查保密令之人（第2項）。例外情形，而於受偵查保密令之人，在偵查前已取得或持有該偵查之內容時，不適用前項禁止規定，以避免過度影響未經確認侵權者之事業經營（第3項）。

二、核發方式

偵查保密令應以書面或言詞爲之。以言詞爲之者，應當面告知並載明筆錄，且得予營業秘密所有人陳述意見之機會，並於7日內另以書面製作偵查保密令（營業秘密法第14條之2第1項）。以言詞所核發之偵查保密令，情況較爲急迫，倘遇營業秘密所有人不明或未在現場，可能無法即時命其陳述意見，檢察官得視情況需要辦理之。言詞所爲之偵查保密令記載於筆錄時，日後案件起訴卷證送交法院審理時，應注意此部分之記載情況及是否可供閱覽，必要時應爲適當之遮蔽。所謂7日內以書面製作偵查保密令，係課予檢察官盡快以書面製作偵查保密令之義務，並非7日內需送達或通知相關之人。前項書面，應送達於受偵查保密令之人，並通知營業秘密所有人（第2項本文）。送達及通知前，應給予營業秘密所有人陳述意見之機會。但已依前項規定，給予營業秘密所有人陳述意見之機會者，不在此限（第2項但書）。倘遇營業秘密所有人不明、無法通知或有其他事實上之障礙，導致無法使其陳述意見，並不爲違反第2項規定。

三、偵查保密令內容

偵查保密令以書面爲之者，自送達受偵查保密令之人之日起發生效力；以言詞爲之者，自告知之時起，亦同（營業秘密法第14條之2第3項）。偵查保密令應載明下列事項：(一)受偵查保密令之人；(二)應保密之偵查內容；(三)第14條之1第2項所列之禁止或限制行爲；(四)違反之效果，明示其科處第14條之4刑事責任（第4項）。

四、撤銷或變更偵查保密令

因偵查中之案件發展處於動態之狀態，應受保密之原因可能消滅或變更，除爲因應案件狀況之變化外，亦爲增進偵查效能、避免程序繁雜，偵查中應受保密之原因消滅或偵查保密令之內容有變更必要時，檢察官得依職權撤銷或變更其偵查保密令（營業秘密法第14條之3第1項）。爲保障

偵查內容之秘密性及營業秘密所有人之權利，案件經緩起訴處分或不起訴處分確定者，或偵查保密令非屬起訴效力所及之部分，檢察官得依職權或受偵查保密令之人之聲請，撤銷或變更其偵查保密令（第2項）。檢察官撤銷或變更偵查保密令與否之決定，對於受偵查保密令之人或營業秘密所有人之權益，均有重大影響，是檢察官撤銷或變更偵查保密令之處分，得予受偵查保密令之人及營業秘密所有人陳述意見之機會。處分應以書面送達於受偵查保密令之人及營業秘密所有人（第3項）。受偵查保密令之人或營業秘密所有人，對於第1項及第2項檢察官之處分，得聲明不服（第7項前段）。前項聲明不服及抗告之程序，準用刑事訴訟法第403條至第419條規定（第8項）。

五、秘密保持命令之聲請

(一)營業秘密所有人或檢察官

案件起訴後，為避免營業秘密所有人及受偵查保密令之人未即時得知案件已起訴而無法及時行使權利，檢察官應將偵查保密令屬起訴效力所及之部分通知營業秘密所有人及受偵查保密令之人，並告知其等關於秘密保持命令、偵查保密令之權益。營業秘密所有人或檢察官，得依智慧財產案件審理法之規定，聲請法院核發秘密保持命令。偵查保密令屬起訴效力所及之部分，在其聲請範圍內，自法院裁定確定之日起，失其效力（營業秘密法第14條之3第4項）。案件進入審判程序後，檢察官命應保密之偵查內容，是否有繼續保密之必要，為法院之職權，檢察官不應再介入法院執掌之事務。是案件起訴後，營業秘密所有人或檢察官未於案件繫屬法院之日起30日內，向法院聲請秘密保持命令者，法院得依受偵查保密令之人或檢察官之聲請，撤銷偵查保密令。倘營業秘密所有人或檢察官已於案件繫屬法院之日起30日內，向法院聲請秘密保持命令，為避免裁判歧異並使紛爭能夠一次解決，自不許受偵查保密令之人或檢察官聲請撤銷偵查保密令。法院核發秘密保持命令之救濟程序，應依智慧財產案件審理法相關

規定辦理。

(二)法院裁定撤銷偵查保密令

偵查保密令屬起訴效力所及之部分，在法院裁定予以撤銷之範圍內，自法院裁定確定之日起，失其效力（營業秘密法第14條之3第5項）。法院為前項裁定前，應先徵詢營業秘密所有人及檢察官之意見。前項裁定並應送達營業秘密所有人、受偵查保密令之人及檢察官（第6項）。檢察官、受偵查保密令之人或營業秘密所有人，對於第5項法院之裁定，得抗告（第7項後段）。前項聲明不服及抗告之程序，準用刑事訴訟法第403條至第419條規定。

六、違反偵查保密令罪

違反偵查保密令之行為視同藐視司法，該行為係侵害國家法益，其性質應為非告訴乃論罪。違反偵查保密令者，處3年以下有期徒刑、拘役或科或併科新臺幣100萬元以下罰金（營業秘密法第14條之4第1項）。而於外國、大陸地區、香港或澳門違反偵查保密令者，不問犯罪地之法律有無處罰規定，境外違反偵查保密令均適用前項規定（第2項）。

柒、營業秘密法之刑事責任

侵害營業秘密之刑事訴訟，營業秘密之鑑定常成為重要議題。鑑定事項包含營業秘密要件與侵害行為之存在否，而該等鑑定依檢警調機關之犯罪搜索程序，由法務部調查局或警政署刑事警察局擔任，極少由民間組織為之[80]。

---

[80] 章忠信，營業秘密之鑑定，2017年智權侵害鑑定研討會，工業技術研究技術移轉與法律中心，2017年8月2日。

一、未經許可外國法人之訴訟權

(一)非法人團體

　　未經認許之外國公司屬於非法人團體，雖不可提起刑事自訴，仍可循告發或告訴，經公訴程序達成追訴犯罪之目的，固不得提起自訴，對其刑事程序利益，尚不生重大影響[81]。質言之，公司法就認許制度修正施行前，未經認許之外國公司為非法人團體，雖無權利能力不得提起自訴，然提起告訴，經公訴程序達成追訴犯罪之目的。

(二)營業秘密法未排除未經認許外國法人不具告訴權

　　營業秘密法前於2013年1月修正，增訂侵害營業秘密之刑事責任，而與修法前之公平交易法發生法規競合問題，故立法者於2015年2月4日修正刪除公平交易法上開條款，並於修正理由說明，認營業秘密法對營業秘密之定義，已包括現行條文第5款所定產銷機密、交易相對人資料或其他有關技術秘密，且該法所規範侵害類型顯更廣泛周延，慮及法規範效益，爰將現行條文第5款刪除，使該等違法行為類型，回歸營業秘密法規範等語。可知未經認許之外國法人自80年間起，本得依照公平交易法之規定，對侵害其營業秘密者提起刑事告訴，以保護其合法權益。2015年修正刪除公平交易法之上開條款目的，雖在為營業秘密侵害提供更周密保護，然疏未於營業秘密法加入類似公平交易法第47條規定得為告訴之條款。準此，基於法規競合、提供營業秘密更周密保護等之立法目的，未經認許之外國法人自得依營業秘密法提起刑事告訴。揆諸前揭立法例，原先依修法前之公平交易法，外國未經認許法人及本國人就侵害營業秘密之行為人，均有刑事告訴權，自不能認定營業秘密法新規範刻意排除未經認許外國法人及本國人之告訴權[82]。

---

[81] 最高法院107年度台上字第1051號刑事判決。
[82] 智慧財產及商業法院108年度刑智上訴字第5號刑事判決。

(三)公司法廢除認許制度

我國未排除未經認許外國法人之告訴，倘因告訴人未經認許，而認定其對侵害營業秘密罪無告訴權，參諸營業秘密法第13條之1為告訴乃論之罪，此將使犯罪被害人無法獲得刑事之救濟。況營業秘密於現今國際貿易之重要性與日俱增，法制面上不應與國際脫軌，公司法已於2018年7月6日廢除認許制度，自應賦予未經認許外國法人具有告訴權、自訴或提起民事訴訟（營業秘密法第13條之5）。

(四)其與貿易有關之智慧財產權協定之互惠原則

參諸其與貿易有關之智慧財產權協定第3條及第39條第1項、第2項規定，可知未經公開資訊應受保護，並適用國民待遇原則。我國為世界貿易組織之會員國，其與貿易有關之智慧財產權協定揭櫫互惠原則，各會員國對其他會員國人民應給予相同於其他會員國對該會員國人民之保護[83]。

二、告訴權人

憲法第16條規定人民有訴訟之權，此項權利之保障範圍，包括人民權益遭受不法侵害，有權訴請司法機關予以救濟在內。而訴訟權如何行使，應由法律予以規定。法律為防止濫行興訟致妨害他人自由，或為避免虛耗國家有限之司法資源，對於告訴或自訴自得為合理之限制，惟此限制應符合憲法第23條之比例原則[84]。因營業秘密法並無區分專屬授權或非專屬授權，而就告訴權之有無異其處理，且營業秘密之保護重在秘密性之維持，其與重在公開之著作權不同。參諸營業秘密法第7條之立法理由，僅說明係參酌著作權法第37條第1項、第2項（已修正，並移列至同條第3項）、第40條第1項（移列為第40條之1第1項），均無專屬授權之相關立法說明，嗣營業秘密法於102年1月30日、109年1月15日修正時，均未將著作權法中專屬授權之概念引進營業秘密法，是立法者無意將營業秘密之

---

[83] 智慧財產及商業法院108年度刑智上訴字第5號刑事判決。
[84] 大法官釋字第507號解釋。

授權因「專屬授權」及「非專屬授權」而異其法律效果，並進而對告訴權之行使進行限制，自應依刑事訴訟法第232條規定。

三、侵害營業秘密罪（104、105、106檢察事務官）

(一)行為犯

　　在侵害營業秘密之刑事案件之場合，檢察官或自訴人應證明符合營業秘密法第2條之營業秘密要件與被告有侵害營業秘密之行為，繼而由法院判斷有無成立營業秘密法第13條之1、第13條之2之犯罪構成要件[85]。而行為人以不正方法取得他人營業秘密，即構成犯罪，不以有後續之使用洩漏或已造成所有人之損害為必要，故侵害營業秘密屬行為犯，並屬狀態犯[86]。

(二)屬地主義原則

　　營業秘密法之刑事效力範圍，適用屬地主義原則，故行為地與結果地應有其一在我國境內，始有我國營業秘密法之適用。刑法第5條規定保護原則與世界原則，即在我國境外犯內亂罪、外患罪、偽造貨幣罪、毒品罪等罪者，雖得適用刑法規定加以處罰，然未包括洩漏工商秘密罪。況侵害營業秘密罪非3年以上之罪，不符刑法第7條規定。準此，海外子公司員工竊取營業秘密，並洩漏予他人，由於犯罪行為地及結果地均在我國境外，且非屬刑法第5條及第7條規定情形，故營業秘密所有人即母公司，無法依我國營業秘密法之規定，對該員工提告。倘母公司欲提起刑事訴訟，應按行為地或結果地法律之規定，加以主張[87]。

---

[85] 王偉霖，我國營業秘密法刑事規範的再思考，法令月刊，68卷5期，2017年5月，頁68。

[86] 最高法院100年度台上字第5413號、101年度台非字第44號、102年台上字第115號刑事判決。

[87] 謝宛蓁，我國營業秘密法制及爭議問題介紹——以刑事責任為中心，智慧財產權月刊，178期，2013年10月，頁25。

(三)犯罪構成要件

刑法關於侵害營業秘密之規定，雖有洩漏工商秘密罪、竊盜罪、侵占罪、背信罪、無故取得刪除變更電磁紀錄罪等。然因行為主體、客體及侵害方法之改變，該規定對於營業秘密之保護已有不足，且刑法規定殊欠完整，且法定刑過低，實不足以有效保護營業秘密，爰營業秘密法確有增訂刑罰之必要。職是，意圖為自己或第三人不法之利益，或損害營業秘密所有人之利益，而有營業秘密法第13條之1第1項所列情形之一，處5年以下有期徒刑或拘役，得併科新臺幣100萬元以上1,000萬元以下罰金，本罪亦處罰未遂犯（營業秘密法第13條之1第1項、第2項）。意圖為自己或第三人不法之利益，或損害營業秘密所有人之利益，為行為人之犯罪主觀犯罪要件[88]。

1.以不正方法而取得營業秘密

以竊取、侵占、詐術、脅迫、擅自重製或其他不正方法而取得營業秘密，或取得後進而使用、洩漏者（營業秘密法第13條之1第1項第1款）。茲說明不正方法之定義如後：(1)所謂竊取，係指違背他人意願或未得其同意，就他人對營業秘密所有之持有狀態加以瓦解，並建立支配管領力之行為；(2)所謂侵占，係指易持有為所有之行為，即將自己持有之他人之營業秘密變為自己所有之行為；(3)所謂詐術，係指傳遞與事實不符之資訊之行為，包括虛構事實、歪曲或掩飾事實等手段；(4)所謂脅迫，係指以語言、舉動之方法，為加惡害之通知或預告，而形成於他人意思或行動之妨害；(5)所謂擅自重製，係指行為人未經營業秘密所有人之同意而為重製之行為。重製行為之範圍，包括以印刷、複印、錄音、錄影、攝影、筆錄或其他方法直接、間接、永久或暫時之重複製作營業秘密而言；(6)所謂其他不正方法，係指除例示之竊取、侵占、詐術、脅迫、擅自重製等不正方法外，其他如行為人意圖取得他人營業秘密而利用各種行為方式。

---

[88] 智慧財產及商業法院109年度刑智上訴字第2號刑事判決。

例如，以窺視、竊聽而加以探知取得該營業秘密之行為方式[89]；(7)使用之範圍，並不侷限於實際應用，包含閱覽、研讀、參考、編輯或彙整，均構成使用範圍。故使用行為無需完全抄襲，僅要有閱覽或參考行為即可成立，且不以對產品或製程有實益者為限。行為人僅有閱覽或參考，即成立使用行為，不論參考後是否進行量產，或閱覽後覺得不需要此技術而不利用[90]。

2.因契約或授權關係取得營業秘密

知悉或持有營業秘密，未經授權或逾越授權範圍而重製、使用或洩漏該營業秘密者（營業秘密法第13條之1第1項第2款）。舉例說明如後：(1)公司員工雖因職務關係而合法取得或持有公司之營業秘密，然嗣後未經公司授權或逾越授權範圍而擅自重製營業秘密資料，攜出公司後，並洩漏予公司之競爭對手；(2)未經營業秘密所有人同意或授權，以電子郵件之方式，傳遞至個人信箱，行為人即該當本款之構成要件[91]；(3)公司員工因職務關係而知悉並持有公司營業秘密，嗣後逾越授權範圍而擅自重製營業秘密，並寄送至個人電子郵件信箱[92]；(4)意圖為自己不法之利益，明知其代表A公司與B公司交易「新式無塵衣（鞋）」過程，知悉及持有相關資訊是B公司之營業秘密，其負有保密義務，未經B公司書面同意，不得擅自使用或洩漏，竟未經B公司同意，將所知悉及持有B公司「新式無塵衣（鞋）」營業秘密，洩漏予不知情之專利商標事務所，使得以用於申請專利使用[93]。

3.不刪除、銷毀或隱匿該營業秘密

持有營業秘密，經營業秘密所有人告知應刪除、銷毀後，不為刪除、

---

[89] 經濟部智慧財產局，營業秘密保護實務教戰手冊，2013年12月，頁16至17。

[90] 智慧財產及商業法院109年度刑智上重訴字第4號刑事判決。

[91] 王偉霖，我國營業秘密法刑事規範的再思考，法令月刊，68卷5期，2017年5月，頁74。智慧財產法院104年度民營上字第1號民事判決。

[92] 智慧財產及商業法院107年度刑智上訴字第14號刑事判決。

[93] 智慧財產及商業法院106年度刑智上訴字第29號刑事判決。

銷毀或隱匿該營業秘密者（營業秘密法第13條之1第1項第3款）。例如，甲員工因負責公司之A專案計畫，而知悉或持有公司營業機密，嗣後公司為業務調整，要命甲將A專案移交予乙處理，並應刪除相關資料。甲未刪除、銷毀或隱匿該等機密資訊。

4.營業秘密之惡意轉得人

明知他人知悉或持有之營業秘密有前三款所定情形，而取得、使用或洩漏者（營業秘密法第13條之1第1項第4款）。本款處罰對象為營業秘密之惡意轉得人，且僅限於該惡意轉得人具有直接故意始該當。例如，A公司之甲員工受B公司乙經理之煽惑，而自A公司竊取營業秘密並交付予乙，再由乙轉交給B公司使用。乙雖非竊取營業秘密之行為人，然其主觀上明知甲係以不正方法取得該營業秘密，仍接受並為後續之使用或洩漏，即該當本款規定，應受刑事處罰[94]。

(四)因職務關係知悉與持有營業秘密

營業秘密法第13條之1第1項第1款之罪，係行為人原本不知或未取得營業秘密，經由竊取、侵占、詐術、脅迫、擅自重製或其他不正方法，而取得營業秘密。同條項第2款之罪，係行為人原本知悉或持有營業秘密，未經授權或逾越其授權範圍而重製、使用或洩漏該營業秘密。所謂擅自重製，係指其未經營業秘密所有人同意而為重製行為，原未合法知悉與持有營業秘密者。準此，第1款及第2款規定之客觀犯罪構成要件，兩者有所差別。例如，被告前係甲公司之採購專員，雖因職務上之關係，而合法知悉與持有甲公司之營業秘密，然被告離職時不得持有甲公司之營業秘密，其逾越授權範圍，以重製方法將營業秘密，以重製方式至個人外接硬碟，被告行為應成立營業秘密法第13條之1第1項第2款規定，知悉並持有營業秘密，逾越授權範圍而重製營業秘密罪，並非成立營業秘密法第13條之1第1項第1款規定，擅自重製而取得營業秘密罪。至被告離職後有無

---

[94] 謝宛蓁，我國營業秘密法制及爭議問題介紹——以刑事責任為中心，智慧財產權月刊，178期，2013年10月，頁13。

使用或將營業秘密洩漏予他人,其與判斷被告是否成立知悉並持有營業秘密,逾越授權範圍而重製營業秘密罪無關[95]。

(五)罰金刑之酌量加重

有鑑於營業秘密常涉及龐大商業利益,為避免民、刑事責任無法有效消弭違法誘因,故罰金上限得視不法利益做彈性調整。換言之,科罰金時,倘犯罪行為人所得之利益超過罰金最多額,得於所得利益之3倍範圍內,酌量加重(營業秘密法第13條之1第3項)。

(六)告訴乃論

營業秘密法第13條之1規範境內侵害營業秘密犯罪,其為告訴乃論之罪,故境內侵害營業秘密犯罪為告訴乃論之罪,使被害人與行為人有私下和解之機會而得以息訟,並節省司法資源(營業秘密法第13條之3第1項)。因營業秘密受侵害之刑事案件,由於證據取得不易,倘能使被害人對配合調查之部分被告撤回告訴,將有助於發現犯罪事實,較告訴不可分,更能促進偵查之便利[96]。故規定對於共犯之1人告訴或撤回告訴者,其效力不及於其他共犯(第2項)。再者,公務員或曾任公務員之人,因職務知悉或持有他人之營業秘密,而故意犯本條之罪者,加重其刑至1/2(第3項)。

(七)宣告沒收

沒收為刑法所定刑罰及保安處分以外之法律效果,具有獨立性。違禁物,不問屬於犯罪行為人與否,沒收之。供犯罪所用、犯罪預備之物或犯罪所生之物,屬於犯罪行為人者,得沒收之。但有特別規定者,依其規定(刑法第38條第1項)。前項之物屬於犯罪行為人以外之自然人、法人或非法人團體,而無正當理由提供或取得者,得沒收之。但有特別規定者,依其規定(第2項)。前2項之沒收,而於全部或一部不能沒收或不宜執

---

[95] 智慧財產及商業法院109年度刑智上訴字第2號刑事判決。
[96] 謝宛蓁,我國營業秘密法制及爭議問題介紹——以刑事責任為中心,智慧財產權月刊,178期,2013年10月,頁13。

行沒收時，追徵其價額（第3項）。犯罪所得，屬於犯罪行為人者，沒收之。但有特別規定者，依其規定（刑法第38條之1第1項）。犯罪行為人以外之自然人、法人或非法人團體，因下列情形之一取得犯罪所得者，亦同：1.明知他人違法行為而取得；2.因他人違法行為而無償或以顯不相當之對價取得；3.犯罪行為人為他人實行違法行為，他人因而取得（第2項）。前2項之沒收，而於全部或一部不能沒收或不宜執行沒收時，追徵其價額（第3項）。第1項及第2項之犯罪所得，包括違法行為所得、其變得之物或財產上利益及其孳息（第4項）。準此，本院就被告因本案犯罪所生之物、供犯罪所用，且屬於被告者，得沒收之。例如，被告未經甲公司授權或逾越授權，基於以重製方法侵害他人營業秘密之犯意，將以個人外接硬碟連結至其在甲公司使用之電腦主機，並將電腦主機內關於其知悉並持有之甲公司所有之營業秘密，重製至其個人之外接硬碟。被告犯罪行為，確有使用外接硬碟重製營業秘密，外接硬碟雖未扣押在案，然為避免甲公司營業秘密侵害狀態之持續，抑是防止被告或第三人侵害營業秘密，仍有對外接硬碟內儲存之甲公司所有之營業秘密宣告沒收之必要性[97]。

四、境外侵害營業秘密罪（109檢察事務官）

(一)犯罪構成要件

行為人不法取得我國人營業秘密，其意圖係在域外使用，將嚴重影響我國產業國際競爭力，其非難性較為高度，爰參酌德國不正競爭防止法第17條第4項、韓國不正競爭防止法第18條第1項規定，明定加重處罰。詳言之，意圖在外國、大陸地區、香港或澳門使用，而犯第13條之1第1項各款之罪者，處1年以上10年以下有期徒刑，得併科新臺幣300萬元以上5,000萬元以下之罰金（營業秘密法第13條之2第1項）。本罪亦處罰未遂犯（第2項）。

---

[97] 智慧財產及商業法院109年度刑智上訴字第2號刑事判決。

1.在大陸地區非法使用與洩漏營業秘密罪

甲前於A化學公司歷任主辦工程師、課長、副部長、部長，明知自己所知悉或持有之生產VAE乳膠之方法、技術、製程、配方等營業秘密，其負有保密義務，不得以擅自重製方法取得或取得後進而使用、洩漏，甲基於意圖在大陸地區使用及為自己與第三人不法利益之概括犯意，而非法使用、洩漏營業秘密罪，係犯營業秘密法第13條之2第1項之意圖在大陸地區使用而犯同法第13條之1第1項第2款、第4款之非法使用、洩漏營業秘密罪[98]。再者，公務員或曾任公務員之人，因職務知悉或持有他人之營業秘密，而故意犯本條之罪者，加重其刑至1／2（營業秘密法第13條之3第3項）。

2.在大陸地區使用未經授權而重製營業秘密罪

乙前為A公司之先進製程整合部門資深工程師，在5奈米製程研發部門負責5奈米研發部門製程整合工作，為A公司處理事務之人。乙違背任務，未經A公司授權而重製營業秘密後攜回住處存放，雖擬供將來至大陸地區之B公司使用，惟尚未為實際使用即經為A公司察覺，核其所為，係犯營業秘密法第13條之2第1項、同法第13條之1第1項第2款之意圖在大陸地區使用，未經授權而重製營業秘密罪及刑法第342條第1項之背信罪。其以一行為觸犯上開二罪名，為想像競合犯，應依刑法第55條前段從一重之營業秘密法第13條之2第1項、同法第13條之1第1項第2款罪處斷[99]。

(二)罰金刑之酌量加重

為有效消弭違法誘因，規定罰金上限得視不法利益作彈性調整科罰金時，倘犯罪行為人所得之利益超過罰金最多額，得於所得利益之2倍至10倍範圍內，酌量加重（營業秘密法第13條之2第3項）。

---

[98] 智慧財產及商業法院105年度刑智上訴字第35號刑事判決。
[99] 智慧財產及商業法院107年度刑智上訴字第5號刑事判決。

五、兩罰主義（104檢察事務官）

(一)犯罪構成要件

　　所謂兩罰主義或併同處罰制，係指就同一犯罪行為同時處罰行為人及其企業組織。課予行為人刑事責任，係因其違法之犯罪行為所致。而處罰企業組織，係因其監督不力。自法理以觀，對受罰之企業組織，其處罰具有從屬性，必以行為人受處罰為前提。參諸勞動基準法第81條第1項、人口販運防制法第39條、洗錢防制法第11條、動物傳染病防治條例第41條與第42條、植物防疫檢疫法第23條、著作權法第101條第1項，均有併同處罰體例。準此，法人之代表人、法人或自然人之代理人、受雇人或其他從業人員，因執行業務，犯第13條之1、第13條之2之罪者，除依該條規定處罰其行為人外，對該法人或自然人亦應科該條之罰金（營業秘密法第13條之4本文）。

(二)免責規定

　　法人之代表人或自然人對於犯罪之發生，已盡力為防止行為者，不負刑事責任。申言之，使法人或自然人雇主有機會得於事後舉證，以證明其已盡力防止侵害營業秘密之發生，除可免於企業被員工之個人違法行為而毀掉企業形象外，亦可免於大筆罰金之支出，有鼓勵企業事先盡力防止犯罪發生，具有預防犯罪之功能。所謂盡合理防止行為，係指法人或自然人應有積極、具體、有效之違法防止措施，並非僅要求一般性、抽象性之宣示性規範。而採取必要之防止措施，係指該防止違法措施，客觀上足認為係屬必要之措施，倘僅採取一般性、抽象性之注意、警告措施，則未盡合理防止行為，而應要有足以有效防止違法行為發生之具體措施。例如，雇用人與受雇人簽訂聘僱契約書，固有約定受雇人不得將前雇用人之機密資料洩露或使用予雇用人或於工作中使用。然此僅為一般性、抽象性之宣示性規範，並非積極、具體及有效之防止行為。雇用人應有後續實質管理動

作，以盡合理之監督管理責任[100]。

六、侵害營業秘密罪與刑法之關係

(一)特別刑法

本說認為行為人不法取得或洩漏營業秘密之行為，同時該當營業秘密法第13條之1一般侵害營業秘密罪、刑法第317條以下洩漏工商秘密罪及刑法第359條無故取得電磁紀錄罪，因營業秘密法具有特別刑法之性質，故應僅論以一般侵害營業秘密罪。

(二)法條競合關係

本說認為因營業秘密法第13條之1與刑法第317條洩漏工商秘密罪保護法益相同，且洩漏工商秘密罪完全涵蓋於營業秘密法第13條之1之範圍，兩者應屬法條競合關係[101]。

(三)營業秘密與工商秘密之關係

1.工商秘密之定義

所謂工商秘密，係指工業上或商業上之秘密事實、事項、物品或資料，而不公開者，其重經濟效益保護。故工業或商業上之發明或經營計畫具有不公開之性質者，舉凡工業上之製造秘密、專利品之製造方法、商業之營運計畫、企業之資產負債情況及客戶名錄等事項，就工商營運利益屬不能公開之資料，均屬工商秘密[102]。秘密性之要求，並非僅由當事人之主觀認知為斷，仍須以客觀事實認定該等資訊，未曾以一般人可輕易得知之方式公開，或他人無法透過一般方式得知，始足當之。

2.營業秘密與工商秘密不同

本說認為刑法第317條規定之工商秘密定義，一般認為係工業或商業

---

[100] 智慧財產及商業法院109年度刑智上重訴字第4號刑事判決。

[101] 謝宛蓁，我國營業秘密法制及爭議問題介紹——以刑事責任為中心，智慧財產權月刊，178期，2013年10月，頁22。

[102] 林山田，刑法各罪論（上），自版，增訂4版，2004年1月，頁285。

之發明或經營計畫而具有不公開之性質者，舉凡工業上之製造秘密、專利品之製造方法、商業之營運計畫、企業之資產負債情況及客戶名錄等，就工商營運利益而言，屬不能公開之資料，均屬本罪所應加以保護之工業秘密。自工商秘密之定義以觀，僅需具有不公開性質之要件，並不需具有經濟價值性，而依據營業秘密法第2條規定，營業秘密必須有經濟價值性，始符合營業秘密之定義而受營業秘密法之保護，故營業秘密並不相等工商秘密[103]。參諸刑法草擬與修正當時之立法背景而言，營業秘密一詞未必存在，刑法上之工商秘密，其範圍有可能大於營業秘密，況依當時制定該法之意旨，在於保護工商秘密。將工商秘密與營業秘密畫上等號，或全然否同之作法，則非妥適[104]。申言之，侵害營業秘密之刑責遠高於工商秘密罪，基於刑責相當性原則，工商秘密與營業秘密之實質內涵不同，工商秘密之門檻不必如營業秘密高，其客觀範圍應大於營業秘密。營業秘密法之營業秘密，限於非一般涉及該類資訊之人所知者，採業界標準。而工商秘密僅須資訊所有人之秘密不欲他人知悉，且確實為他人所不知即可，構成工商秘密不採業界標準。營業秘密須滿足所有人已採取合理之保密措施要件，而工商秘密罪係處罰依法令或契約持有工商秘密而無故洩漏者，僅須所有人主觀上將該等資訊當作秘密加以保護，客觀上使依法令或依契約持有該資訊者能知悉此為所有人之工商秘密，且實際上所有人之保密作為已使得該等資訊確實未經公開，即足當之[105]。

(四)蒐集與保全證據

　　營業秘密法增訂刑罰規定後，有關營業秘密之案件可適用刑事程序，有別於須自力救濟蒐證之民事程序，故將會有國家公權力介入調查，可在偵查程序中使用強制處分權，用以蒐集、保全證據。營業秘密法第13條

---

[103] 林志潔，我國營業秘密法刑罰化之評析，台灣法學雜誌，248期，2014年5月15日，頁62至63。

[104] 智慧財產及商業法院100年度刑智上訴字第14號刑事判決。

[105] 智慧財產及商業法院107年度智上訴字第1號、106年度刑智上訴第17號刑事判決。

之1之刑度，僅有5年以下有期徒刑或拘役，不符合通訊保障及監察法第5條得聲請通訊監察書之要件，2014年1月增訂通訊保障及監察法第5條第1項第16款，雖使營業秘密法第13條之2之境外犯罪，得以聲請通訊監察書，惟在境內之營業秘密犯罪，仍無法適用[106]。

捌、美國經濟間諜法

一、經濟間諜活動罪

美國經濟間諜法第1831節規定，任何人意圖或知曉其侵犯行為，將有益於任何外國政府，外國機構或外國代理人，而有下列故意行為：(一)偷竊或未經授權占有、持有、奪取或隱匿；或以詐術、欺騙獲得營業秘密；(二)未經授權拷貝、複製、記述、描繪、攝影、下載、上載、轉換、毀損、影印、重製、傳送、交付、送達、郵寄、通訊或輸送營業秘密；(三)收受、購買或持有營業秘密，且知悉相同營業秘密者，係未經授權而被偷竊、占有、獲得或轉換。行為人或其共犯既遂或未遂，處50萬美元以下之罰款或15年以下有期徒刑，或兩者併科。任何組織有上揭犯行，處1,000萬美元以下之罰款[107]。

---

[106] 林志潔，我國營業秘密法刑罰化之評析，台灣法學雜誌，248期，2014年5月15日，頁66。

[107] Sec. 1831. Economic espionage: (a) In General.-Whoever, intending or knowing that the offense will benefit any foreign government, foreign instrumentality, or foreign agent, knowingly-(1) steals, or without authorization appropriates, takes, carries away, or conceals, or by fraud, artifice, or deception obtains a trade secret; (2) without authorization copies, duplicates, sketches, draws, photographs, downloads, uploads, alters, destroys, photocopies, replicates, transmits, delivers, sends, mails, communicates, or conveys a trade secret; (3) receives, buys, or possesses a trade secret, knowing the same to have been stolen or appropriated, obtained, or converted without authorization; (4) attempts to commit any offense described in any of paragraphs (1) through (3); or (5) conspires with one or more other persons to commit any offense described in any of paragraphs (1) through (3), and one or more of such persons do any act to effect the object of the conspiracy, shall, except as provided in

二、竊取營業秘密罪

美國經濟間諜法第1832節規定，任何人意圖侵占營業秘密，而該秘密係相關或包括於州際或外國貿易所製造或儲存之商品，而為所有人之外任何人之經濟利益，且意圖或知曉其犯行將損傷營業秘密所有人，而有下列故意：(一)偷竊、未經授權占有、持有、奪取或隱匿；或以詐術、欺騙獲得此等資訊；(二)未經授權拷貝、複製、記述、描繪、攝影、下載、上載、轉換、毀損、影印、重製、傳送、交付、送達、郵寄、通訊或輸送此等資訊；(三)收受、購買或持有此等資訊，且知悉相同資訊，係未經授權而被偷竊、占有、獲得或轉換。行為人或共犯既遂或未遂，處罰款或10年以下有期徒刑或併科。任何組織有上揭任何罪行，處500萬美元以下之罰款[108]。

---

subsection (b), be fined not more than $500,000 or imprisoned not more than 15 years, or both. (b) Organizations.-Any organization that commits any offense described in subsection (a) shall be fined not more than $10,000,000. 2014年7月15日參閱經濟部智慧財產局網站http://www.tipo.gov.tw/ct.asp?xItem=155711&ctNode=6743&mp=1

[108] Sec. 1832. Theft of trade secrets: (a) Whoever, with intent to convert a trade secret, that is related to or included in a product that is produced for or placed in interstate or forcign commerce, to the economic benefit of anyone other than the owner thereof, and intending or knowing that the offense will, injure any owner of that trade secret, knowingly-(1) steals, or without authorization appropriates, takes, carries away, or conceals, or by fraud, artifice, or deception obtains such information; (2) without authorization copies, duplicates, sketches, draws, photographs, downloads, uploads, alters, destroys, photocopies,replicates, transmits, delivers, sends, mails, communicates, orconveys such information; (3) receives, buys, or possesses such information, knowing the same to have been stolen or appropriated, obtained, or converted without authorization; (4) attempts to commit any offense described in paragraphs (1) through (3); or (5) conspires with one or more other persons to commit any offense described in paragraphs (1) through (3), and one or more of such persons do any act to effect the object of the conspiracy, shall, except as provided in subsection (b), be fined under this title or imprisoned not more than 10 years, or both. (b) Any organization that commits any offense described in subsection (a) shall be fined not more than $5,000,000. 2014年7月15日參閱經濟部智慧財產局網站

玖、例題解析

一、利用電腦洩漏業務上知悉工商秘密罪

　　所謂工商秘密者，係指工業或商業上之發明或經營計畫具有不公開之性質，A公司所擁有之客戶資料，其為A公司商業經營計畫具有不公開之性質有實際或潛在之經濟價值等特性，且A公司已採取要求甲簽署員工保密條款之保密措施，是客戶資料自屬工商秘密。甲與A公司所締結之契約即員工保密條款，具有保守此工商秘密之義務，甲將該工商秘密洩漏予B公司牟利，而違背保密之義務，自有犯罪故意。核甲之所為，係犯刑法第317條之洩漏工商秘密罪，甲係以電腦或其相關設備而犯之，依同法第318條之2規定，應加重其刑至1／2[109]。

二、洩漏職務上知悉工商秘密罪

　　刑法第318條妨害秘密罪，以行為人有積極洩密行為，且所洩漏之秘密係屬工商秘密為要件。所謂工商秘密，係指工業或商業上之發明或經營計畫具有不公開之性質。因加油站設置管理規則規定同一直轄市、縣（市）內，其與同一路線系統之道路同側，既有或先申請之加油站入口臨街面地界，至少應有500公尺以上之距離。是在某一地區經營加油站，自有其地域優先性，而此優先涉及土地承租租金與設計規劃費用支出，此經營計畫自非公開訊息，自屬工商秘密。丙之加油站申請案位置與丁申請之加油站位置，兩者相距在500公尺內，足見兩案具有競爭關係，其申請先後順序關係商業利益甚鉅，是否已提出申請或申請內容，依競爭關係而言，自屬營業上應秘密之事項。乙擔任C市政府都市發展局技佐，負責C市農業區土地使用審查業務，係依據法令從事公務之人員，乙職務上持有丙提出加油站申請案，明知競爭者間有相關利害關係，竟將行政機關尚未

作成意思決定之人民申請書內容,提供予申請設立加油站之同行丁知悉,使丁瞭解申請書之內容,致後來居上而先取得土地使用證明,乙有故意洩漏因職務持有他人秘密。乙將丙申請加油站之工商秘密洩漏於丁知悉,核乙所為,係犯刑法第318條規定,公務員無故洩漏因職務持有他人之工商秘密罪[110]。

三、重製有著作權之營業秘密

擅自以重製之方法侵害他人之著作財產權者,處3年以下有期徒刑、拘役,或科或併科新臺幣75萬元以下罰金(著作權法第91條第1項)。著作僅供個人參考或合理使用者,不構成著作權侵害(第4項)。準此,戊未經營業秘密所有人之同意,倘無著作之合理使用事由(著作權法第44條至第66條),或僅供個人使用者,其以電腦重製之方法取得具有著作權之營業秘密,戊之行為屬重製他人著作之行為,應成立單純侵害重製罪[111]。

四、侵害營業秘密罪與業務侵占罪

依營業秘密法規定,僅須因法律行為,倘僱傭關係取得營業秘密而洩漏者,即為侵害營業秘密,不以發生實害結果為必要[112]。A公司與B公司訂有技術合作契約,由B公司出售車床設備與A公司,A公司之工程師甲因職務關係,派至B公司學習新車床技術,甲因與A公司之僱傭關係,取得新車床技術之營業秘密,並負有保密與競業禁止之義務。甲學習完成後,雖將其所習技術作成書面資料交與A公司,然辭職另至C公司任職,將該新車床技術用於C公司之生產線,甲之行為同時侵害A與B公司之營

---

[110] 臺灣高等法院臺南分院93年度上易字第19號刑事判決。

[111] 林洲富,著作權法案例式,五南圖書出版股份有限公司,2023年8月,6版1刷,頁225。

[112] 最高法院97年度台上字第968號民事判決

業秘密[113]。準此，甲持有營業秘密，未經授權使用新車床技術之營業秘密，應成立營業秘密法第13條之1第1項第2款之侵害營業秘密罪。因甲係基於業務關係持有該營業秘密，應依想像競合犯，從一重之業務侵占罪論斷[114]。

五、境外侵害營業秘密罪

A電子公司董事長甲委託其公司工程師乙修理個人電腦，乙因修理電腦之原因，為避免電腦存儲之檔案遭銷毀或刪除，其自甲之電腦備份A電子公司有關設備生產資料之營業秘密，應屬修理電腦之正當行為，雖不成立侵害營業秘密。然乙修理甲之電腦完畢，經甲告知乙應刪除該營業秘密，足認乙無權使用。準此，乙意圖在大陸地區使用之，故意不刪除該營業秘密，乙之行為成立營業秘密法第13條之2第1項之境外侵害營業秘密罪。

六、侵害營業秘密之兩罰主義

擅自以重製之方法侵害他人之著作財產權者，處3年以下有期徒刑、拘役，或科或併科新臺幣75萬元以下罰金（著作權法第91條第1項）。著作僅供個人參考或合理使用者，不構成著作權侵害（第4項）。準此，甲為A公司之負責人未經營業秘密所有人之同意，倘無著作之合理使用事由（著作權法第44條至第66條），或非供個人使用者，擅自以重製之方法取得具有著作權之營業秘密，甲之行為屬重製他人著作之行為，除應成立單純侵害重製罪外[115]，亦成立營業秘密法第13條之1第1項第1款之擅自使用重製之營業秘密罪，其為想像競合犯，從一重之侵害營業秘密罪論斷。

---

[113] 臺灣高等法院臺中分院89年度重上字第101號民事判決。

[114] 張靜，營業秘密法及相關智慧財產問題，經濟部智慧財產局，2014年2月，頁507。

[115] 林洲富，著作權法案例式，五南圖書出版股份有限公司，2023年8月，6版1刷，頁225。

而甲為A公司之負責人，因執行業務犯營業秘密法第13條之1第1項第1款之罪，亦應對A公司科以該條之罰金（營業秘密法第13條之4本文）。

拾、相關實務見解——管轄錯誤

一、上訴不可分之原則

無管轄權之案件，應諭知管轄錯誤之判決，並同時諭知移送於管轄法院（刑事訴訟法第304條）。並依同法第364條規定，為第二審之審判所準用。而上訴得對於判決之一部為之；未聲明為一部者，視為全部上訴。對於判決之一部上訴者，其有關係之部分，視為亦已上訴（刑事訴訟法第348條第1項、第2項）。所謂有關係之部分，係指犯罪事實具實質上一罪或裁判上一罪關係者，依上訴不可分之原則，就其中一部上訴之效力及於全部而言。所謂單一性案件，係指事實上一罪及法律上一罪之案件。法律上一罪，包含裁判上一罪之想像競合犯，暨實質上一罪之接續犯、吸收犯、結合犯、加重結果犯等案件，在審判上均屬不可分割，因審判不可分之關係，依刑事訴訟法第348條第2項規定，對於判決之一部上訴，原則上與其有關係之部分，視為已上訴，犯罪事實之全部均發生移審效力[116]。

二、智慧財產及商業法院管轄範圍

上訴人雖於刑事自訴狀分述被告有擅自重製、使用並洩漏上訴人公司之營業秘密及變造零件訂料單向蘋果日報爆料等二犯罪事實，惟兩者基礎事實並非同一，行為個別，彼此間並無實質上一罪或裁判上一罪關係，非屬事實上一罪或法律上一罪之單一性案件，二犯罪事實於審判上，並非不能分割，應不具審判不可分之關係，僅就判決之一部上訴，其上訴之效力，自不及於非屬單一性案件之他部，地方法院審理後，認依上訴人所提

---

[116] 最高法院99年度台上字第4192號刑事判決。

之證據，均不能證明被告犯罪，而為無罪之諭知，上訴人僅就被告涉犯變造私文書罪及誹謗罪部分聲明上訴，而未就被告違反營業秘密法經地方法院為無罪諭知部分聲明上訴。足認被告被訴違反營業秘密法部分，自非上訴效力所及，而被告被訴涉犯刑法第210條、第216條之行使變造私文書罪及刑法第310條之誹謗罪，非智慧財產及商業法院組織法第3條第2款所列屬智慧財產及商業法院所管轄之刑事案件，上訴人就行使變造私文書罪及誹謗罪部分提起上訴，應屬臺灣高等法院管轄，非屬智慧財產及商業法院管轄之第二審刑事案件。準此，本件管轄錯誤，移送臺灣高等法院。

第五章

競業禁止

目　次

關鍵詞：損害賠償、僱傭契約、比例原則、誠信原則、定型化契約、
　　　　不公平競爭、勞動基準法

　　雇主為避免受僱人離職後，將營業秘密外洩，通常雇主會要求受僱人簽訂保密條款外，受僱人於離職後，在一定期間，不得為自己或他人從事或經營與前雇主競爭之相關工作，以保護雇主之權益及避免不公平競爭之發生。準此，雇主與受僱人有簽訂保密約定與競業禁止約定，對雇主之營業秘密，具有雙重保障機制[1]。

第一節　競業禁止之約款

　　競業禁止約定不違背憲法保障人民工作權之精神，倘未違反其他強制規定，且與公共秩序無關，應承認競業禁止約款之有效性，以維護公平競爭之秩序。

例題23

　　甲為A電子公司之職員，甲與A電子公司簽訂競業禁止契約，其中約定甲離職後2年內，不得從事相同或類似工作。試問甲之就業範圍，是否應受該競業禁止契約之拘束？

壹、定　義

　　所謂競業禁止約款，係指事業單位為保護其商業機密、營業利益或維持其競爭優勢，要求特定人與其約定於在職期間或離職後之一定期間、區域內，不得受僱或經營與其相同或類似之業務工作。基於契約自由原則，此項約款倘具必要性，且所限制之範圍未逾越合理程度而非過當，當事人即應受該約定之拘束[2]。

---

[1] 最高法院107年度台上字第1672號民事判決。
[2] 最高法院103年度台上字第793號、第1984號民事判決。

貳、立法例

一、我國立法例

(一)競業禁止之法源

　　競業禁止義務分為約定義務與法定義務：1.約定義務係指競業禁止條款，乃雇主與其受僱人約定，受僱人於雙方契約關係存續期間內或契約關係消滅後之一定期間內，不得從事與其原來在雇主處所負責之相同或類似之業務。倘受僱人違反，應對雇主負損害賠償責任；2.法定義務係我國現行法有關競業禁止之規定，主要民法、公司法、勞動契約法及勞動基準法等有關代辦商、經理人、無限責任股東、董事、勞動者及勞工在任職期間之競業禁止規定。

1.民法之經理人或代辦商

　　經理人或代辦商，非得商號允許，不得為自己或第三人經營同類業務或為同類事業公司無限責任股東（民法第562條）。違反民法第562條者，其商號得行使介入權，請求因其行為所得之利益，作為損害賠償（民法第563條第1項）。介入請求權，自商號知有違反行為時起，經過2個月或自行為時起，經過1年不行使而消滅（第2項）。

2.公司法之經理人、無限責任股東及董事

　　公司法規定經理人、無限責任股東及董事之競業禁止，違反規定者，公司可對無限責任股東及董事行使歸入權（公司法第32條、第54條、第108條、第115條、第209條）。

(1)經理人

　　經理人不得兼任其他營利事業之經理人，並不得自營或為他人經營同類之業務。但經依第29條第1項規定之方式同意者，不在此限[3]。再者，因

---

[3] 公司法第29條第1項規定：公司得依章程規定置經理人，其委任、解任及報酬，依下列規定定之。但公司章程有較高規定者，從其規定：1.無限公司、兩合公司須有全體無限責任股東過半數同意。2.有限公司須有全體股東過半數同意。3.股份有限公司應董事會以董事過半數之出席，暨出席董事過半數同意之決議行之。

公司經理人違反公司法第32條之競業禁止規定，其所爲之競業行爲並非無效，公司法未規定其效果，故應適用民法第563條規定，請求經理人將因其競業行爲所得之利益，作爲損害賠償[4]。

(2)無限責任公司股東

無限責任公司股東非經其他股東全體之同意，不得爲他公司之無限責任股東，或合夥事業之合夥人（公司法第54條第1項）。執行業務之股東，不得爲自己或他人爲與公司同類營業之行爲（第2項）。執行業務之股東違反前項規定時，其他股東得以過半數之決議，將其爲自己或他人所爲行爲之所得，作爲公司之所得。但自所得產生後逾1年者，不在此限（第3項）。

(3)董事

有限公司董事爲自己或他人爲與公司同類業務之行爲，應對全體股東說明其行爲之重要內容，並經2／3以上股東同意（公司法第108條第3項）。股份有限公司董事爲自己或他人爲屬於公司營業範圍內之行爲，應對股東會說明其行爲之重要內容並取得其許可（公司法第209條第1項）。董事違反競業禁止之規定，爲自己或他人爲該行爲時，股東會得以決議，將該行爲之所得視爲公司之所得。但自所得產生後逾1年者，不在此限（第4項）。

3.勞動契約法之勞動者

勞動契約，得約定勞動者於勞動關係終止後，不得與雇方競爭營業。但以勞動者因勞動關係得知雇方技術上秘密而對於雇方有損害時爲限（勞動契約法第14條第1項）。前項約定，應以書面爲之，對於營業之種類地域及時期，應加以限制（第2項）。雇方對勞動者，倘無正當理由而解約時，其禁止競爭營業之約定失其效力（勞動契約法第15條）。因勞動契

---

[4] 最高法院81年度台上字第1453號民事判決。

約法尚未施行，故無法作為真正法定競業禁止之依據[5]。

4.勞動基準法之勞工

未符合下列規定者，雇主不得與勞工為離職後競業禁止之約定：(1)雇主有應受保護之正當營業利益（勞動基準法第9條之1第1項第1款）；(2)勞工擔任之職位或職務，能接觸或使用雇主之營業秘密（第2款）；(3)競業禁止之期間、區域、職業活動之範圍及就業對象，未逾合理範疇（第3款）；(4)雇主對勞工因不從事競業行為所受損失，有合理補償（第4款）。第1項第4款所定合理補償，不包括勞工於工作期間所受領之給付（第2項）。違反第1項各款規定之一者，其約定無效（第3項）。離職後競業禁止之期間，最長不得逾2年。逾2年者，縮短為2年（第4項）。

5.人力派遣公司

雖由人力派遣公司負責招聘人員前往各要派公司工作，然勞動契約存在於人力派遣公司與被派遣勞工間，被派遣勞工實際在要派公司指定之場所工作，並非人力派遣公司，倘人力派遣公司與被派遣勞工約定競業禁止約款，在判斷有無值得保護利益時，而藉以限制競業範圍時，究竟是以人力派遣公司為主，抑是以要派公司為主，值得探討。本文認為應是以人力派遣公司，有無值得保護利益為準，其理由在於勞動契約係成立於人力派遣公司與被派遣勞工間，人力派遣公司僅是本於與要派公司間之契約，命其所屬被派遣勞工前往要派公司提供勞務，故人力派遣公司與被派遣勞工約定競業禁止時，應以被派遣勞工是否接觸人力派遣公司所有值得保護利益，為首要要件，所限制競業範圍應以此項利益為標準，不得限制被派遣勞工不得從事於要派公司業務[6]。

---

[5] 詹森林，競業禁止及保密條款契約實務，經濟部智慧財產局，2006年4月，頁17。

[6] 王偉霖，營業秘密法理論與實務，元照出版有限公司，2017年10月，修訂2版1刷，頁233至235。臺灣高雄地方法院105年度訴字第519號民事判決。

(二)實務見解

1.工作權非絕對權利

我國最高法院認為雇主及受雇人間之競業禁止約定，並不違背憲法保障人民工作權之精神，倘未違反其他強制規定，且與公共秩序無關，應承認競業禁止約款之有效性。詳言之，人民之生存權、工作權及財產權應予保障，係國家對人民應盡之保護義務，並非私人間之義務（憲法第15條）。而人民之工作權並非絕對之權利，此觀諸憲法第23條規定而自明。是雇主顧慮其員工離職後，洩漏其業務之秘密或相關資訊，通常於員工任職公司之初，要求員工簽訂競業禁止之約款，約定於離職日起若干期間不得從事與雇主同類之工作或提供相關資訊，倘離職員工違反約定者，則應負損害賠償責任。該項競業禁止之約定，雖附有一定期間內，不得從事工作種類上之限制，然經員工本人之同意，自與憲法保障人民工作權之意旨，不相違背，亦未違反其他強制規定，並與公序或良俗無關。準此，競業禁止之約定，應屬有效成立[7]。

2.合理補償

受雇人於僱傭關係存續中因參與對雇用人之顧客、商品來源、製造或銷售過程等機密，而此類機密之運用，對僱用人可能造成危險或損失，乃經由雙方當事人協議，而於僱傭關係終止後，受雇人於一定期間內，不得從事與原雇主相同或同類公司或廠商之工作。倘限制範圍明確、合理及必要者，且受雇人因此項限制所生之損害，曾受有合理之填補，基於契約自由原則，應認競業禁止之約定為合法有效。再者，受雇人違反競業禁止約款而應支付違約金時，該違約金本應推定為損害賠償額之預定。此項約定是否相當，法院即應依一般客觀事實、社會經濟狀況及當事人所受損害、利益等情，依職權為衡酌，無待受雇人請求核減（民法第252條）[8]。

---

[7] 最高法院75年度台上字第2446號、89年度台上字第1906號、94年度台上字第1688號民事判決。

[8] 最高法院99年度台上字第599號民事判決。

3.必要性與合理性

(1)必要性

所謂競業禁止約款，係指事業單位為保護其商業機密、營業利益或維持其競爭優勢，要求特定人與其約定於在職期間或離職後之一定期間、區域內，不得受雇或經營與其相同或類似之業務工作。基於契約自由原則，倘此項約款具必要性，且所限制之範圍未逾越合理程度而非過當，當事人應受該約定之拘束[9]。申言之，競業禁止條款訂定目的，在於限制受雇人離職後轉業之自由，防止其離職後於一定期間內，至雇主競爭對手任職或自行經營與雇主相同或近似之行業。

(2)合理性

競業禁止契約為民法第247條之1規範之附合契約，對離職之受雇人而言，係屬拋棄權利或限制其行使權利。因競業禁止之約定，係雇主為免受雇人於任職期間，所獲得其營業上之秘密或與商業利益有關之隱密資訊，遭受雇人以不當方式揭露在外，造成雇主利益受損，而與受雇人約定在任職期間及離職一定期間內，不得利用於原雇主服務期間，所知悉之技術或業務資訊為競業之行為。關於離職後競業禁止之約定，其限制之時間、地區、範圍及方式，在社會一般觀念及商業習慣上，可認為合理適當，且不危及受限制當事人之經濟生存能力，其約定始為有效[10]。

二、德國立法例

德國商法（HGB）第74條之8規定，雇主與受雇人間就僱傭關係終止後，對於受雇人於產業活動中之競業禁止合意，必須以書面為之。且雇主於競業禁止期間，每年至少應支付受雇人離職前1年之年收入之1／2作為

---

[9] 最高法院103年度台上字第1984號民事判決；程法彰，離職後競業禁止約定與契約自由的兩難——兼論最高法院103年度台上字第1984號民事判決所顯示的意義，萬國法律，210期，2016年12月，頁63。

[10] 最高法院103年度台上字第793號民事判決。

補償費用。準此，德國商法以書面及相當之補償金給付，作為競業禁止約款之生效要件[11]。

三、美國立法例

美國聯邦法律並未就競業禁止約款之效力作統一規定，僅少數州有立法規範。例如，加州商業及職業法第16600條規定，除別有規定外，原則上任何約定競業禁止之契約，均為法律所禁止。所謂別有規定者，係指同法第16601條規定，經允許之讓售商號或公司股份時，得附帶簽訂禁止競業契約[12]。至於未立法規範之州，依據普通法（common law）之法理，由法院之判例拘束相關行為。準此，美國法院考慮競業禁止約款之合理性，應衡量前雇主之保護利益、受雇人之工作權利及公共利益，並參諸競業禁止約款之時間、地域及工作性質等因素，以作為判斷合理性之基準。在美國法院認定競業條款是否有效成立，有無補償條款，為重要之判斷基準。

---

[11] 張凱娜，競業禁止與營業秘密之保護，月旦法學雜誌，20期，1997年1月，頁71至72。

[12] California Business & Profession Code 16600 (2004): Except as provided in this chapter, every contract by which anyone is restrained from engaging in a lawful profession, trade, or business of any kind is to that extent void. Cal Bus & Prof Code 16601：Any person who sells the goodwill of a business, or any owner of a business entity selling or otherwise disposing of all of his or her ownership interest in the business entity, or any owner of a business entity that sells (a) all or substantially all of its operating assets together with the goodwill of the business entity, (b) all or substantially all of the operating assets of a division or a subsidiary of the business entity together with the goodwill of that division or subsidiary, or (c) all of the ownership interest of any subsidiary, may agree with the buyer to refrain from carrying on a similar business within a specified geographic area in which the business so sold, or that of the business entity, division, or subsidiary has been carried on, so long as the buyer, or any person deriving title to the goodwill or ownership interest from the buyer, carries on a like business therein.

參、補償條款與競業禁止

一、補償條款之必要性

　　競業禁止約款通常為定型化條款，雇主居於經濟上之優勢地位，限制受雇人於一定期間及特定區域內，無法從事本身所專長之工作，其對於受雇人離職後之生活及工作權，影響甚鉅。基於競業禁止約款之主要目的，係防止營業秘密之洩漏，侵害雇主之權利。故受雇人故意侵害營業秘密，依據侵害情節，雇主得請求法院命受雇人賠償損害額之3倍內之懲罰性損害（營業秘密法第13條第2項）。足徵營業秘密法對雇主已有相當程度之保護。衡諸競業禁止之目的及手段之比例性，受雇人固不得洩漏營業秘密。然雇主不應將保密之義務全部歸由受雇人負責。是雇主提供補償條款與否，應作為認定競業條款是否有效成立之要件，始能達成衡平。至於補償金額之數額，應視產業特性、職位及技能等因素，在具體個案中加以認定。

二、定型化契約

(一)定型化契約條款之定義

　　所謂定型化契約條款，係指企業經營者或當事人一方，為與多數相對人或另一方訂立同類契約之用，所提出預先擬定之契約條款。定型化契約條款不限於書面，其以放映字幕、張貼、牌示、網際網路、或其他方法表示者，亦屬之。準此，締約之一方之契約條款已預先擬定，他方僅能依該條款訂立契約，是定型化契約應受衡平原則限制，就受不締約之不利益，適用衡平原則之法理，以排除不公平之單方利益條款，避免居於經濟弱勢之一方無締約之可能，而忍受不締約之不利益，縱使他方接受該條款而締約，仍應認違反衡平原則而無效，以符合平等互惠原則[13]。

---

[13] 最高法院93年度台上字第710號、96年度台上字第1246號民事判決。

(二)顯失公平約定無效

競業禁止通常為雇主預定用於同類僱傭契約之條款而訂定之契約，論其性質應為定型化契約，倘該競業禁止約款所約定之內容，有如後情形之一者，而顯失公平者，該部分約定無效（民法第247條之1第1款至第4款）：1.免除或減輕雇用人之責任；2.加重受雇人之責任者；3.使受雇人拋棄權利或限制其行使權利者；4.對於受雇人有重大不利益者等情事，所謂「免除或減輕預定契約條款之當事人之責任者」、「使他方當事人拋棄權利或限制其行使權利者」，係指一方預定之該契約條款，為他方所不及知或無磋商變更之餘地，始足當之。所謂按其情形顯失公平者，係指依契約本質所生之主要權利義務，或按法律規定加以綜合判斷，有顯失公平之情形而言[14]。準此，僅單方課以受雇人競業禁止之義務，而雇主未給付受雇人，在薪資以外之相當補償，其對於受雇人離職後之生活與工作權，則有重大不利益之影響，該競業禁止條款，對於受雇人顯失公平，應屬無效。實務上有關競業禁止之案例，常以定型化競業禁止條款有效與否，成為訴訟之主要爭議。因縱使競業禁止約款已經當事人合意，並不違反強制或公序良俗，然有上揭無效事由存在，受雇人自不受競業禁止約款之拘束。

肆、例題解析——競業禁止之有效性

甲為A電子公司之職員，A電子公司為避免甲知悉公司營業秘密而於離職後為不公平之競爭，當事人於事先簽訂競業禁止契約，約定甲於特定時間、地點不得從事與公司相同或類似之行業。依據我國實務之見解，人民之生存權、工作權及財產權應予保障，係國家對人民之保護義務，而人民之工作權亦非絕對之權利（憲法第15條、第23條）。是人民之生存權、工作權及財產權，係國家對人民之保護義務，並非私人間之權利義

---

[14] 最高法院102年度台上字第2017號民事判決。

務，倘競業禁止約款具有合理性，自屬有效。準此，該項競業禁止之約定2年期間及禁止工作內容，均屬於合理範圍內（勞動基準法第9條之1第1項）。除未違反憲法之工作權保障外，亦未違反其他強制規定，並與公序或良俗無關。故競業禁止之約定，應屬有效成立，甲自應受其同意之契約拘束。

伍、相關實務見解——營業秘密與競業禁止

營業秘密為智慧財產權之一環，為保障營業秘密，維護產業倫理與競爭秩序，調和社會公共利益，故有以專法規範之必要（營業秘密法第1條）。因營業秘密具相當之獨占性及排他性，且關於其保護並無期間限制，在其秘密性喪失前，倘受有侵害或侵害之虞，被害人得依營業秘密法第11條第1項規定請求排除或防止之，此項請求權不待約定，即得依法請求。競業禁止約款之目的，係雇主為保護其商業機密、營業利益或維持其競爭優勢，而與受雇人約定於在職期間或離職後之一定期間、區域，不得受雇或經營與其相同或類似之業務。此類約款須具必要性，且所限制之範圍未逾越合理程度而非過當，當事人始受拘束，兩者保護之客體、要件及規範目的非盡相同。準此，企業為達保護其營業秘密之目的，雖有以競業禁止約款方式，限制離職員工之工作選擇權，惟不因而影響其依營業秘密法第11條第1項規定之權利。倘其營業秘密已受侵害或有侵害之虞，而合理限制離職員工之工作選擇，亦為排除或防止該侵害之必要方法，縱使於約定之競業禁止期間屆滿後，雇主仍得行使排除或防止侵害營業秘密請求權[15]。

---

[15] 最高法院104年度台上字第1589號民事判決；智慧財產及商業法院102年度民營上字第3號民事判決。

第二節　競業禁止之判斷基準

　　企業或雇主通常為僱傭契約或委任契約之較強勢一方當事人，實際上得單方決定競業禁止之內容。準此，法院於具體個案，自有調整或限制競業禁止之必要，參酌企業法律利益之保護必要、員工擔任之職務與地位、限制就業範圍、競業禁止之代償措施及誠信原則等標準，建立判斷競業禁止之合理基準[16]。再者，起訴或上訴僅為競業禁止之法律關係，並無營業秘密法律關係，該民事事件為勞動事件，應由普通法院管轄[17]。

例題24

　　甲原為A公司之襄理，掌握公司產業銷售、市場分布、市場競爭及客戶資料等重要營業秘密，甲與A公司簽訂保密契約，其中約定甲離職後2年內，不得從事相同或類似工作，如有違反者，應賠償甲任職於A公司期間之2倍薪資。甲離職2年內後至A公司之競爭對手B公司，擔任性質類似業務之主管職務。試問A公司是否得依競業禁止契約，請求違約之賠償？

例題25

　　勞工或員工在原雇主或公司之職務及地位，倘無特別技能、技術且職位較低，非企業之主要營業幹部，而處於弱勢之勞工，其離職後至相同或類似業務之企業任職。試問離職勞工或員工，是否應受競業禁止約定之拘束？

---

[16] 蔡瑞麟，論離職後競業禁止契約之獨立性，國立臺灣大學社會科學院國家發展研究院碩士論文，2014年3月，頁150。

[17] 智慧財產及商業法院102年度民營上易字第2號民事裁定。

例題26

> 　　乙為T電子公司之法務經理，乙與T公司簽訂保密契約與競業禁止契約。試問乙為T電子公司之法務經理，違反保密契約與競業禁止契約之義務，T電子公司應向何法院起訴，請求乙負違反契約與侵權之損害賠償責任？

壹、建立判斷基準

一、經理人及董事

　　所謂委任者，係指委任人委託受任人處理事務之契約而言。委任之目的，在一定事務之處理。故受任人給付勞務，僅為手段，除當事人另有約定外，得在委任人所授權限範圍內，自行裁量決定處理一定事務之方法，以完成委任之目的。委任關係間之競業禁止條款之存在，是否有正當性，自我國民法第562條及公司法第32條、第209條規定觀之，經理人不得兼任其他營利事業之經理人，並不得自營或為他人經營同類之業務。而董事為自己或他人為屬於公司營業範圍內之行為，應對股東會說明其行為之重要內容並取得其許可。準此，我國法制承認就經理人及董事競業禁止之合法性。

二、一般員工

　　所謂僱傭者，係指受僱人為僱用人服勞務之契約而言。僱傭目的在於受僱人單純提供勞務，對於服勞務之方法，並無自由裁量之餘地。準此，一般員工離職後之競業禁止，有勞動基準法第9條之1明文規範，有待學說及實務建構合理之判斷基準，作為認定競業禁止條款有效成立與否之依據。本文試圖就目前國、內外學說、實務見解及法律規定，建立基本之審

查原則[18]。

三、勞動基準法之適用

　　勞動基準法所定之勞動契約，係指當事人之一方，在從屬於他方之關係下提供職業上之勞動力，而由他方給付報酬之契約，其與委任契約之受任人，以處理一定目的之事務，具有獨立之裁量權或決策權者有別。是公司經理人於事務之處理，縱或有接受公司董事會之指示，倘為公司利益之考量，其仍可運用指揮性、計畫性或創作性，對自己所處理之事務加以影響者，其與勞動契約之受雇人，在人格上及經濟上完全從屬於雇主，對雇主之指示具有規範性質之服從，迥然不同。經理在執行職務範圍內為公司負責人，其執行職務所為之行為，直接對公司發生效力，此為法定委任代理之當然效果，不適用勞動基準法之勞動契約[19]。

貳、判斷因素

一、雇主法律利益之保護必要

　　競業禁止為與時俱進之觀念，是判斷有無競業之必要，應就個案事實加以認定。因離職後之競業禁止條款，係前雇主在勞動契約下與受雇人約定，受雇人有不使用或揭露其在前勞動契約中獲得之營業秘密或隱密性資訊之義務，其目的在使前雇主免於受雇人之競爭行為。故雇主為維護其隱密之資訊，防止員工於離職後，在一定期間內跳槽至競爭業者，並利用過去於原雇主服務期間，所知悉之技術或業務資訊而為競爭之同業服務，造成不公平競爭。為減免原雇主受不法之損害，或者防止競爭同業之惡性挖角，雇主與員工為離職禁止競爭約定，自有其必要性。準此，認定受雇人有無受競業禁止約款之拘束，自應以前雇主有依競業禁止特約保護之利益

---

[18] 林立發，競業禁止近期實務見解再釐清，萬國法律，137期，2004年10月，頁65至68。

[19] 智慧財產及商業法院106年度民營上第1號民事判決。

之存在，此因素於某程度上與民事訴訟要求之權利保護必要之要件相互結合，作為是否過度限制競業禁止之合理範圍判斷，倘雇主並無法律利益之保護必要時，該競業條款應屬無效（勞動基準法第9條之1第1項第1款、第3款）。雇主受競業禁止條款保護之正當營業利益，不限於營業秘密，凡對雇主構成企業經營或生產技術上之秘密或影響其固定客戶或供應商之虞等事項，具有商業經濟之價值資訊均包括在內[20]。

二、受雇人擔任之職務

(一)接觸或使用雇主之營業秘密

受雇人在前雇主之職務及地位，是否有機會接觸或使用雇主所有之營業秘密或相關之技術資訊，關乎有無洩漏營業秘密之能力（勞動基準法第9條之1第1項第2款）。故受雇人並無特別技能、技術層級較低或非主要營業幹部，而處於較弱勢之受雇人，縱使離職後再從事相同或類似之職務，則無妨害原雇主營業能力或洩漏營業秘密之可能，是競業禁止約款拘束該受雇人之轉業或工作之自由，對受雇人有重大不利益，其顯失公平，即屬無效（民法第247條之1第4款）。

(二)合理與公平之範圍

有鑑於受雇人與雇主簽訂競業禁止約款時，因受雇人求職心態，通常欠缺與雇主相近之等量勢力，故僅憑契約自由之規範法則，實不足以兼顧當事人之權益，是有必要採取合理之調整及規範。準此，當事人之地位越不平等者，該競業禁止之條款之正當性，則越加薄弱。倘受雇人不簽訂競業禁止條款，則無法取得工作之機會時，進而不合理加重其保持營業秘密之義務，其顯失公平，該條款之約定無效（勞動基準法第9條之1第3項；民法第247條之1第2款）[21]。例如，A公司營業項目為交通號誌器材及照

---

[20] 王佳惠，勞動基準法增訂條文第9條之1對於競業禁止規定與營業秘密保護之探討（上），司法周刊，1875期，2017年11月10日，2至3版。

[21] 李建良，競業禁止與職業自由，台灣本土法學雜誌，15期，2000年10月，頁

明設備之零售、安裝，固有值得保護之營業秘密，然涉訟員工中有非擔任
主管職務者，公司單方擬訂之競業禁止條款，均涵括所有職務之員工。就
擔任主管職務之員工而言，A公司雖得擬定競業禁止條款以資規範。惟A
公司係從事高科技產業，具有產品週期短暫之特性，產品製造銷售之方式
既易於短期內更替，競業禁止條款所約定之3年期間，其逾越合理限制範
圍，故該條款已反勞動基準法第9條之1第1項第3款、第4項規定，逾2年
期間部分應為無效[22]。

三、競業之限制內容

(一)態　樣

1.競業禁止期間

競業禁止期間有約定「在職時」及「離職後」，期間自半年至3年不
等，其中離職後之競業禁止期間，最常見者為2年，該期間之約定應屬有
效（勞動基準法第9條之1第1項第3款、第4項）[23]。

2.競業禁止地區

競業禁止地區未特別約定，即以全國各地均為禁止競業之地區[24]。故
限定某地區為競業禁止地區，自應明文約定，當事人始受拘束，否則受雇
人不得任意主張競業禁止地區僅限於某地區，除非逾越合理範疇（勞動基
準法第9條之1第1項第3款）。

3.競業禁止業務

競業禁止業務有具體約定、概括約定或例示加概括約定。例如，「任
職期間除向公司報備經核准外，其於在外之任何兼職銷售，營利投資等均
不得從事」、「倘因離職，離職之日起1年半時間內，保證不從事同公司

117。
[22] 臺灣新竹地方法院97年度訴字第669號民事判決。
[23] 最高法院93年度台上第1633號民事判決。
[24] 最高法院94年度台上第1688號民事判決。

類似或影響公司營運之產品的開發、設計、製造、銷售或其他任何直接、間接之營利與投資」、「違反者，除應負賠償責任外，其因獲利或任何投資均歸公司所有」[25]。競業禁止約定之職業活動範圍與就業對象，未逾合理範圍者，即屬合法有效（勞動基準法第9條之1第1項第3款）。

4.競業禁止補償

競業禁止補償條款為合法有效之要件。例如，「因本條競業禁止限制，致影響甲方之合理就業機會，甲方應通知乙方，由乙方斟酌甲方情形認定是否同意解除此項限制，或提供甲方適當之補償金」[26]。準此，雇主對勞工因不從事競業行為所受損失有合理補償，而合理補償不包括勞工於工作期間所受領之給付（勞動基準法第9條之1第1項第4款、第2項）。

5.違反競業禁止責任

僱傭契約得約定以受雇人薪資之一定倍數，作為懲罰性違約金。例如，乙方保證任職甲方公司期間或離職後均嚴格謹守保密義務，不得以任何方式使其他任何第三人知悉或持有甲方相關業務之任何機密，亦不得自行利用或以任何方式使其他任何第三人利用甲方相關業務之機密，乙方於甲方處正式離職後1年內，不得從事或任職與甲方相同或相類似之競爭行為或其他與甲方利益相衝突之行為及工作。倘有違反者，乙方願賠償其最新年薪總額1倍之懲罰性違約金，但總額如低於新臺幣50萬元時，以新臺幣50萬元計算[27]。

(二)比例原則

比例原則之適用範圍甚為廣泛，不限於公法之領域（行政程序法第7條）。私法關係亦有適用，其在理論上視為憲法位階之法律原則，以法律保留作為限制憲法上基本權之準則，並以比例原則作為內部之界限，其具

---

[25] 最高法院92年度台上第971號民事判決。
[26] 臺灣臺北地方法院91年度勞訴字第129號民事判決。
[27] 臺灣高等法院93年度上易字第626號民事判決。

有憲法層次之效力，故該原則拘束行政、立法及司法等行為[28]。故得以比例原則作為衡量競業限制內容，是否有效之尺度。所謂競業之限制內容，係指禁止條款規定受雇人離職之就業對象、期間、區域及職業活動等限制。雇主於合理之範圍內，當事人雖可為競業禁止之規定，惟不應逾越合理之範疇，致使受雇人處於顯然不利之情事。準此，以合理範圍作為是否有效成立之基準，誠為比例原則之具體表現。適用此基準時，應就個別之契約內容及相關情況，作綜合之觀察及審查。至於逾越合理範圍者，其效力應解釋逾越之部分無效，而並非全部無效，以兼顧雇主及受雇人之權益（民法第111條但書）[29]。

四、補償條款

(一)實質補償

所謂合理補償，係指雇主補償勞工因不從事競業行為之所受損失[30]。德國商法有規範補償條款，自比較法之觀點以觀，他山之石自可攻錯。參諸我國勞動基準法第9條之1第1項第4款、第2項有規定合理補償條款，倘欠缺合理補償條款者，應認定競業禁止條款為無效。因雇主及受雇人常就補償條款之有無及數額若干，有所爭議，是認定有無實質之補償給付，成為爭訟之重點[31]。補償措施之型態，有可能有多種類型。例如，雇主於受雇人在職期間，固將薪資部分記載為補償金，然該記載是否得視為代償措施，顯有疑義。因同時進入企業而從事相同業務之受雇人，其薪資之計算，可能有所不同，是否得就此認定薪資較高者，當然包含競業禁止之補償金。反之，薪資較低者，縱使有簽訂競業禁止條款，是否可逕行判定無實質之補償。準此，本文認為法院於具體個案，除認定合理補償不包括勞

---

[28] 最高行政法院83年度判字第2291號行政判決。
[29] 最高法院83年度台上字第1865號民事判決。
[30] 王佳惠，勞基法增訂第9條之1競業禁止規定之探討（下），司法周刊，1821期，2016年10月21日，3版。
[31] 最高法院99年度台上字第599號、101年度台上字第184號民事判決。

工於工作期間所受領之給付外（勞動基準法第9條之1第2項）。亦應審究是否有實質之補償給付，不得僅憑形式之薪資記載資料或補償條款，而認定雇主已有合理之補償措施，以減免雇主規避於補償之義務[32]。

(二)雇主之舉證責任

雇主主張雙方締結勞動契約時，曾具體商洽競業禁止補償金，並就雙方已達成競業禁止補償合意，其應負舉證責任。準此，雇主得提出記載勞雇雙方有特別約定，在職期間有提前給付補償金之書面，暨給付補償金之憑證，證明雇主有依約於受雇人在職期間，事先給付競業禁止補償金予受雇人之事實[33]。

五、誠信原則

(一)帝王條款

判斷受雇人之行為，是否違反競業禁止之約定，應以誠信原則為認定之基準。因行使權利，履行義務，應依誠實及信用方法（民法第148條第2項）。無論為法律解釋或漏洞補充，均需以誠實信用原則，作為適用法律之最高指導原則，此乃法律領域之帝王條款[34]。申言之，誠信原則於具體事件，有斟酌事件之特別情形，審酌權利義務之社會上作用，衡量當事人之利益，使法律關係臻於公平妥當之法律功能[35]。是法院判斷受雇人離職後之競業行為，應本於誠信原則，而於具體之法律關係，依據公平正義之理念，衡量前雇主及該受雇人之利益。例如，離職受雇人對原雇主之客戶、情報有大量收集或篡奪之情事，為保障該雇主之權益，該受雇人之

---

[32] 智慧財產及商業法院107年度民營上字第4號民事判決。

[33] 王佳惠，勞基法增訂第9條之1競業禁止規定之探討（上），司法周刊，1820期，2016年10月14日，3版。

[34] 姚志明，誠信原則，月旦法學雜誌，76期，2001年9月，頁113至115。誠信原則具有具體性功能、補充性功能、限制性功能及修正性功能。

[35] 最高法院82年度台上字第1654號、86年度台再字第64號民事判決。

顯著背信行為,即有課以競業禁止之必要[36]。是以誠信原則判斷離職員工之競業行為,是否有顯著違反誠信原則,屬於事實認定之問題,並非認定競業禁止約款有效成立與否之法律問題[37]。離職後員工之競業行為是否具有顯著背信或違反誠信原則,應係員工離職後之行為,是否應負賠償責任之要件,並非競業禁止約定是否有效之要件,因將其納為有效要件,則僱主與勞工雙方所簽訂之競業禁止條款是否有效,將處於不確定狀態,而需至勞工離職後,始可加以判斷,將嚴重戕害法之安定性[38]。準此,判斷當事人有無違反競業禁止之條款,係競業禁止約款有效成立後,繼而判斷離職員工所為行為,是否違背誠信原則,倘離職後之受雇人,其所為之競業行為,依據具體事件以觀,而有違反誠信原則,該競業行為應有禁止之必要,以保護前雇主之營業秘密。

(二)公平考量

誠信原則雖被視為帝王條款,惟適用法律時,不得背離具體之社會生活條件,否則濫加解釋及適用,將導致法律喪失安定性,交易安全秩序將深受影響。故適用誠信原則解釋具體事件,必須現行法制所構成之規範體系發生缺陷,並無任何法律得以遵循,倘不適用誠信原則解釋或補充當事人之法律關係時,其結果將有失公平,始得加以適用,否則任意曲解契約內容或捨棄法律規定,將嚴重破壞法律安定性[39]。

---

[36] 臺灣高等法院88年度重勞上字第5號民事判決:受雇人有簽訂知悉營業秘密之保密及違反義務等條款,該受雇人離職後提供具有營業秘密之客戶資料與現有雇主,其違反保密義務至明。

[37] 林更盛,離職後競業禁止約款——評臺北地方法院89年度勞訴字第76號判決,月旦法學雜誌,81期,2002年2月,頁220。

[38] 最高法院103年度台上字第793號民事判決。

[39] 林誠二,再論誠信原則與權利濫用禁止原則之機能——最高法院88年度台上字第2819號判決評釋,台灣本土法學雜誌,22期,2001年5月,頁42。

參、個案具體判斷

一、建立法院共同見解

(一)調整競業禁止

　　營業秘密為資訊之一環，係對抗他人以不正方法取得具有經濟價值之秘密的權利，其性質為財產權，故對該資訊所有人，予以適當之保護，有維護產業倫理與競爭秩序之功能，而競業禁止與營業秘密係屬不相同之概念，其等之規範要件與目的有異，縱使受雇人未簽訂競業禁止條款，仍不得侵害原企業主所有營業秘密。準此，雇主及受雇人間基於私法自治原則簽訂競業禁止約款，使僱傭或勞動關係有所依循，以維護產業倫理與競爭秩序。受雇人負擔競業禁止之義務，此涉及職業自由之限制問題。有鑑於雇主為僱傭契約之一方當事人，通常擁有較強勢之力量，實際上可片面決定契約之規範，倘對於受競業禁止規範之他方，而較弱勢之受雇人，有顯失公平之情事發生，法院於具體個案，自有調整或限制競業禁止之必要，以擬補私法自治之缺陷，避免受雇人工作權及財產權受到嚴重之影響，並藉由實務見解之累積，進而分析及歸納實例類型，建立法院之共同見解，使社會大眾有所遵循。

(二)審酌因素

　　就上揭五項判斷基準而言，其中雇主法律利益之保護必要、受雇人擔任之職務、勞工競業禁止範圍及合理補償因素，可為判斷競業禁止約款是否有效之主要基準（勞動基準法第9條之1第1項）。繼而就競業禁止之限制內容及補償條款，應適用比例原則，就個別之契約內容及相關情況，作綜合之觀察及審查，倘有逾越合理範圍者，應解釋逾越之部分為無效。至於誠信原則，係判斷離職員工之競業行為，是否有違反競業約款之情事，其屬於事實認定之問題，並非判斷競業禁止約款，是否有效之基準。

二、定型化契約之解釋

定型化契約或附合契約應受衡平原則限制，因締約之一方之契約條款已預先擬定，他方僅能依該條款訂立契約，其應適用衡平原則之法理，以排除不公平之單方利益條款，避免居於經濟弱勢之一方無締約之可能，而忍受不締約之不利益，縱使他方接受該條款而締約，仍應認違反衡平原則而無效，俾符合平等互惠原則[40]。準此，法院判斷競業禁止約款時，倘認定受拘束之受雇人有重大不利益或加重其責任，依其情形有顯著不公平者，法院自得依據民法第247條之1規定，認定具有定型化契約或附合契約性質之競業禁止約款，即屬無效。

三、違約金之酌減

違約金之約定，係基於個人自主意思之發展、自我決定及自我拘束所形成之當事人間之規範，本諸契約自由之精神及契約神聖與契約嚴守之原則，契約當事人對於其所約定之違約金數額，雖應受其約束。惟當事人所約定之違約金過高者，為避免違約金制度造成違背契約正義等值之原則，法院得參酌一般客觀事實、社會經濟狀況及當事人所受損害情形，依職權或聲請減至相當之金額[41]。準此，法院認為競業禁止約款合法有效成立，而約定受雇人違約時，應賠償違約金，倘該違約金不合理時，依據民法第252條規定，受雇人得主張與舉證約定之違約金額過高而顯失公平[42]。法院得依當事人所提出之事證資料，斟酌社會經濟狀況及平衡兩造利益而為妥適裁量、判斷之權限，審酌該約定金額是否確有過高情事與應予如何核減至相當數額，以實現社會正義，將違約金減至相當之數額，以保護受雇人之利益[43]。

---

[40] 最高法院93年度台上字第710號、96年度台上字第1246號民事判決。
[41] 最高法院102年度台上字第1606號民事判決。
[42] 最高法院82年度台上字第2476號民事判決。
[43] 最高法院92年度台上字第2747號民事判決。

四、競業禁止之衡量原則

(一)勞動基準法第9條之1與民法第247條之1

　　勞資雙方於勞動契約中約定競業禁止條款，參諸勞動基準法第9條之1與民法第247條之1規定，契約條款內容之約定，其情形顯失合理或公平者，該部分無效。而法院就競業禁止條款是否有效之爭議，所作出之判決，可歸納出下列衡量原則：1.企業或雇主須有依競業禁止特約之保護利益存在；2.勞工在原雇主之事業應有一定之職務或地位；3.對勞工就業之對象、期間、區域或職業活動範圍，應有合理之範疇；4.應有補償勞工因競業禁止損失之措施，5.離職勞工之競業行為，是否具有背信或違反誠信原則之事實[44]。

(二)勞動基準法施行細則第7條之1至第7條之3

　　離職後競業禁止之約定，應以書面為之，且應詳細記載勞動基準法第9條之1第1項第3款及第4款規定之內容，並由雇主與勞工簽章，各執一份（勞動基準法施行細則第7條之1）。勞動基準法第9條之1第1項第3款所為之約定未逾合理範疇，應符合下列規定：1.競業禁止之期間，不得逾越雇主欲保護之營業秘密或技術資訊之生命週期，且最長不得逾2年；2.競業禁止之區域，應以原雇主實際營業活動之範圍為限；3.競業禁止之職業活動範圍，應具體明確，且與勞工原職業活動範圍相同或類似；4.競業禁止之就業對象，應具體明確，並以與原雇主之營業活動相同或類似，且有競爭關係者為限（勞動基準法施行細則第7條之2）。勞動基準法本法第9條之1第1項第4款所定之合理補償，應就下列事項綜合考量：1.每月補償金額不低於勞工離職時1個月平均工資50%；2.補償金額足以維持勞工離職後競業禁止期間之生活所需；3.補償金額與勞工遵守競業禁止之期間、區域、職業活動範圍及就業對象之範疇所受損失相當；4.其他與判斷補償基準合理性有關之事項。前項合理補償，應約定離職後一次預為給付或按

---

[44] 行政院勞工委員會2000年8月21日（89）臺勞資二字第0036255號函。

月給付（勞動基準法施行細則第7條之3）。準此，勞動基準法施行細則第7條之1至第7條之3規定，判斷競業禁止條款約定之合理性基準，對於保護雇主商業利益與離職員工之工作權益間，可建立明確之約定標準[45]。

肆、例題解析

一、競業禁止與損害賠償

甲原為A公司之襄理，掌握公司產業銷售、市場分布、市場競爭及客戶資料等重要營業秘密。足見甲在A公司之職務及地位，有機會接觸公司所有之營業秘密或相關之技術資訊，其具有無洩漏營業秘密之能力。故該競業禁止約款應屬合法有效成立。甲與A公司簽訂競業禁止條款約定甲離職後2年內，不得從事相同或類似工作，倘有違反者，應賠償甲任職於A公司期間之2倍薪資。準此，甲離職後至A公司之競爭對手B公司，擔任性質類似業務之主管職務，其違反競業禁止契約，A公司固得依約請求違約之損害賠償。然斟酌社會經濟狀況及平衡兩造利益，令甲賠償任職於A公司期間之2倍薪資，以作為違約金，衡諸常情，顯然過高，故法院應將違約金減至相當之數額[46]。

二、競業禁止之有效要件

企業或雇主有依競業禁止特約保護之利益存在，為競業禁止之有效要件，即雇主之營業秘密確有保護之必要。故勞工或員工在原雇主或公司之職務及地位，倘無特別技能、技術且職位較低，非企業之主要營業幹部，而處於弱勢之勞工，縱離職後至相同或類似業務之企業任職，即無妨害原雇主營業之可能，是競業禁止約定應認拘束勞工轉業自由，應屬無效條款。再者，限制勞工就業之對象、期間、區域、職業活動之範圍，需不逾

---

[45] 王佳惠，勞動基準法增訂條文第9條之1對於競業禁止規定與營業秘密保護之探討（下），司法周刊，1876期，2017年11月17日，3版。

[46] 最高法院86年度台上字第48號民事判決。

合理之範疇，並有塡補勞工因競業禁止之損害之代償措施，均爲競業禁止之有效要件（勞動基準法第9條之1第1項）。至於離職後員工之競業行爲，是否具有顯著背信或違反誠信原則，係員工離職後之行爲，是否應負賠償責任之要件，並非判決競業禁止是否有效之要件[47]。

三、管轄法院

(一)智慧財產及商業法院組織法第3條第1款

　　智慧財產及商業法院管轄之民事訴訟事件，依智慧財產及商業法院組織法第3條第1款規定，採列舉方式，以該條文所示之法律爲限；而各該法律規定是以智慧財產權構成要件、效力與保護等爲出發點，智慧財產權人根據各該法律規定之效果，得以之爲訴訟標的，向智慧財產及商業法院起訴，如當事人非以上開規定所屬法律起訴請求時，即不屬於智慧財產及商業法院組織法所規定之民事事件。故當事人以一訴主張單一或數項訴訟標的，其中主要部分涉及智慧財產權者，倘係基於同一原因事實而不宜割裂，均爲智慧財產權訴訟[48]。

(二)智慧財產及商業法院組織法第3條第4款

　　依智慧財產及商業法院組織法第3條第4款規定，司法得指定由智慧財產及商業法院管轄，並自智慧財產及商業法院組織法施行之日起實施。就民事事件部分：1.不當行使智慧財產權權利所生損害賠償爭議事件；2.當事人以一訴主張單一或數項訴訟標的，其中主要部分涉及智慧財產權，倘係基於同一原因事實而不宜割裂者，均爲智慧財產權訴訟[49]。

(三)處分權主義與辯論主義

1.客觀訴之合併或攻擊防禦方法

　　民事訴訟採處分權主義、辯論主義，當事人就其請求民事法院裁判事

---

[47] 臺灣高等法院95年度勞上字第32號民事判決。
[48] 司法院2008年4月24日院台廳行一字第0970009021號令。
[49] 司法院2008年4月24日院台廳行一字第0970009021號函。

項，任由當事人選擇主張，是以當事人得採取對其最有利之方式起訴，例如採取合併之訴、預備之訴或選擇之訴，均無不可。涉及智慧財產權民事事件，因當事人得自由採取其最有利之主張，得選擇以之為訴訟標的而與其他訴訟標的合併或選擇，亦得將智慧財產權作為攻擊防禦方法。倘非請求法院裁判之標的，而為各當事人間攻擊防禦事項，自不屬於智慧財產及商業法院組織法第3條第1款所定之管轄事件，非由智慧財產及商業法院管轄。再者，當事人以智慧財產權實體法規定之請求權與民事法律合併起訴，倘主張訴訟標的僅些微涉及智慧財產權實體法規，遂要求智慧財產及商業法院審理，致使智慧財產及商業法院案件量擴增，有違設立智慧財產及商業法院以迅捷處理智慧財產權紛爭之初衷。

2.主要部分關係智慧財產權之爭議

　　智慧財產及商業法院管轄之民事事件應限定以當事人請求之訴訟標的，其主要部分以涉及智慧財產權之爭議為限，即其請求法院裁判事項之核心，屬於智慧財產及商業法院組織法第3條第1款所示，各該實體法律所定構成要件與法律效果之爭執，為各該法律所欲維護之權利者，始適由智慧財產及商業法院管轄。反之，以民事法規所定之請求權為標的，如契約、不當得利或侵權行為。而智慧財產權之實體法僅為附帶請求或攻擊防禦事項，該事件應歸屬普通法院管轄。而當事人起訴主張數項標的，其主要部分請求，是否屬於智慧財產權訴訟爭議，由審理之法院判斷，為因應此類訴訟型態發生，爰依智慧財產及商業法院組織法第3條第4款規定，指定智慧財產及商業法院管轄[50]。準此，當事人合意非屬智慧財產民事事件之第一審管轄法院為智慧財產法院者，不生合意管轄之效力（智慧財產案件審理細則第21條第1項）。非屬智慧財產及商業法院管轄之民事事件，當事人誤向智慧財產及商業法院起訴，除有民事訴訟法第25條所定情形外，智慧財產及商業法院應依民事訴訟法第28條第1項規定，裁定移

---

[50] 司法院2008年4月24日院台廳行一字第0970009021號令。最高法院109年度台抗字第408號民事裁定。

送管轄法院（第2項）[51]。

(四)智慧財產及商業法院有專屬管轄權

乙為T電子公司之經理，乙與T公司簽訂保密契約與競業禁止契約。因乙為T電子公司之經理，違反保密契約與競業禁止契約之義務，其中保密契約涉及營業秘密法所保護之智慧財產權益，當事人請求之訴訟標的之主要部分為有關營業秘密法之爭議。因智慧財產及商業法院就營業秘密法所保護之智慧財產權益，所生之第一審民事訴訟事件，具有專屬管轄權，T電子公司得向智慧財產及商業法院起訴請求乙負違反契約與侵權之損害賠償責任。

(五)涉及智慧財產之勞動事件

1.勞動事件法第6條第1項

勞動事件以勞工為原告者，由被告住所、居所、主營業所、主事務所所在地或原告之勞務提供地法院管轄；以雇主為原告者，由被告住所、居所、現在或最後之勞務提供地法院管轄（勞動事件法第6條第1項）。核本法條之立法理由主旨，係關於民事訴訟之土地管轄，各國立法例雖均採以原就被原則，惟勞工為經濟上較為弱勢之一造，且勞資爭議多在勞工之勞務提供地發生，為便利勞工起訴與應訴，兼顧法院調查證據之便捷，以期有效解決勞資爭議，爰就勞工與雇主間之勞動事件，採競合管轄之方式，故於本法第6條第1項明定以起訴時聲請人之住所、居所、主營業所、主事務所所在地，或相對人於勞動關係存續期間之勞務提供地定管轄

---

[51] 智慧財產及商業法院106年度民暫抗字第1號民事裁定：雇主為原告者，勞工得於為本案言詞辯論前，聲請將該訴訟事件移送於其所選定有管轄權之法院。但經勞動調解不成立而續行訴訟者，不得為之（勞動事件法第6條第2項）。參照勞動事件法第6條第2項立法理由可知，數法院就同一勞動事件均有管轄權，而生管轄競合時，依民事訴訟法第21條，原告固得向其中任一法院起訴，惟於雇主為原告時，為保障經濟弱勢當事人之權益，並便利勞工應訴，應使其得於本案之言詞辯論前，聲請將該訴訟事件移送於其所選定有管轄權之法院，法院應依其聲請移送之。針對勞動事件於管轄競合時，賦予勞工得於未經勞動調解不成立與本案言詞辯論前，有聲請移送至其所選定有管轄權法院之權利。

之法院；倘雇主起訴時，勞工已離職，並得由勞工最後之勞務提供地法院管轄。準此，勞動事件法第6條第1項就勞工事件之管轄法院，有特別規定者，自應優先適用。

2.選定有管轄權之普通法院

勞動事件之全部或一部涉及智慧財產權者，得由勞動法庭處理。勞動事件之全部或一部涉及智慧財產權，經雇主向智慧財產及商業法院起訴者，勞工得依勞動事件法第6條第2項、第7條第1項後段規定，聲請將該訴訟事件移送於其所選定有管轄權之普通法院，由勞動法庭處理（勞動事件審理細則第4條、第7條第1項）。因競業禁止所生之侵權行為爭議，為勞動事件法第2條第1項第3款規定之勞動事件。乙得聲請移送其住所地、居所地或最後之勞務提供地之法院管轄，由普通法院取得管轄權[52]。再者，勞動事件之全部或一部涉及智慧財產權，經雇主向普通法院起訴者，經裁定移送智慧財產及商業法院管轄，倘勞工未抗告而確定，智慧財產及商業法院不得再依勞工聲請更移送普通法院（民事訴訟法第30條第1項、第2項、第31條第1項）。

伍、相關實務見解——酌定假執行供擔保金之標準

營業秘密之保護並無法定期限，僅要營業秘密法所保護之客體，繼續採取合理之保密措施，在秘密性喪失前，均可受到營業秘密法之保護。且經前員工使用或洩漏之營業秘密，仍有可能為現雇主之營業秘密，其秘密性並非當然喪失，雇主得基於侵害營業秘密之虞之法律關係，主張禁止前員工為他公司提供服務之方式，達到防止侵害之營業秘密。準此，縱使競業禁止期間雖屆滿，雇主仍可主張營業秘密之保護。法院並得參酌員工任職於公司之年薪及紅利，或競業禁止期間之股票價值，作為酌定假執行供擔保金之標準[53]。

---

[52] 智慧財產及商業法院109年度民營抗字第7號民事裁定。
[53] 智慧財產及商業法院102年度民營上字第3號民事判決。

參考書目 BIBLIOGRAPHY

壹、中文專書

王偉霖，營業秘密法理論與實務，元照出版有限公司，2017年10月，2版1刷。

汪渡村，公平交易法，五南圖書出版股份有限公司，2007年9月，3版1刷。

林洲富，智慧財產權法案例式，五南圖書出版股份有限公司，2023年10月，13版1刷。

林洲富，著作權法案例式，五南圖書出版股份有限公司，2023年8月，6版1刷。

林洲富，實用強制執行法精義，五南圖書出版股份有限公司出版，2023年2月，17版1刷。

施啓揚，民法總則，三民書局股份有限公司，1995年6月，6版。

范曉玲，智慧財產民事案件之證據蒐集兼論秘密保持命令，智慧財產訴訟新紀元──智慧財產案件審理法評析，元照出版有限公司，2009年。

唐昭紅，商業秘密研究，民商法論叢，6卷，法律出版社，1997年4月。

孫森焱，民法債編總論，三民書局股份有限公司，1990年10月。

張玉瑞，商業秘密法學，中國法制出版社，2000年6月。

張清溪、許嘉棟、劉鶯釧、吳聰敏，經濟學理論與實務上冊，翰蘆圖書出版有限公司，2000年8月，4版。

張靜，營業秘密法及相關智慧財產問題，經濟部智慧財產局，2014年2月。

曾勝珍，營業秘密法，五南圖書出版股份有限公司，2009年3月。

曾勝珍，營業秘密權益歸屬之探討，智慧財產權法專題研究，金玉堂出版社，2004年6月。

馮震宇，了解營業秘密法──營業秘密法的理論與實務，永然文化出版股份有

限公司，1997年7月。

經濟部智慧財產局，營業秘密保護實務教戰手冊，2013年12月。

經濟部智慧財產局營業秘密法制之研究期末報告，2003年12月。

葉茂林、蘇宏文、李旦，營業秘密保護戰術 —— 實務及契約範例應用，永然文化出版股份有限公司。

詹森林，競業禁止及保密條款契約實務，經濟部智慧財產局，2006年4月。

劉尚志、王敏銓、張宇樞、林明儀，美台專利訴訟 —— 實戰暨裁判解析，元照出版有限公司，2005年。

鄭中人，智慧財產權法導讀，五南圖書出版股份有限公司，2003年10月，3版1刷。

賴文智、顏雅倫，營業秘密法20講，翰蘆圖書出版有限公司，2004年4月。

謝哲勝，財產法專題研究（2），元照出版有限公司，1999年1月。

謝銘洋、古清華、丁中原、張凱娜，營業秘密法解讀，月旦出版社股份有限公司，1996年11月。

蔡瑞麟，論離職後競業禁止契約之獨立性，國立臺灣大學社會科學院國家發展研究院碩士論文，2014年3月。

司法院，智慧財產訴訟制度相關論文彙編，5輯，2016年12月。

貳、中文專論

王偉霖，我國營業秘密法刑事規範的再思考，法令月刊，68卷5期，2017年5月。

吳啓賓，營業秘密之保護與審判實務，台灣本土法學雜誌，98期，2007年9月。

李建良，競業禁止與職業自由，台灣本土法學雜誌，15期，2000年10月。

李曉媛、徐弘光、丁建華、陳振中，劉江彬編著，營業秘密與競業禁止案，智慧財產法律與管理案例評析（1），華泰文化事業股份有限公司，2003年10月。

李維心，營業秘密損害賠償計算規定之研究，全國律師，2016年11月。

林立發，競業禁止近期實務見解再釐清，萬國法律，137期，2004年10月。

林志潔，我國營業秘密法刑罰化之評析，台灣法學雜誌，248期，2014年5月15日。

林更盛，離職後競業禁止約款──評臺北地方法院89年度勞訴字第76號判決，月旦法學雜誌，81期，2002年2月。

林誠二，再論誠信原則與權利濫用禁止原則之機能──最高法院88年度台上字第2819號判決評釋，台灣本土法學雜誌，22期，2001年5月。

姚志明，誠信原則，月旦法學雜誌，76期，2001年9月。

馮達發，營業秘密法實務之淺析與建言，全國律師，2016年11月。

程法彰，離職後競業禁止約定與契約自由的兩難──兼論最高法院103年度台上字第1984號民事判決所顯示的意義，萬國法律，210期，2016年12月。

張凱娜，競業禁止與營業秘密之保護，月旦法學雜誌，20期，1997年1月。

張靜，智慧財產專業法官培訓課程──營業秘密法及相關智慧財產問題，2006年3月8日。

馮震宇，從永豐案判決論美國經濟間諜法之適用，萬國法律，107期，1999年10月。

顏雅倫，從我國最高法院歷年民事判決看營業秘密民事案件實務趨勢，全國律師，2016年11月。

工業技術研究技術移轉與法律中心，2017年智權侵害鑑定研討會，2017年8月2日。

工業技術研究技術移轉與法律中心，2016年智權侵害鑑定研討會，2016年9月23日。

謝宛蓁，我國營業秘密法制及爭議問題介紹──以刑事責任為中心，智慧財產權月刊，178期，2013年10月。

謝銘洋，營業秘密、積體電路電路布局民事責任，智慧財產專業法官培訓課程，司法院司法人員研習所，2006年5月。

羅怡德，美國營業秘密法之介紹與分析，輔仁法學，12期，1993年6月。

參、外文文獻

Federal Open Market Comm'n v. Merrill, 443 U.S. 340, 362 (1979).

American Tobacco Co. v. Evans, 508 So. 2d 1057, 1061 (Miss. 1987).

Raphael V. Lupo, Protective for orders, in PATENT LITIGATION STRATEGIES

MICHAEL BLAKRNEY, TRADE RELATED ASPECTS OF INTELLECTUAL PROPERTY
RIGHTS: A CONCISE TO THE TRIPS AGREEMENT 125 (1996).

附錄

附錄一　營業秘密法

2020年1月15日總統令修正公布第15條條文；增訂第13-5、14-1～14-4條條文。

第1條
為保障營業秘密，維護產業倫理與競爭秩序，調和社會公共利益，特制定本法。本法未規定者，適用其他法律之規定。

第2條
本法所稱營業秘密，係指方法、技術、製程、配方、程式、設計或其他可用於生產、銷售或經營之資訊，而符合左列要件者：
一、非一般涉及該類資訊之人所知者。
二、因其秘密性而具有實際或潛在之經濟價值者。
三、所有人已採取合理之保密措施者。

第3條
受雇人於職務上研究或開發之營業秘密，歸雇用人所有。但契約另有約定者，從其約定。
受雇人於非職務上研究或開發之營業秘密，歸受雇人所有。但其營業秘密係利用雇用人之資源或經驗者，雇用人得於支付合理報酬後，於該事業使用其營業秘密。

第4條

出資聘請他人從事研究或開發之營業秘密，其營業秘密之歸屬依契約之約定；契約未約定者，歸受聘人所有。但出資人得於業務上使用其營業秘密。

第5條

數人共同研究或開發之營業秘密，其應有部分依契約之約定；無約定者，推定為均等。

第6條

營業秘密得全部或部分讓與他人或與他人共有。

營業秘密為共有時，對營業秘密之使用或處分，如契約未有約定者，應得共有人之全體同意。但各共有人無正當理由，不得拒絕同意。

各共有人非經其他共有人之同意，不得以其應有部分讓與他人。但契約另有約定者，從其約定。

第7條

營業秘密所有人得授權他人使用其營業秘密。其授權使用之地域、時間、內容、使用方法或其他事項，依當事人之約定。

前項被授權人非經營業秘密所有人同意，不得將其被授權使用之營業秘密再授權第三人使用。

營業秘密共有人非經共有人全體同意，不得授權他人使用該營業秘密。但各共有人無正當理由，不得拒絕同意。

第8條

營業秘密不得為質權及強制執行之標的。

第9條

公務員因承辦公務而知悉或持有他人之營業秘密者，不得使用或無故洩漏

之。

當事人、代理人、辯護人、鑑定人、證人及其他相關之人，因司法機關偵查或審理而知悉或持有他人營業秘密者，不得使用或無故洩漏之。

仲裁人及其他相關之人處理仲裁事件，準用前項之規定。

第10條

有左列情形之一者，為侵害營業秘密。

一、以不正當方法取得營業秘密者。

二、知悉或因重大過失而不知其為前款之營業秘密，而取得、使用或洩漏者。

三、取得營業秘密後，知悉或因重大過失而不知其為第一款之營業秘密，而使用或洩漏者。

四、因法律行為取得營業秘密，而以不正當方法使用或洩漏者。

五、依法令有守營業秘密之義務，而使用或無故洩漏者。

前項所稱之不正當方法，係指竊盜、詐欺、脅迫、賄賂、擅自重製、違反保密義務、引誘他人違反其保密義務或其他類似方法。

第11條

營業秘密受侵害時，被害人得請求排除之，有侵害之虞者，得請求防止之。

被害人為前項請求時，對於侵害行為作成之物或專供侵害所用之物，得請求銷燬或為其他必要之處置。

第12條

因故意或過失不法侵害他人之營業秘密者，負損害賠償責任。數人共同不法侵害者，連帶負賠償責任。

前項之損害賠償請求權，自請求權人知有行為及賠償義務人時起，二年間不行使而消滅；自行為時起，逾十年者亦同。

第13條

依前條請求損害賠償時，被害人得依左列各款規定擇一請求：

一、依民法第二百十六條之規定請求。但被害人不能證明其損害時，得以其使用時依通常情形可得預期之利益，減除被侵害後使用同一營業秘密所得利益之差額，為其所受損害。

二、請求侵害人因侵害行為所得之利益。但侵害人不能證明其成本或必要費用時，以其侵害行為所得之全部收入，為其所得利益。

依前項規定，侵害行為如屬故意，法院得因被害人之請求，依侵害情節，酌定損害額以上之賠償。但不得超過已證明損害額之三倍。

第13-1條

意圖為自己或第三人不法之利益，或損害營業秘密所有人之利益，而有下列情形之一，處五年以下有期徒刑或拘役，得併科新臺幣一百萬元以上一千萬元以下罰金：

一、以竊取、侵占、詐術、脅迫、擅自重製或其他不正方法而取得營業秘密，或取得後進而使用、洩漏者。

二、知悉或持有營業秘密，未經授權或逾越授權範圍而重製、使用或洩漏該營業秘密者。

三、持有營業秘密，經營業秘密所有人告知應刪除、銷毀後，不為刪除、銷毀或隱匿該營業秘密者。

四、明知他人知悉或持有之營業秘密有前三款所定情形，而取得、使用或洩漏者。

前項之未遂犯罰之。

科罰金時，如犯罪行為人所得之利益超過罰金最多額，得於所得利益之三倍範圍內酌量加重。

第13-2條

意圖在外國、大陸地區、香港或澳門使用，而犯前條第一項各款之罪者，

處一年以上十年以下有期徒刑，得併科新臺幣三百萬元以上五千萬元以下之罰金。

前項之未遂犯罰之。

科罰金時，如犯罪行為人所得之利益超過罰金最多額，得於所得利益之二倍至十倍範圍內酌量加重。

第13-3條

第十三條之一之罪，須告訴乃論。

對於共犯之一人告訴或撤回告訴者，其效力不及於其他共犯。

公務員或曾任公務員之人，因職務知悉或持有他人之營業秘密，而故意犯前二條之罪者，加重其刑至二分之一。

第13-4條

法人之代表人、法人或自然人之代理人、受雇人或其他從業人員，因執行業務，犯第十三條之一、第十三條之二之罪者，除依該條規定處罰其行為人外，對該法人或自然人亦科該條之罰金。但法人之代表人或自然人對於犯罪之發生，已盡力為防止行為者，不在此限。

第13-5條

未經認許之外國法人，就本法規定事項得為告訴、自訴或提起民事訴訟。

第14條

法院為審理營業秘密訴訟案件，得設立專業法庭或指定專人辦理。

當事人提出之攻擊或防禦方法涉及營業秘密，經當事人聲請，法院認為適當者，得不公開審判或限制閱覽訴訟資料。

第14-1條

檢察官偵辦營業秘密案件，認有偵查必要時，得核發偵查保密令予接觸偵查內容之犯罪嫌疑人、被告、被害人、告訴人、告訴代理人、辯護人、鑑

定人、證人或其他相關之人。

受偵查保密令之人，就該偵查內容，不得為下列行為：

一、實施偵查程序以外目的之使用。

二、揭露予未受偵查保密令之人。

前項規定，於受偵查保密令之人，在偵查前已取得或持有該偵查之內容時，不適用之。

第14-2條

偵查保密令應以書面或言詞為之。以言詞為之者，應當面告知並載明筆錄，且得予營業秘密所有人陳述意見之機會，於七日內另以書面製作偵查保密令。

前項書面，應送達於受偵查保密令之人，並通知營業秘密所有人。於送達及通知前，應給予營業秘密所有人陳述意見之機會。但已依前項規定，給予營業秘密所有人陳述意見之機會者，不在此限。

偵查保密令以書面為之者，自送達受偵查保密令之人之日起發生效力；以言詞為之者，自告知之時起，亦同。

偵查保密令應載明下列事項：

一、受偵查保密令之人。

二、應保密之偵查內容。

三、前條第二項所列之禁止或限制行為。

四、違反之效果。

第14-3條

偵查中應受保密之原因消滅或偵查保密令之內容有變更必要時，檢察官得依職權撤銷或變更其偵查保密令。

案件經緩起訴處分或不起訴處分確定者，或偵查保密令非屬起訴效力所及之部分，檢察官得依職權或受偵查保密令之人之聲請，撤銷或變更其偵查保密令。

檢察官為前二項撤銷或變更偵查保密令之處分，得予受偵查保密令之人及營業秘密所有人陳述意見之機會。該處分應以書面送達於受偵查保密令之人及營業秘密所有人。

案件起訴後，檢察官應將偵查保密令屬起訴效力所及之部分通知營業秘密所有人及受偵查保密令之人，並告知其等關於秘密保持命令、偵查保密令之權益。營業秘密所有人或檢察官，得依智慧財產案件審理法之規定，聲請法院核發秘密保持命令。偵查保密令屬起訴效力所及之部分，在其聲請範圍內，自法院裁定確定之日起，失其效力。

案件起訴後，營業秘密所有人或檢察官未於案件繫屬法院之日起三十日內，向法院聲請秘密保持命令者，法院得依受偵查保密令之人或檢察官之聲請，撤銷偵查保密令。偵查保密令屬起訴效力所及之部分，在法院裁定予以撤銷之範圍內，自法院裁定確定之日起，失其效力。

法院為前項裁定前，應先徵詢營業秘密所有人及檢察官之意見。前項裁定並應送達營業秘密所有人、受偵查保密令之人及檢察官。

受偵查保密令之人或營業秘密所有人，對於第一項及第二項檢察官之處分，得聲明不服；檢察官、受偵查保密令之人或營業秘密所有人，對於第五項法院之裁定，得抗告。

前項聲明不服及抗告之程序，準用刑事訴訟法第四百零三條至第四百十九條之規定。

第14-4條

違反偵查保密令者，處三年以下有期徒刑、拘役或科或併科新臺幣一百萬元以下罰金。

於外國、大陸地區、香港或澳門違反偵查保密令者，不問犯罪地之法律有無處罰規定，亦適用前項規定。

第15條

外國人所屬之國家與中華民國如未共同參加保護營業秘密之國際條約或無

相互保護營業秘密之條約、協定,或對中華民國國民之營業秘密不予保護者,其營業秘密得不予保護。

第16條
本法自公布日施行。

附錄二　智慧財產案件審理法有關營業秘密之條文

第4條

本法所稱營業秘密，係指營業秘密法第二條所定之營業秘密。

第8條

民事訴訟法第二編第三章、第四章規定，於智慧財產民事事件程序不適用之。

第9條

智慧財產及商業法院組織法第三條第一款、第四款所定之第一審民事事件，專屬智慧財產法院管轄，且不因訴之追加或其他變更而受影響。但有民事訴訟法第二十四條、第二十五條所定情形時，該法院亦有管轄權。

前項民事事件之全部或一部，涉及勞動事件法第二條第一項規定之勞動事件者，應由智慧財產法院管轄。

智慧財產法庭審理前項民事事件，依本法之規定；本法未規定者，適用勞動事件法之規定。但勞動事件法第四條第一項及第二章規定，不適用之。

第一項民事事件之全部或一部，涉及商業事件審理法第二條第二項規定之商業訴訟事件者，智慧財產法庭應依聲請或依職權以裁定移送於商業法庭審理。

智慧財產法庭為前項裁定前，應予當事人陳述意見之機會。但法院認為不適當者，不在此限。

第四項聲請被駁回者，不得聲明不服。

商業法庭審理第四項民事事件，依商業事件審理法之規定；商業事件審理法未規定者，適用本法之規定。

第10條

智慧財產民事事件，有下列各款情形之一者，當事人應委任律師為訴訟代理人。但當事人或其法定代理人具有法官、檢察官、律師資格者，不在此限：

一、第一審民事訴訟事件，其訴訟標的金額或價額，逾民事訴訟法第四百六十六條所定得上訴第三審之數額。

二、因專利權、電腦程式著作權、營業秘密涉訟之第一審民事訴訟事件。

三、第二審民事訴訟事件。

四、起訴前聲請證據保全、保全程序及前三款訴訟事件所生其他事件之聲請或抗告。

五、前四款之再審事件。

六、第三審法院之事件。

七、其他司法院所定應委任律師為訴訟代理人之事件。

前項規定，於下列各款事件不適用之：

一、聲請核定代理人酬金。

二、聲請訴訟救助。

三、聲請選任律師為訴訟代理人。

四、其他司法院所定事件。

第一項第一款之訴訟標的金額或價額，於普通共同訴訟人分別計算之。

第一項第一款情形，不因訴之減縮、變更，致其訴訟標的金額或價額未達該數額而受影響。

當事人之配偶、三親等內之血親、二親等內之姻親，或當事人為法人、中央或地方機關時，其所屬專任人員具有律師資格，並經法院認為適當者，亦得為第一項訴訟代理人。

第一項但書及前項情形，應於起訴、上訴、聲請、抗告或委任時釋明之。

第11條

前條第一項本文事件，當事人無資力委任訴訟代理人者，得依訴訟救助之

規定，聲請法院選任律師爲其訴訟代理人。

當事人提起上訴或抗告依前項規定聲請者，原審法院應將訴訟卷宗送交上級審法院。

第一項選任律師爲訴訟代理人辦法，由司法院參酌法務部及全國律師聯合會等意見定之。

第12條

第十條第一項事件，除別有規定外，應由訴訟代理人爲訴訟行爲，始生效力。

起訴、上訴、聲請或抗告，未依第十條第一項、第五項規定委任訴訟代理人，或雖依第五項規定委任，法院認爲不適當者，審判長應定期間先命其補正；逾期未補正亦未依前條第一項爲聲請者，法院應以裁定駁回之。

被告、被上訴人、相對人未依第十條第一項、第五項規定委任訴訟代理人，或雖依第五項規定委任，法院認爲不適當者，審判長應先定期間命其補正。

當事人依前二項規定補正者，其訴訟行爲經訴訟代理人追認，溯及於行爲時發生效力；逾期補正者，自追認時起發生效力。

第13條

第十條第一項本文事件，訴訟代理人得偕同當事人於期日到場，經審判長許可後，當事人得以言詞爲陳述。

前項之許可，審判長得隨時以裁定撤銷之。

當事人應委任訴訟代理人而未委任，或委任之訴訟代理人未到場者，視同不到場。

第一項情形，當事人得自爲下列訴訟行爲：

一、自認。

二、成立和解或調解。

三、撤回起訴或聲請。

四、撤回上訴或抗告。

第14條

訴訟代理人所爲或對其所爲之訴訟行爲，直接對當事人本人發生效力。但訴訟代理人所爲自認或事實上之陳述，經到場之當事人本人即時撤銷或更正者，不在此限。

訴訟代理人關於訴訟行爲有故意或過失時，當事人本人應與自己之故意或過失負同一責任。

第15條

第十條第一項本文及第十一條第一項之律師酬金，爲訴訟或程序費用之一部，並應限定其最高額。其支給標準，由司法院參酌法務部及全國律師聯合會等意見定之。

第16條

第十條第一項第二款至第七款之專利權涉訟事件，經審判長許可者，當事人亦得合併委任專利師爲訴訟代理人。

前項之許可，審判長得隨時以裁定撤銷之，並應送達於爲訴訟委任之人。

第一項情形，專利師應與律師共同到庭爲訴訟行爲。但經審判長許可者，不在此限。

專利師之訴訟行爲與律師之訴訟行爲牴觸者，不生效力。

專利師之酬金，不計入訴訟或程序費用。

第17條

第十條、第十二條至第十四條及第十六條規定，於參加人準用之。

參加人律師及專利師之酬金，不計入訴訟或程序費用。

第18條

法院審理第十條第一項第一款至第三款、第五款事件，或其他事件因案情

繁雜或有必要時，應與當事人商定審理計畫。

前項審理計畫，應訂定下列事項，並記明筆錄：

一、整理爭點之期日或期間。

二、調查證據之方法、順序及期日或期間。

第一項審理計畫，得訂定下列事項，並記明筆錄：

一、對於特定爭點提出攻擊或防禦方法之期間。

二、其他有計畫進行訴訟程序必要事項之期日或期間。

依前二項商定之審理計畫事項，因訴訟進行狀況或依其他情形認有必要時，法院得與當事人商定變更，並記明筆錄。

當事人以書狀向法院陳明經合意之審理計畫，或變更審理計畫之事項，經法院以之訂定或變更者，應告知當事人或於次一期日記明於筆錄。

法院依審理計畫進行訴訟程序，於必要時，審判長得聽取當事人之意見後，另就特定事項訂定提出攻擊或防禦方法之期間。

當事人逾第三項第一款或前項期間始行提出攻擊或防禦方法，法院得駁回之。但當事人釋明不致延滯訴訟或有不可歸責於己之事由者，不在此限。

除前項情形外，當事人違反審理計畫事項者，法院得依聲請或依職權命該當事人以書狀說明其理由；未說明者，法院得於判決時依全辯論意旨斟酌之。

第19條

專利權侵害事件，法院為判斷應證事實之真偽，得依當事人之聲請選任查證人，對他造或第三人持有或管理之文書或裝置設備實施查證。但與實施查證所需時間、費用或受查證人之負擔顯不相當者，不在此限。

前項查證之聲請，應以書狀明確記載下列事項：

一、專利權有受侵害或受侵害之虞之相當理由。

二、聲請人不能自行或以其他方法蒐集證據之理由。

三、有命技術審查官協助查證人實施查證之必要。

四、受查證標的物與所在地。

五、應證事實與依查證所得證據之關聯性。

六、實施查證之事項、方法及其必要性。

前項第一款至第三款事項，應釋明之。

法院為第一項裁定前，應予當事人或第三人陳述意見之機會。

准許查證之裁定，應記載下列各款事項：

一、查證人姓名及協助查證之技術審查官姓名。

二、受查證標的物與所在地。

三、實施查證之理由、事項及方法。

駁回第一項聲請之裁定，得為抗告。

第20條

與當事人或第三人有民事訴訟法第三十二條各款情形之一者，不得為查證人。

查證人應於收受前條第五項裁定後五日內，以書面揭露下列各款事項提出於法院，並由法院送達於當事人或第三人：

一、學經歷、專業領域或本於其專業學識經驗曾參與專利權侵害訴訟、非訟或法院調解程序之案例。

二、最近三年內是否與當事人、參加人、輔佐人、法定代理人、訴訟代理人或受查證第三人有學術上或業務上之分工或合作關係。

三、最近三年內是否收受當事人、參加人、輔佐人、法定代理人、訴訟代理人或受查證第三人之金錢報酬或資助及其金額或價值。

四、關於該事件，是否有收受其他金錢報酬或資助及其金額或價值。

查證人之拒卻，準用民事訴訟法第三百三十一條至第三百三十三條規定。

第21條

第十九條第五項裁定，如有下列情形之一者，法院得依職權撤銷之：

一、發生第十九條第一項但書所定情事。

二、違反前條第一項規定。

三、違反前條第二項揭露規定，而有影響查證人之客觀性或公正性之虞。

四、因前條第二項第二款至第四款所定之利害關係，而有影響查證人之客觀性或公正性之虞。

前項情形，當事人或第三人得於知悉之日起七日內，向法院聲請撤銷第十九條第五項之裁定。

前二項撤銷之裁定，不得聲明不服。

駁回第二項聲請之裁定，得為抗告。

第22條

查證人應於查證前具結，於結文內記載必為公正、誠實之查證，如有虛偽查證，願受偽證之處罰等語。

查證人實施查證時，除得進入受查證標的物之所在地，對文書或裝置設備為經法院許可之查證方法外，亦得對受查證人發問或要求其提示必要之文書。

前項查證行為，技術審查官為協助查證人實施查證之必要，亦得為之。

受查證之當事人無正當理由拒絕或妨礙實施查證者，法院得審酌情形認聲請人關於依該查證之應證事實為真實。

前項情形，法院應予當事人辯論之機會，始得採為裁判之基礎。

受查證之第三人無正當理由拒絕或妨礙實施查證者，法院得以裁定處新臺幣十萬元以下罰鍰。

前項裁定，得為抗告，抗告中應停止執行。

第23條

查證人實施查證後，應製作查證報告書提出於法院。

法院收受查證報告書後，應以影本或電子檔案送達於受查證人。

查證報告書涉及營業秘密者，受查證人應於查證報告書影本或電子檔案送達後十四日內，聲請法院裁定禁止向當事人開示查證報告書之全部或一部。

法院為判斷前項聲請有無正當理由，認有必要時，得向訴訟代理人或經受查證人同意之訴訟關係人，開示查證報告書之全部或一部，並以不公開方式聽取其意見。

前項情形，法院於開示查證報告書前，應通知受查證人；受查證人於受通知之日起十四日內，聲請對受開示人發秘密保持命令者，於聲請裁定確定前，不得開示。

第三項禁止開示之原因消滅者，受禁止開示人得聲請法院撤銷該裁定。

第三項及前項裁定，得為抗告。駁回第三項聲請及准許前項聲請之裁定，於抗告中，法院不得向當事人開示查證報告書。

第24條

前條第三項情形，受查證人逾期未聲請，或未經法院裁定禁止開示查證報告書者，當事人得向法院書記官聲請閱覽、抄錄、攝影或以其他方式重製查證報告書或其電子檔案之全部或一部，或預納費用聲請付與查證報告書全部或一部之繕本、影本、節本或其電子檔案。

除前項規定外，任何人不得向法院書記官聲請之。

第25條

曾為查證人而為證人者，就其因實施查證所知悉之營業秘密事項，得拒絕證言。

前項情形，查證人之秘密責任已經免除者，不得拒絕證言。

第26條

查證人之日費、旅費、報酬及其他實施查證之必要費用，準用鑑定人之規定，並為訴訟費用之一部。

第27條

第十九條至前條規定，於電腦程式著作權、營業秘密侵害事件準用之。

第28條

商業事件審理法第四十七條至第五十二條及第七十五條規定，於智慧財產民事事件準用之。

第29條

法院已知之特殊專業知識，應予當事人辯論之機會，始得採為裁判之基礎。

審判長或受命法官就事件之法律關係，應向當事人曉諭爭點，並得適時表明其法律上見解及適度開示心證。

第30條

法院審理因專利權所生之民事訴訟事件，於解釋申請專利範圍有爭議時，宜適時依聲請或依職權界定專利權之文義範圍，並適度開示心證。

第31條

當事人提出之攻擊或防禦方法，涉及當事人或第三人之營業秘密，經當事人聲請，法院認為適當者，得不公開審判；其經兩造合意不公開審判者，亦同。

第32條

訴訟資料涉及營業秘密者，法院於不影響當事人行使辯論權之範圍內，得依當事人或第三人之聲請，裁定不予准許或限制訴訟資料之閱覽、抄錄、攝影或其他方式之重製。

前項聲請，應以書狀為之，並以代號或對應證據名稱編號之記載方式，特定其聲請範圍。

前項聲請書狀之繕本或影本，除有急迫或足致當事人或第三人受重大損害之虞者，聲請人應直接通知他造、當事人或第三人。

他造、當事人或第三人就曾否受領前項書狀繕本或影本有爭議時，由提出書狀之聲請人釋明之。

法院爲第一項裁定前，應予他造、當事人或第三人陳述意見之機會。

法院辦理前條不公開審判，及第一項訴訟資料之閱覽、抄錄、攝影或其他方式之重製範圍及方法等事項，由司法院會同行政院定之。

第33條

前條第一項不予准許或限制裁定之原因消滅者，他造、當事人或第三人得聲請法院撤銷或變更該裁定。

前條第一項及前項之裁定，得爲抗告。於抗告中，他造、當事人或第三人聲請訴訟資料之閱覽、抄錄、攝影或其他方式之重製，不予准許。

駁回前條第一項聲請及准許第一項聲請之裁定，於抗告中，法院應不予准許或限制訴訟資料之閱覽、抄錄、攝影或其他方式之重製。

依前條第一項之閱覽、抄錄、攝影或其他方式之重製，而知悉或持有之營業秘密，不得爲實施該訴訟以外之目的而使用。

第34條

文書、勘驗物或鑑定所需資料之持有人，無正當理由不從法院之命提出文書、勘驗物或鑑定所需資料者，法院得以裁定處新臺幣十萬元以下罰鍰；於必要時，並得以裁定命爲強制處分。

前項強制處分之執行，準用強制執行法關於物之交付請求權執行之規定。

第一項裁定，得爲抗告；處罰鍰之裁定，抗告中應停止執行。

法院爲判斷第一項文書、勘驗物或鑑定所需資料之持有人，有無不提出之正當理由，於必要時仍得命其提出，並以不公開方式行之。

前項情形，法院不得開示該文書、勘驗物或鑑定所需資料。但爲聽取訴訟關係人之意見，而有向其開示之必要者，不在此限。

前項但書情形，法院於開示前，應通知文書、勘驗物或鑑定所需資料之持有人。持有人於受通知之日起十四日內，聲請對受開示者發秘密保持命令者，於聲請裁定確定前，不得開示。

第35條

專利權、電腦程式著作權、營業秘密侵害之事件，如當事人就其主張之權利或利益受侵害，或有受侵害之虞之事實已釋明者，他造否認其主張時，法院應定期命他造就其否認之事實及證據為具體答辯。

前項他造無正當理由，逾期未答辯或答辯非具體者，法院得審酌情形認當事人已釋明之內容為真實。

前項情形，法院應予當事人辯論之機會，始得採為裁判之基礎。

第36條

當事人或第三人就其持有之營業秘密，經釋明符合下列情形者，法院得依該當事人或第三人之聲請，對他造、當事人、代理人、輔佐人或其他訴訟關係人發秘密保持命令：

一、當事人書狀之內容，記載當事人或第三人之營業秘密，或已調查或應調查之證據，涉及當事人或第三人之營業秘密。

二、為避免因前款之營業秘密經開示，或供該訴訟進行以外之目的使用，有妨害該當事人或第三人基於該營業秘密之事業活動之虞，致有限制其開示或使用之必要。

前項規定，於他造、當事人、代理人、輔佐人或其他訴訟關係人，在聲請前已依書狀閱覽或證據調查以外方法，取得或持有該營業秘密時，不適用之。

法院認有核發秘密保持命令之必要時，經曉諭當事人或第三人依第一項規定提出聲請，仍不聲請者，法院得依他造或當事人之請求，並聽取當事人或第三人之意見後，對未受第一項秘密保持命令之人發秘密保持命令。

受秘密保持命令之人，就該營業秘密，不得為實施該訴訟以外之目的而使用，或對未受秘密保持命令之人開示。

第37條

秘密保持命令之聲請，應以書狀記載下列事項：

一、應受秘密保持命令之人。

二、應受命令保護之營業秘密。

三、符合前條第一項各款所列事由之事實。

第38條

准許秘密保持命令之裁定，應載明受保護之營業秘密、保護之理由，及其禁止之內容。

准許秘密保持命令之裁定，應送達第三十六條第一項、第三項所定持有營業秘密之當事人或第三人、請求人及受秘密保持命令之人。

秘密保持命令自送達受秘密保持命令之人，發生效力。

駁回秘密保持命令聲請或請求之裁定，得為抗告。

第39條

秘密保持命令之聲請人或請求人，除別有規定外，得聲請或請求撤銷該命令。

受秘密保持命令之人，得以其命令之聲請或請求欠缺第三十六條第一項之要件，或有同條第二項之情形，或其原因嗣已消滅，向訴訟繫屬之法院聲請撤銷秘密保持命令。但本案裁判確定後，應向發秘密保持命令之法院聲請。

受秘密保持命令之人已知悉、取得或持有第三十六條第一項第一款之營業秘密者，不得以聲請人或請求人不適格為由，聲請撤銷秘密保持命令；該命令之聲請人或請求人，亦同。

法院認為核發秘密保持命令之裁定不當時，除有前項情形外，得依職權撤銷之。

關於聲請或請求撤銷秘密保持命令之裁定，應送達於聲請人及相對人。

前項裁定，得為抗告。

秘密保持命令經裁定撤銷確定時，失其效力。

撤銷秘密保持命令之裁定確定時，除聲請人、請求人及相對人外，就該營

業秘密如有其他受秘密保持命令之人，法院應通知撤銷之意旨。

第40條

對於曾發秘密保持命令之訴訟，如有未經限制或不許閱覽且未受秘密保持命令之人，請求閱覽、抄錄、攝影或以其他方式重製卷內文書時，法院書記官應即通知第三十六條第一項所定持有營業秘密之當事人或第三人。但秘密保持命令業經撤銷確定者，不在此限。

前項情形，法院書記官自持有營業秘密之當事人或第三人受通知之日起十四日內，不得將卷內文書交付閱覽、抄錄、攝影或其他方式之重製。持有營業秘密之當事人或第三人於受通知之日起十四日內，聲請對前項本文之請求人發秘密保持命令或不予准許、限制其請求時，法院書記官於裁定確定前，不得交付。

持有營業秘密之當事人或第三人，同意第一項之請求時，前項規定不適用之。

第41條

當事人主張或抗辯智慧財產權有應撤銷、廢止之原因者，法院應就其主張或抗辯有無理由自為判斷，不適用民事訴訟法、行政訴訟法、植物品種及種苗法或其他法律有關停止訴訟程序之規定。

前項情形，法院認有撤銷、廢止之原因時，智慧財產權人於該民事訴訟中不得對於他造主張權利。

第42條

前條第一項情形，法院應即通知智慧財產專責機關；訴訟程序終結時，亦同。

智慧財產專責機關收受前項通知時，應即就有無受理撤銷或廢止該智慧財產權申請案件通知法院；智慧財產專責機關已作成行政處分或經申請人撤回者，亦同。

法院收受前項通知後，得依當事人聲請向智慧財產專責機關調取該申請案件之文件影本或電子檔案。

智慧財產專責機關收受第一項通知時，得函請法院提供判斷撤銷或廢止智慧財產權所必要之文件影本或電子檔案。

第43條

當事人依第四十一條第一項規定主張或抗辯專利權有應撤銷之原因，專利權人已向專利專責機關申請更正專利權範圍者，應向法院陳明依更正後之專利權範圍爲請求或主張。

前項情形，專利權人因不可歸責於己之事由，致不得向專利專責機關申請更正，且如不許更正顯失公平者，得逕向法院陳明欲更正專利權之範圍，並以之爲請求或主張。

前二項情形，專利權人應以書狀記載更正專利權範圍所依據之事實及理由，並通知他造當事人。

第一項、第二項情形，法院得就更正專利權範圍之合法性自爲判斷，並於裁判前表明其法律上見解及適度開示心證。

除第二項規定外，專利權人未向專利專責機關申請更正或撤回申請更正者，不得依更正後之專利權範圍爲請求或主張。

法院依第四項判斷更正專利權範圍爲合法時，應依更正後之專利權範圍爲本案之審理。

第44條

法院爲判斷當事人依第四十一條第一項所爲之主張或抗辯有無理由，或前條第四項更正專利權範圍之合法性，於必要時，得就相關法令或其他必要事項，徵詢智慧財產專責機關之意見。

智慧財產專責機關就前項事項之徵詢，或認有陳述意見之必要，並經法院認爲適當者，得以書面或指定專人向法院陳述意見。

智慧財產專責機關依前項規定陳述之意見，法院應予當事人辯論之機會，

始得採爲裁判之基礎。

第45條

智慧財產權益經專屬授權者，權利人、營業秘密所有人或專屬被授權人之一方，就該專屬授權之權益，與第三人發生民事訴訟時，應於言詞辯論終結前相當時期，將訴訟事件及進行程度告知他方。受訴訟之告知者，得遞行告知。

告知訴訟，應以書狀表明理由及訴訟進行程度提出於法院，由法院送達於前項他方及他造。

受告知人不爲參加或參加逾時者，視爲於得行參加時已參加於訴訟。

第46條

保全證據之聲請，在起訴前，向應繫屬之法院爲之；在起訴後，向已繫屬之法院爲之。

法院實施證據保全時，得爲鑑定、勘驗、保全書證或訊問證人、專家證人、當事人本人。

法院實施證據保全時，得命技術審查官到場執行職務。

相對人無正當理由拒絕證據保全之實施時，法院於必要時得以強制力排除之，並得請警察機關協助。

法院於證據保全有妨害相對人或第三人之營業秘密之虞時，得依聲請人、相對人或第三人之請求，限制或禁止實施保全時在場之人，並就保全所得之證據資料，命另爲保管及不予准許或限制閱覽、抄錄、攝影或其他方式之重製。

前項有妨害營業秘密之虞之情形，準用第三十六條至第四十條規定。

法院認爲必要時，得囑託受訊問人住居所或證物所在地地方法院實施保全。受託法院實施保全時，適用第二項至前項規定。

第47條
對於智慧財產民事事件之第一審裁判,提起上訴或抗告者,除別有規定外,專屬智慧財產法院管轄。

第48條
對於智慧財產民事事件之第二審裁判,除別有規定外,得上訴或抗告於第三審法院。
前項情形,第三審法院應設立專庭或專股辦理。

第49條
下列各款之處分確定時,當事人不得依民事訴訟法第四百九十六條第一項第十一款規定,對於專利權、商標權、品種權侵害事件之確定終局判決提起再審之訴:
一、專利權舉發、商標權評定或廢止、品種權撤銷或廢止成立之處分。
二、延長發明專利權期間舉發成立之審定。
三、核准更正專利說明書、申請專利範圍或圖式之審定。
前項情形,假扣押、假處分或定暫時狀態處分事件之相對人,不得向聲請人請求賠償因假扣押、假處分或定暫時狀態處分所受之損害。

第50條
智慧財產民事事件支付命令之聲請與處理,依民事訴訟法第六編規定。
債務人對支付命令提出合法異議者,發支付命令之法院應將卷證移送智慧財產法院處理。

第51條
假扣押、假處分或定暫時狀態處分之聲請,在起訴前,向應繫屬之法院為之;在起訴後,向已繫屬之法院為之。

第52條

聲請定暫時狀態之處分時，聲請人就有爭執之法律關係，及防止發生重大之損害，或避免急迫之危險，或有其他相類之情形，而有必要之事實，應釋明之；其釋明有不足者，法院應駁回聲請。

聲請之原因雖經釋明，法院仍得命聲請人供擔保後為定暫時狀態之處分。

法院為定暫時狀態之處分前，應予當事人陳述意見之機會。但聲請人主張有不能於處分前通知相對人陳述之特殊情事，並提出確實之證據，經法院認為適當，或法院認聲請人之聲請顯無理由者，不在此限。

聲請人自定暫時狀態之處分送達之日起十四日之不變期間內，未向法院為起訴之證明者，法院得依聲請或依職權撤銷之。

前項撤銷處分之裁定於公告時生效。

定暫時狀態處分之裁定，因自始不當、第四項情形、聲請人聲請或其受本案判決敗訴確定而撤銷者，聲請人應賠償相對人因處分所受之損害。

第53條

判決，應以正本送達於當事人；正本以電子文件為之者，應經應受送達人同意。但對於在監所之人，正本不得以電子文件為之。

前項規定，於裁定準用之。

第54條

智慧財產及商業法院組織法第三條第二款本文、第四款所定刑事案件，由地方法院管轄。

營業秘密刑事案件之第一審管轄，依下列各款規定定之，不適用前項規定：

一、犯營業秘密法第十三條之一、第十三條之二、第十三條之三第三項及第十三條之四之罪之案件，應由第一審智慧財產法庭管轄。

二、犯國家安全法第八條第一項至第三項之罪之案件，應由第二審智慧財產法庭管轄。

與前項第一款之案件有裁判上一罪或刑事訴訟法第七條第一款所定相牽連關係之第一審管轄權屬於地方法院之其他刑事案件，經檢察官起訴或合併起訴者，應由第一審智慧財產法庭管轄。

第二項第一款之案件，其偵查中強制處分之聲請，應向犯罪地或被告之住所、居所或所在地之地方法院爲之。

第55條

卷宗及證物之內容涉及營業秘密者，法院得依當事人或利害關係人之聲請不公開審判。

卷宗及證物之內容涉及營業秘密者，法院得依當事人、利害關係人之聲請或依職權限制卷宗及證物之檢閱、抄錄、攝影或其他方式之重製。

法院辦理前二項不公開審判及卷宗、證物之檢閱、抄錄、攝影或其他方式之重製範圍及方法等事項，由司法院會同行政院定之。

第56條

營業秘密刑事案件及其附帶民事訴訟，其卷宗及證物之內容涉及當事人或利害關係人之營業秘密，而爲犯罪事實或損害賠償事實之證明或釋明方法者，除有特別情形外，當事人或利害關係人於第一次審判期日前，得聲請法院定其去識別化之代稱或代號。

前項聲請，應以書狀明確記載下列事項：

一、應去識別化之營業秘密。

二、代稱或代號之用語。

三、第一款之營業秘密於訴訟程序開示，有妨害當事人或利害關係人基於該營業秘密之事業活動之虞。

法院爲第一項裁定前，應予訴訟關係人陳述意見之機會。

法院對於第一項之聲請，認爲不合法律上之程式或法律上不應准許或無理由者，應以裁定駁回之。但其不合法律上之程式可以補正者，應定期間先命補正。

法院認爲第一項之聲請有理由者，除有特別情形外，應於第一次審判期日

前裁定准許之。

前二項裁定，不得抗告。

第57條

不服第一審智慧財產法庭關於第五十四條第二項第一款案件依簡易程序所為裁判，提起上訴或抗告者，應向智慧財產法庭合議庭為之。

前項情形，準用刑事訴訟法第四百五十五條之一第二項、第三項及第四編規定。

第58條

不服地方法院關於第五十四條第一項案件或第一審智慧財產法庭受理之案件，依通常、簡式審判或協商程序所為第一審裁判，提起上訴或抗告者，應向第二審智慧財產法庭為之；不服地方法院關於第五十四條第一項及第二項第一款案件於偵查中所為強制處分裁定，提起抗告者，亦同。

與第五十四條第一項案件有刑事訴訟法第七條第一款所定相牽連關係之其他刑事案件，經地方法院合併裁判，並合併上訴或抗告者，適用前項規定。但其他刑事案件係較重之罪，且案情確係繁雜者，第二審智慧財產法庭得裁定合併移送該管高等法院審判。

前項但書之裁定，得為抗告。

第59條

前條第二項但書之情形，受移送之法院認管轄權有爭議者，除當事人已依前條第三項規定提起抗告，經最高法院認為無理由者外，應以裁定停止訴訟程序，並向最高法院請求指定管轄法院。

前項情形，最高法院認受移送法院有管轄權，應以裁定駁回之；認受移送法院無管轄權，應以裁定指定該案件之管轄法院。

前項情形，受指定之法院，應受指定裁定之羈束。

受移送法院或受指定之法院所為本案裁判之上訴，最高法院不得以無管轄權為由撤銷之。

第60條

前條第一項停止訴訟程序之裁定,受移送法院得依聲請或依職權撤銷之。

受移送法院為前項裁定後,應速通知最高法院。

受移送法院所為第一項裁定確定時,視為撤回其指定之請求。

第61條

移送訴訟前或第五十九條第二項之裁定前,如有急迫情形,事實審法院應依聲請或依職權為必要之處分。

移送訴訟之裁定確定時,視為該訴訟自始即繫屬於受移送之法院。

前項情形,法院書記官應速將裁定正本附入卷宗,送交受移送之法院。

第62條

不服第二審智慧財產法庭所為裁判,提起上訴或抗告者,除別有規定外,應依刑事訴訟法規定,向最高法院為之。

前項情形,最高法院應適用第三審程序,並設立專庭或專股辦理。

第63條

審理第五十四條第一項及第二項案件之附帶民事訴訟,其刑事訴訟經依刑事訴訟法第一百六十一條第二項裁定駁回起訴者,應以裁定駁回原告之訴,並準用刑事訴訟法第五百零三條第一項至第三項規定。

審理第五十四條第一項及第二項案件之附帶民事訴訟,除最高法院依刑事訴訟法第五百零八條至第五百十一條規定裁判者外,應自為裁判,不適用刑事訴訟法第五百零四條第一項、第五百十一條第一項本文規定。但依刑事訴訟法第四百八十九條第二項規定諭知管轄錯誤及移送者,不在此限。

事實審法院違反第一項、前項本文、刑事訴訟法第五百零二條第一項、第五百零三條第一項本文、第四項規定,將附帶民事訴訟裁定移送法院之民事庭者,應於裁定送達後十日內依職權撤銷之,逾期未撤銷者,除別有規定外,視為撤銷該移送裁定。

前項依職權或視為撤銷裁定,應通知受移送法院之民事庭。

第三項情形，於受移送法院之民事庭已為終結者，不適用前二項規定。

第三項移送之裁定經依職權撤銷者，不得聲明不服。

第64條

不服地方法院關於第五十四條第一項案件或第一審智慧財產法庭受理之案件，依通常、簡式審判或協商程序之附帶民事訴訟所為裁判，提起上訴或抗告者，應向第二審智慧財產法庭為之。

不服第一審智慧財產法庭關於第五十四條第二項第一款案件依簡易程序之附帶民事訴訟所為裁判，提起上訴或抗告者，應向該智慧財產法庭之合議庭為之。

不服第二審智慧財產法庭受理之案件，依通常、簡式審判或協商程序之附帶民事訴訟所為裁判，提起上訴或抗告者，應依刑事訴訟法規定，向最高法院為之。

第四十八條第二項規定，於前項情形準用之。

第65條

第五十四條第一項及第二項案件之附帶民事訴訟應與刑事訴訟同時裁判。但有必要時，得於刑事訴訟裁判後六十日內裁判之。

對於簡易程序之附帶民事訴訟第二審裁判上訴或抗告於第三審法院者，準用民事訴訟法第四百三十六條之二至第四百三十六條之五規定。

第66條

第二十九條第一項、第三十六條至第四十條、第四十一條第一項及第五十三條規定，於審理第五十四條第一項及第二項案件或其附帶民事訴訟時，準用之。

第四十九條規定，於審理違反商標法案件而提起之附帶民事訴訟時，準用之。

第五十四條第一項及第二項案件，準用刑事訴訟法關於被害人訴訟參與之規定。

第72條

違反本法秘密保持命令者，處三年以下有期徒刑、拘役或科或併科新臺幣一百萬元以下罰金。

犯前項之罪，其受命令保護之營業秘密，屬國家安全法第三條所指國家核心關鍵技術之營業秘密者，處五年以下有期徒刑、拘役或科或併科新臺幣三百萬元以下罰金。

於外國、大陸地區、香港或澳門犯前二項之罪者，不問犯罪地之法律有無處罰規定，亦適用前二項規定。

第73條

法人之負責人、非法人團體之管理人或代表人及法人、非法人團體或自然人之代理人、受雇人或其他從業人員，因執行業務犯前條之罪者，除處罰其行為人外，對該法人、非法人團體或自然人亦科以前條第一項、第二項之罰金。但法人之負責人、非法人團體之管理人或代表人及自然人對於犯罪之發生，已盡力為防止行為者，不在此限。

第74條

查證人於法院審判時，就案情有重要關係之事項，具結而為虛偽查證或陳述者，處七年以下有期徒刑。

犯前項之罪，於所虛偽查證或陳述之案件，裁判確定前自白者，減輕或免除其刑。

查證人違反查證之目的，而重製、使用或洩漏因查證所知悉之營業秘密，處三年以下有期徒刑、拘役或科或併科新臺幣一百萬元以下罰金。

犯前項之罪，其重製、使用或洩漏之營業秘密，屬國家安全法第三條所指國家核心關鍵技術之營業秘密者，處五年以下有期徒刑、拘役或科或併科新臺幣三百萬元以下罰金。

於外國、大陸地區、香港或澳門犯第三項、第四項之罪者，不問犯罪地之法律有無處罰規定，亦適用第三項、第四項規定。

附錄三至五：員工保密與競業禁止合約例稿、保密契約例稿[1]

附錄三　員工保密與競業禁止合約例稿

立合約書人：＿＿＿＿＿＿＿＿公司（下稱甲方）

＿＿＿＿＿＿＿＿先生／小姐（下稱乙方）

　　茲因甲方雇用乙方提供勞務，乙方於受僱期間，將取得、接觸或知悉甲方認為具有機密性或甲方依約對第三者負保密義務之機密資訊。雙方為此協議訂定下列條款，以茲遵守。

第1條：本合約所指機密資訊，係指乙方於受僱期間內，因使用甲方之設備、資源或因職務關係，直接或間接收受、接觸、知悉、構思、創作或開發之資料及資訊，或標示密字或其他類似文字或經宣示為機密者，不論其是否以書面為之、是否已完成，亦不問是否可申請、登記專利權或其他智慧財產權等。茲舉例如後：

1. 生產、行銷、採購、定價、估價、財務之技巧、資料或通訊，現有顧客及潛在顧客之名單及其需求，甲方受雇人、顧客、供應商、經銷商之資料及其他與甲方營業活動及方式有關之資料。

2. 產品配方、設計以及所有相關之文件。

3. 發現、概念及構想，例如研究及發展計劃之特色及結果、程序、公式、發明以及與甲方產品有關之設備或知識、技術、專門技術、設計、構圖及說明書。

4. 其他有關甲方之營業或其他活動之事物或資料，且非一般從事

---

[1] 經濟部智慧財產局2003年12月營業秘密法制之研究期末報告之附件5至7，網頁：http://www.tipo.gov.tw/ch/Download_DownloadPage.aspx?Path=2962&UID=9&ClsID=46&ClsTwoID=106&ClsThreeID=0&KeyWord=，最後瀏覽日期：2012年2月2日。

類似事業或活動之人所知悉者。

5.由於接觸或知悉上述各項資料或資訊，因而衍生之一切構想。

第2條：乙方對於甲方之機密資訊應保持其機密性，非經甲方事前書面同意或依乙方職務之正當履行，不得交付、告知、移轉或以任何方式洩漏予第三人或對外發表，亦不得為自己或第三人利用或使用之，離職後亦同。

第3條：非經乙方前雇主或他人之書面授權，乙方就其在甲方之職務行為，絕不引用或使用任何專屬於乙方前雇主或他人之機密資訊；乙方並保證不將他人之機密資訊揭露予甲方使用。

第4條：乙方因職務收到他人之機密資訊時，應告知甲方相關主管部門，對該他人之機密資訊並應依該他人與甲方約定之保密規定及本合約之規定履行。

第5條：甲方或機密資訊之所有人對外公開其所擁有之機密資訊時，乙方始解除該機密資訊之保密責任。

第6條：乙方於受僱甲方前如有簽署任何文件，致其無法履行委任合約及保密約款之規定時，應於簽訂本約同時告知甲方，否則乙方即應完全與確實依聘僱合約及保密約款之約定履行。

第7條：乙方對於甲方與第三人合作所負之保密義務，亦同意與甲方負相同之義務，對於第三人之營業秘密或機密資訊，盡最大之注意義務加以保護，以避免發生違約之情事。

第8條：倘乙方於在職期間因過失違反保密約款時，依甲方內部規章處理，情節嚴重時，甲方並得立即終止與乙方間之聘僱合約。乙方因故意或重大過失違反保密約款時，甲方得立即終止本合約，乙方並應對甲方所有損失負賠償責任。

第9條：乙方於本合約存續期間，非經甲方書面同意，不得有下列行為：

1.以自己或他人名義從事或經營與甲方直接競爭之商品或服務。

2.以自己或他人名義投資（包括直接投資、間接投資或任何其他投資形式）與甲方業務相同或類似之事業。

3.於與甲方從事相同或類似業務之公司或事業擔任受雇人、受任人或顧問。

第10條：乙方於與甲方間合約關係終止或解除後，2年內不得為自己或他人從事或經營與甲方直接競爭之商品或服務。而乙方於與甲方間合約關係終止或解除後，無論何時，非經甲方書面同意，不得使用其所持有或知悉之甲方機密資訊。

第11條：乙方違反第9條至第10條之約定者，甲方得請求乙方因違約行為所得之利益，作為甲方之損害賠償，乙方如經甲方通知停止前述行為而仍未改正時，乙方應賠償新臺幣○○○之違約金予甲方。

第12條：本合約書之成立、解釋及履行應以中華民國法律為準據法。甲乙雙方同意因本合約書所生之或與本合約書相關之法律行動或訴訟，臺灣○○地方法院有第一審管轄權。

立合約書人

甲　　方：

代　表　人：

統一編號：

地　　址：

乙　　方：

身分證字號：

地　　址：

中華民國　　　　年　　　　月　　　　日

附錄四　保密契約例稿一

立合約書人：＿＿＿＿＿＿＿股份有限公司（下稱甲方）
　　　　　　＿＿＿＿＿＿＿股份有限公司（以下稱乙方）

　　茲因甲乙雙方擬進行【填入合作事項說明】之合作，爲確保甲方所擁有之機密資訊及合作事項之秘密性，同意依本保密合約進行合作。

第1條：乙方及其受雇人、代理人、經銷商或關係企業，因本合作相關合作事項之進行，而接觸他方之機密資訊，均受本合約之拘束。

第2條：本合約所稱之機密資訊如下：雙方合作內容、具體實施細節、電子郵件往來內容及相關會談內容。甲方所交付予乙方之所有文件或電磁紀錄。經甲方標示或聲明爲機密或類似字句之資料、文件、圖形、構想、電磁紀錄等。其他經雙方同意列爲機密資訊之資料。

第3條：乙方同意對於因本合作事項所爲之接觸，而知悉或取得甲方之機密資訊，應採取適當之保護措施。甲、乙雙方應使其受雇人、代理人、經銷商或關係企業，於有接觸他方營業秘密之可能性時，受此保密合約之約束。

第4條：乙方同意非經甲方之書面同意，不得將甲方之機密資訊洩漏予第三人知悉。

第5條：乙方違反本保密合約，甲方得請求新臺幣○○○萬元之損害賠償。

第6條：本契約自簽約日起生效，於正式契約生效日起失其效力，但正式契約中，無保密事項之規定時，本保密合約之效力，至正式契約到期日2年內，仍具有法律效力。

立合約書人
甲　　方：
代 表 人：
統一編號：

地　　址：
乙　　方：
代 表 人：
統一編號：
地　　址：
中華民國　　　年　　　月　　　日

附錄五　保密契約例稿二

立合約書人：＿＿＿＿＿＿股份有限公司（下稱甲方）

　　　　　　＿＿＿＿＿＿股份有限公司（下稱乙方）

　　茲因雙方合作進行【請填入合作內容】，而擬由甲方提供具有機密性之資訊（下稱機密資訊）供合作使用。甲乙雙方為此協議訂定下列條款，以茲遵守：

第1條：機密資訊

本合約書所稱機密資訊者，係指甲方提供予乙方關於甲方產品及服務相關之資訊，其中包括但不限於書面或口頭的客戶及潛在客戶名單與資料、市場資訊、產品行銷財務狀況、發展策略、營業秘密與智慧財產、知識、數據、圖樣、技術訣竅、分析、資料匯編、研究及其它向乙方以電子檔或其他方式傳送的資料。任何乙方自甲方取得之資料、乙方依據或與機密資訊有關之其他資料所編撰之資訊，或包含機密資訊之全部或一部或依據機密資訊之全部或一部所匯編之資料，暨由乙方執行而與機密資訊有關之測試或使用結果，均將被視為機密資訊。

第2條：乙方之義務

乙方瞭解並同意，除為進行本合作必要範圍內使用機密資訊或經甲方事前之書面同意外，乙方不得以任何其他目的或用途為由，直接或間接利用、應用或以其他方式使用甲方所提供之機密資訊。本合約書有效期間內，除本合約書另有規定或甲方事前以書面同意外，乙方不得提供機密資訊之一部或全部予任何個人、商號、公司或其他第三人。乙方在知悉機密資訊有洩漏、被發表或散佈之情事或知悉有前述情事之虞者，除應盡力阻止機密資料之發表或散佈外，應於知悉該等情事後○○日內以書面迅速通知甲方前述情事之發生。

第3條：保密義務之除外規定

機密資訊有下列情形之一者，乙方不負第2條之保密義務：

1. 甲方提供予乙方時已屬於公眾所知悉或曾公開發表之資訊。
2. 甲方於提供予乙方後，非因乙方之違約行為而該機密資訊已成為公眾資訊。
3. 甲方提供予乙方時，乙方已持有該資訊，且不需對該資訊負任何保密義務。
4. 在未有類似限制或符合本合約書規定下，甲方自其他第三人處取得或知悉之資訊。
5. 乙方依政府機關依法律、法規或命令須揭露，或依任何有管轄權法院之命令而揭露。

第4條：機密資訊之權利歸屬

乙方同意，任何機密資訊之原本及複製本之所有權均屬於甲方，乙方不因收受機密資訊或簽署本合約書，而就甲方所提供之機密資訊取得任何授權或法律上之權利。

第5條：資訊之返還

甲方得於任何時間以書面要求乙方返還其依本合約規定所提供一切機密資訊及其所有副本，並要求乙方以書面保證其於返還機密資訊時，並無直接或間接持有以及控制機密資訊及其副本之全部或一部。

乙方應於接到前述甲方之書面要求後之○○日內返歸機密資訊予甲方，否則視為乙方違約。

乙方於本合約書期間屆滿或期前終止之日起○○日內，應返還甲方於本合約書期間屆滿或期前終止前已揭露之機密資訊，並不得直接或間接持有以及控制機密資訊及其副本之全部或一部。

第6條：甲方之保證

甲方保證其所提供之機密資訊並無違反甲方與其他第三人達成之任何協議或侵犯其他第三人依法享有之權利。如甲方有違反本項保證之情事，乙方得對甲方請求因此所生之所有損失，包括所受損害及所失利益。

第7條：期間與終止

本合約書自簽署日起○○年內有效。本合約書期間屆滿或期前終止前已揭露之機密資訊，自本合約書期間屆滿或期前終止之日起○○年內仍有效力。

如甲方或乙方有違反本合約之情事（下稱違約方），並且在接到他方當事人（以稱未違約方）之違約及責成修改的書面通知後○○日內仍未作出修正時，未違約方得以書面通知違約方終止本合約書。

除前項規定外，如因違約方違反本合約書之規定致未違約方受有損害者，違約方應負損害賠償責任，其中包括但不限於訴訟費用或給付第三人之賠償費用。如未違約方得證明有其他之損害者，其中包括但不限於營業損害或其他實際支出或費用，亦得併同向違約方請求。如違約方有取得任何利益之情事，違約方應返還全部利益予未違約方，作為損害賠償之一部分。

第8條：其他

除本合約書另有規定或經他方當事人之書面同意外，甲方或乙方不得將本合約書之權利與義務一部或全部轉讓予其他第三人。

本合約書任何條款之修訂、解釋、或棄權應經甲乙雙方以書面方式為之後始生效力。

本合約書將取代所有甲乙雙方間曾經簽署的保密合約及其他一切類似之合意或意思表示。

依本合約書作成之任何通知、請求、要求及其他之訊息傳遞，將自任一方當事人進行當面送達，或依上述本合約書所記載之地址或其後一方當事人通知指定之其他地址進行郵遞後○○日，視為已合理送達對方。

本合約書之成立、解釋及履行應以中華民國法律為準據法。甲乙雙方同意因本合約書所生之或與本合約書相關之一切法律行動或訴訟，臺灣○○地方法院有第一審管轄權。

本合約書共一式二份，由甲乙雙方各執乙份以為憑據。

立合約書人

甲　　　方：

代 表 人：

統一編號：

地　　　址：

乙　　　方：

代 表 人：

統一編號：

地　　　址：

中華民國　　　年　　　月　　　日

附錄六　檢察機關辦理違反營業秘密法案件注意事項之釋明事項表[2]

本表由告訴人或告訴代理人填具，本表內容係供檢察官調查方向之參考，非起訴與否之依據，請務必據實填寫。

一、基本資料

資料項目	填寫內容	告證編號
告訴人		
告訴代理人		
事業性質		
主要聯絡人		
連絡電話（請列市話及行動電話）		
電子郵件		
傳真電話		
與本案有關之部門業務簡介		
與本案有關之成員業務分工		

二、受損害之營業秘密名稱

營業秘密項目	營業秘密名稱	存放處
項目一		
項目二		

---

[2] 高一書，辦理營業秘密案件之經驗分享，2016年智慧財產法院法官在職研修，法官學院，2016年9月9日。

三、受損害之營業秘密內容

營業秘密項目一		告證編號
1.營業秘密一般性描述		
1.1內容描述	□方法 □技術 □製程 □配方 □程式 □設計 □其他可用於生產、銷售或經營之資訊	
1.2完成之時間	（請簡要說明）	
1.3是否用於或計畫使用於產品或服務？	□均否 □已用於產品或服務，說明： ＿＿＿＿＿＿＿＿＿＿＿＿ □計畫使用於產品或服務，說明： ＿＿＿＿＿＿＿＿＿	
2.營業秘密之歸屬		
2.1受僱人職務上研究或開發？契約約定內容？	□否 □是，說明：＿＿＿＿＿	
2.2出資聘請他人從事研究或開發？契約約定內容？	□否 □是，說明：＿＿＿＿＿	
2.3數人共同研究或開發?契約約定內容？	□否 □是，說明：＿＿＿＿＿	
2.4受讓而來？是否讓與他人或與他人共有？契約約定內容？	□否 □是，說明：＿＿＿＿＿	
2.5授權他人使用？授權範圍？	□否 □是，說明：＿＿＿＿＿	
2.6由他人授權而使用？授權範圍？	□否 □是，說明：＿＿＿＿＿	
3.營業秘密之估價價值		
3.1使用之估價方法與價值	□發展該營業秘密之成本，估價： ＿＿＿＿＿＿＿＿＿ □取得該營業秘密之價格（含取得之日期及來源），估價： ＿＿＿＿＿＿＿＿＿	

	□預期可於公平市場轉售之價格，估價：_____	
3.2最了解營業秘密價值之營業秘密所有人、第三方估價者的姓名、職稱及聯絡資訊	（請說明）	
3.3就該營業秘密遭受損害有無所受損害及所失利益	□否 □是，說明：_____	
3.4本案犯罪行為人是否擬出售該營業秘密	□否 □是，其出售價格及相關說明：_____	

四、受損害營業秘密的特性

營業秘密項目一		告證編號
1.營業秘密為大眾或一般涉及該類資訊之人所知悉，或得經由適當方式識別者？	□否 □是，說明：_____	
2.相關文獻、研討會或專利文件，已揭露該營業秘密？	□否 □是，說明：_____	
3.該營業秘密為告訴人員工在任職期間所獲得之一般性知識、技能及資訊	□否，說明：_____ □是，說明：_____	
4.如有為強制處分必要，該營業秘密之資訊特徵與鑑識方式	（請說明）	

五、保護營業秘密之措施——客體部分：倘涉數項目，請增列表格分別說明

營業秘密項目一		告證編號
1.實體隔離措施		
1.1請描述公司關於辦公場所之進入或移動採取之一般安全常規，例如在辦公場所周圍設有圍牆、訪客管理系統、使用警報系統、自動上鎖門或保全人員等	（請說明）	

	1.2請描述公司採取為避免未經授權檢視或存取營業秘密的任何安全措施,例如將存放處上鎖或於入口處標示「僅限經授權人員」	(請說明)	
	1.3請描述公司採取追蹤員工存取營業秘密資料之程序,例如存取或返還該等資料的登記資料程序	(請說明)	
	1.4要求員工配戴身分識別證	□否 □是,請說明: _____	
	1.5公司訂有安全方針	□否 □是,請勾選如下並提供資料: □該安全方針包含處理營業秘密資訊內容 □員工知悉該安全方針 □要求員工簽署知悉安全方針之確認書	
	1.6請提供最了解安全方針事務者之姓名、職稱及聯絡資訊	(請說明)	
	1.7曾存取該營業秘密資訊的員工人數	(請說明)	
	1.8員工存取營業秘密是由是否以「有知悉必要」前提為限	□否 □是,請說明: _____	
2.以電子形式儲存營業秘密所採取之措施			
	2.1請描述營業秘密為電腦原始碼或其他以電子形式儲存之資訊,所規範之存取權限,例如員工配發專屬的使用者名稱、密碼;其電子儲存空間與資訊是否加密等	(請說明)	
	2.2公司儲存營業秘密之電腦網路是否受防火牆保護	□否 □是,請說明: _____	
	2.3前開電腦網路是否可遠端存取	□否 □是,請說明: _____	
	2.4營業秘密存放在分離的電腦伺服器中	□否 □是,請說明: _____	
	2.5公司禁止員工使用未經許可的電腦程式或未經允許的外部裝置(如可攜式儲存裝置)	□否 □是,請說明係全面開放或有部分限制: _____	

	2.6公司留存電子存取紀錄（如電腦紀錄檔）	□否 □是，請說明：_____	
3.文件管理措施			
	3.1營業秘密包含於文件檔案中，該等文件檔案清楚標示「機密」（Confidential、Proprietary）或類似字樣	□否 □是，說明：_____	
	3.2請描述公司所採用的文件管理程序，如限制文件存取或登錄方針等	（請說明）	
	3.3公司之文件管理程序有無書面方針	□否 □是，請說明員工知悉該方針之內容：_____	
	3.4請提供最了解文件管理程序者的姓名、職稱及聯絡資訊		

六、保護營業秘密之方法——人員部分

營業秘密項目一			告證編號
1.保密協議（Confidentiality and Non-Disclosure Agreements）之簽署			
	1.1公司就營業秘密相關事項與員工及第三人簽署保密協議	□否 □是，說明：_____	
	1.2公司訂定並分送書面機密方針與員工	□否 □是，說明：_____	
	1.3公司告知員工有關營業秘密方針	□否 □是，說明：_____	
2.員工管理措施			
	2.1新進員工背景調查	□否 □是，說明：_____	
	2.2舉辦關於防護營業秘密的經常性員工訓練	□否 □是，說明：_____	
	2.3公司辦理「離職面談」提醒將離職人員有關營業秘密之保密義務	□否 □是，說明：_____	

七、營業秘密之損害

營業秘密項目一			告證編號
1.可疑犯罪行為人資訊			
	1.1公司內部型	（若涉數人，請分列） 姓名：＿＿＿＿＿ 電話：＿＿＿＿＿ 電子郵件：＿＿＿＿＿ 住／居所：＿＿＿＿＿ 人事資料：＿＿＿＿＿ 使用帳戶：＿＿＿＿＿ 現任職雇主：＿＿＿＿＿ 其他足資識別特徵：＿＿＿＿＿ 交往關係：＿＿＿＿＿ 可疑為犯罪行為人之理由：＿＿＿＿＿ ＿＿＿＿＿＿＿＿＿ 其他資訊：＿＿＿＿＿	
	1.2公司外部型	（若涉數人，請分列） 與告訴人關係： □競爭關係 □合作廠商 □上下游廠商 其他教唆者： □公司 □外國政府 □大陸地區	
2.遭損害途徑			
	2.1如何發現損害	（請說明）	
	2.2遭損害途徑	□使用自己或他人帳戶密碼進入伺服器 □電子郵件傳輸 □紙本、列印 □以電腦或行動電話應用程式轉載或傳輸 □以行動電話或其他方式錄影 □惡意挖角 □競爭對手高價惡意購買 □其他，請說明：＿＿＿＿＿	

2.3請描述損害之種類（即營業秘密法第13條之1第1項之何種類型或第13條之2所示情形）	（請說明）	
2.4營業秘密之損害是否有利於第三人，例如競爭者或其他事業體	☐否 ☐是，請指出該事業、地址及理由： _____	
2.5有無任何資訊可認該營業秘密之損害有利於外國政府或外國政府之執行機構	☐否 ☐是，請指出該外國政府或執行機構為何，並說明資訊來源：_____	
2.6如犯罪嫌疑人為現職或前員工，請說明所有保密協議內容	（請說明）	
2.7請說明營業秘密被損害之相關實體處所，例如該營業秘密可能被儲存或使用處	（請說明）	
2.8如告訴人已進行損害營業秘密之內部調查，請描述任何所得證據或調查報告	（請說明）	
2.9本案是否已向其他機關（不限於偵查機關）提出告訴或反映，請提供機關名稱及處理情形	（請說明）	

八、民事保全程序

營業秘密項目一		告證編號
請說明已否對可疑之犯罪行為人提出假扣押、假處分或聲請核發秘密保持令	☐否，請說明是否擬提民事訴訟、訴訟種類及擬提出之時程： _____ ☐是，請提供下列資訊： ■法院名稱及案號： ■提出訴訟之日期： ■訴訟代理人： ■訴訟進度：_____	

九、其他

營業秘密項目一		告證編號
1.請提供上述以外有利本案追訴之相關資訊	（請說明）	
2.除營業秘密法第13條之1、第13條之2以外，可能構成刑法或特別刑法之犯罪	☐否 ☐是，請說明：＿＿＿＿＿＿＿＿	

附錄七　2016年美國營業秘密防衛法原文與中文翻譯

本法於2016年4月11日由參議院司法委員會通過，2016年4月26日由眾議院司法委員會通過，嗣於2016年5月11日美國政府公布。修正美國法典第18編刑事訴訟程序（Crimes and Criminal Procedure）、第90章營業秘密保護（Protection of Trade Secrets）之第1832條竊取營業秘密（Theft of trade secrets）、第1835條秘密保持命令（Orders to preserve confidentiality）、第1836條民事訴訟責任規定（Civil proceedings to enjoin violations）、第1838條與其他法規關係之解釋（Construction with other Laws）及第1839條用語定義（Definitions）等規定。

第1條　簡稱
本法或可引用為營業秘密防衛法。

§1　Short Title
This Act may be cited as the "Defend Trade Secrets Act of 2016".

第2條　竊取營業秘密聯邦管轄權
(a) 總說—美國法典第18章第1836條b項修正，並增訂以下條款：

(b) 民事訴訟

(1) 總說—

營業秘密所有人在跨州或外國貿易被他人不正當取方法得營業秘密，而該營業秘密之使用與產品或服務相關，或意欲使用該營業秘密，得依本項規定提起民事訴訟。

(2) 民事扣押—

　　(A)總說—

　　　　(i)　聲請—法院於特別情形下，就聲請人所提出之宣誓書或經確認之請求書符合本條要件時，對繫屬於本案訴訟者，為防止營業

秘密之複製或擴散之必要，得核發扣押令。

(ii) 核發要件－除非法院認顯然有以下之特別事實者外，法院得不予核發扣押令：

(I) 依聯邦證據規則第65條規定或其他衡平救濟方式所核發之命令對達成本條之目的係不適宜者，因當事人對即將核發之命令，會有逃避或規避或其他不符合該命令之行為情況；

(II) 如不予核發命令，將會發生立即與不能回復之損害；

(III) 否准聲請所造成之損害，大於准許扣押後相對人之合法利益損害，且顯然大於第三人因扣押所造成的損害；

(IV) 聲請人成功地證明：

　(aa) 所涉資訊係營業秘密；且

　(bb) 受扣押命令之相對人有：

　　(AA) 以不正當方法竊占聲請人之營業秘密；

　　(BB) 預備使用該以不正當方法竊占聲請人之營業秘密；

(V) 相對人實際占有下列事項即應核發扣押令：

　(aa) 營業秘密，

　(bb) 應被扣押之財產；

(VI) 聲請書合理敘述應被扣押事物，應受扣押之合理程度，確認應被扣押事物之地點；

(VII) 應受扣押命令之相對人或與其會配合之第三人，即將毀損、搬遷、隱匿或其他使被聲請扣押之物無法於訴訟中使用等情形；

(VIII) 聲請人尚未公開已請求之扣押令。

(B) 扣押命令應記載事項－

依前款核發扣押命令，應記載下列事項：

(i) 認定應扣押之事實與適用之法律；

(ii) 達到本條目的所要扣押財產之最小範圍，指示執行扣押之方法
應介入第三人業務最小化，並盡可能不干擾相對人之業務活
動。

(iii)

(I)　爲保護扣押財產，得附有禁止聲請人接近或命令相對人揭
露資訊，且可禁止扣押財產爲全部或部分之重製，以避免
相對人或他人的過度損害，直至當事人於法院審理時有機
會接觸時止。

(II)　扣押令係准許聲請人或相對人接近該等資訊時，該接近需
符合D款規定；

(iv) 規定執行人員實施扣押時，應清楚載明下列事項：

(I)　得執行扣押的時間；且

(II)　是否得對封閉區域使用強制力。

(v) 除相對人或他人同意於其他日期審理外，盡快就F款所定之扣
押審理於命令核發後7日內定期審理，但因命令而受損害之相
對人或其他人於聲請人獲得命令接到通知後之任何時間得聲請
法院理清或修正命令；並且

(vi) 法院得對聲請人就不法、或過度扣押、或未達到不法或過度扣
押但卻有損害時，訂定適當之擔保。

(C)扣押命令公開後之保護—
法院得對收受命令之人就該命令或因扣押而被公開之人，採行適當
之手段以保護之。

(D)法院保管扣押物—

(i)　總說—
依本項規定所扣押之物，應由法院保管。法院於扣押期間應確
保扣押物被他人以實體與電子方式接觸。

(ii)　儲存媒體—
被扣押物如包含儲存媒體，或被扣押物儲存於儲存媒體中，未

經當事人同意，法院於依本項B款(V)目及F款所定情形審理之前，應禁止該媒體與電腦網路或網際網路連結。

(iii) 秘密之保護—

除相對人同意揭露被扣押物外，法院對依本項規定扣押之被扣押物而與營業秘密資訊無關者，應採取適當之措施保護其秘密。

(iv) 指定特別管理人—

法院得指定特別管理人確定被侵占盜用營業秘密資訊地點並予以隔離，及便利被扣押人取回與扣押令無關之財產與資訊。法院指派之持別管理人應同意接受法院允許之保密協議之拘束。

(E) 命令之送達—

本項所定之扣押令，法院應指示送達扣押令及聲請人聲請狀繕本，並予以送達，與依命令執行。法院得允許州或地方行政執行人員參與扣押，但不得同意聲請人或其代理人加入扣押執行程序。如法院認專家參與對執行效率與減少扣押費用支出有益者，得依執行人員之請求，允許與聲請人無關係且同意按法院核定保密協議所拘束之技術專家參與執行。

(F) 扣押之審理程序—

(i) 期日—核發扣押命令之法院應依B款v目規定訂定審理期日。

(ii) 舉證責任—依本項規定進行之審理程序，依A款規定收受扣押命令之當事人，應舉證證明主張之事實與適用之法律足以支持其主張。如果當事人不能舉證，應駁回其聲請或修正為適當之命令。

(iii) 撤銷或修正扣押令—

扣押命令相對人或因扣押命令受損害之人，於扣押令送達當事人後，得於任何時間聲請法院撤銷或修正扣押命令

(iv) 證據開示之時間限制—

　　　法院得訂定依聯邦證據規則規定所調整證據開示時間限制，以防止本項所定審理程序成為無效。

(G)不法扣押命令之損害賠償訴訟——

　　因不法或過度扣押受損害之人聲請人起訴請求賠償，並有與1946年營業秘密法第34條d項11款相同之權利。依B款vi目規定，法院裁定之擔保，不應限制第三人請求回復損害之賠償範圍。

(H)聲請加密——

　　當事人或對被扣押物主張具有利害關係之人，得隨時聲請法院依本條規定就已扣押或即將扣押而儲存於媒體內之物聲請加密，法院對此聲請得單方審理。如果可能，聲請包括加密方式。

(3) 救濟程序——

依本條關於侵占盜用營業秘密原因所提起之民事訴訟程序，法院得——

(A)核發禁制令——

(i)　法院認為b項(1)款所定之營業秘密，為防止其被侵占盜用或有被侵占盜用之虞，就下列情形可核發禁制令：

(I)　　為防止相對人訂定有侵占盜用營業秘密資訊之虞之僱傭關係，且該資訊非僅該相對人所知悉；或

(II)　違反州法禁止對合法專業、貿易或業務執行之限制規定；

　　　(ii) 由法院核發禁制令為適當時，須採取積極措施以防護營業秘密；且

　　　(iii) 於有不公平之例外情形時，法院得核准禁制令就已有授權並取得權利金之營業秘密於未來之使用期間，短於法院禁止使用該營業秘之期間；

(B)損害賠償範圍計算——

(i)

(I)　　因侵占盜用營業秘密所受實際損害；且

(II)　因侵占盜用營業秘密未被實際損害所計算在內之不當利益；或

(ii) 侵占盜用人未經同意揭露或使用營業秘密，以使用該營業所應
　　負擔權利金之方式估算代替賠償。

(C)如營業秘密係被故意及惡意侵占盜用，其懲罰性賠償以不超過依本
　項(B)目計算後賠償額之2倍給與；且

(D)如侵占盜用方式依情況證據或可認定係背信棄義、聲請撤銷禁制令
　亦為不誠實，或營業秘密因故意及惡意被侵占盜用，得判定給予勝
　訴方合理律師費用。

(c) 管轄—
　美國聯邦地方法院依本條規定有民事訴訟管轄權。

(d) 時效期間—
　依b項規定之民事訴訟不得晚於發現或經合理努力調查認有盜用侵
　占時起3年期間。為本項規定之目的，連續侵占盜用之行為構成侵
　占盜用之單一訴訟標的。

(b) 定義—美國法典第18章第1839條修正如下：
　(1)在(3)段：
　(A)於B款中，「公眾」一詞替換，並添加「其他可因揭露或使用
　資訊獲得經濟利益之人」；且
　(B)末尾之「與」字取消。
　(2)在(4)段中，刪除末尾標點「。」，添加「；且」

（18 U.S.C §1839增修下列條文）

(5) 所稱「侵占盜用」指—
　(A)行為人知悉或可得而知以不當方法自他人取得營業秘密；或
　(B)行為人未經明示或默示同意即揭露或使用營業秘密，而該行為人：
　(i)　以不當方法為手段取得營業秘密之知識；
　(ii) 於揭露或使用、知悉或可得而知該營業秘密知識係—
　　(I)　源出於或透過以不當方法取得該營業秘密之他人；
　　(II) 自有義務維持營業秘密之秘密性或受限制使用該營業秘密
　　　之人處所取得；或

(III) 經由違反保密義務或受限制使該營業秘密之人處取得；或

(iii)於第三人職位實質變更之前即知悉或可得而知：

　　(I)　該資訊過去即係營業秘密；且

　　(II)　營業秘密之知識已經因意外或錯誤被取得；

(6) 所稱「不當方法」指—

　(A)包含竊取、行賄、不實陳述、違反或唆使違反守密義務或透過電子或其他方法刺探；且

　(B)不包含還原工程、獨立推導或其他合法方法所取得者；且

(7) 「1946年商標法」指於1946年7月5日為註冊及於商業使用中為保護標所通過之法律，以實現某些國際協定及其他目的（15 U.S.C. 1051）（通稱1946年商標法或蘭哈姆法）。

(c) 禁止條款之例外—

美國法典第18編第1833條之第1項修正，於「禁止」一詞之後，添加「或為私權提起之訴訟」。

(d) 待修正條款—

(1) 美國法典第18編第1836條應為下列之修正：

　「§1836 民事訴訟」。

(2) 美國法典第18編第90章去除第1836條「對違反規定之民事訴訟」名稱，添加以下之內容：「1836 民事訴訟」。

(e) 生效日—

本條之修正規定應適用於發生於或本法設立後之任何侵占盜用營業秘密（即美國法典第18編第1839條所定義，並由本條所修正）行為。

(f) 解釋規則—

本條規定之修正內容不應被解釋為係修正美國法典第18編第1838條之解釋規則，或優先於任何其他法律條款。

(g) 本條於其他法律之適用—

本條及依本條修正之內容不應作為關於國會其他智慧財產權法案立法目的之註解。

§2　Federal Jurisdiction for Theft of Trade Secrets

(a) IN GENERAL. -Section 1836 of title 18, United States Code, is amended by striking subsection(b)and inserting the following:

(b) Private Civil actions.

(1) An owner of a trade secret that is misappropriated may bring a civil action under this subsection if the trade secret is related to a product or service used in, or intended for use in, interstate or foreign commerce.

(2) CIVIL SEIZURE.—

　(A)IN GENERAL.

　　(i) APPLICATION.—Based on an affidavit or verified complaint satisfying the requirements of this paragraph, the court may, upon ex parte application but only in extraordinary circumstances, issue an order providing for the seizure of property necessary to prevent the propagation or dissemination of the trade secret that is the subject of the action.

　　(ii) REQUIREMENTS FOR ISSUING ORDER.—The court may not grant an application under clause (i) unless the court finds that it clearly appears from specific facts that—

　　(I) an order issued pursuant to Rule 65 of the Federal Rules of Civil Procedure or another form of equitable relief would be inadequate to achieve the purpose of this paragraph because the party to which the order would be issued would evade, avoid, or otherwise not comply with such an order;

　　(II) an immediate and irreparable injury will occur if such seizure is not ordered;

　　(III) the harm to the applicant of denying the application outweighs the harm to the legitimate interests of the person against whom seizure would be ordered of granting the application and substantially outweighs the harm to any third parties who may be harmed by such seizure;

(IV) the applicant is likely to succeed in showing that—

　　(aa) the information is a trade secret; and

　　(bb) the person against whom seizure would be ordered—

　　　　(AA) misappropriated the trade secret of the applicant by improper means; or

　　　　(BB) conspired to use improper means to misappropriate the trade secret of the applicant;

(V) the person against whom seizure would be ordered has actual possession of—

　　(aa) the trade secret; and

　　(bb) any property to be seized;

(VI) the application describes with reasonable particularity the matter to be seized and, to the extent reasonable under the circumstances, identifies the location where the matter is to be seized;

(VII) the person against whom seizure would be ordered, or persons acting in concert with such person, would destroy, move, hide, or otherwise make such matter inaccessible to the court, if the applicant were to proceed on notice to such person; and

(VIII) the applicant has not publicized the requested seizure

(B) ELEMENTS OF ORDER.—If an order is issued under subparagraph (A), it shall—

　(i) set forth findings of fact and conclusions of law required for the order;

　(ii) provide for the narrowest seizure of property necessary to achieve the purpose of this paragraph and direct that the seizure be conducted in a manner that minimizes any interruption of the business operations of third parties and, to the extent possible, does not interrupt the legitimate business operations of the person accused of misappropriating the trade secret;

(iii)(I)be accompanied by an order protecting the seized property from disclosure by prohibiting access by the applicant or the person against whom the order is directed, and prohibiting any copies, in whole or in part, of the seized property, to prevent undue damage to the party against whom the order has issued or others, until such parties have an opportunity to be heard in court; and

(II)provide that if access is granted by the court to the applicant or the person against whom the order is directed, the access shall be consistent with subparagraph (D);

(iv) provide guidance to the law enforcement officials executing the seizure that clearly delineates the scope of the authority of the officials, including—

(I) the hours during which the seizure may be executed; and

(II) whether force may be used to access locked areas;

(v) set a date for a hearing described in subparagraph (F) at the earliest possible time, and not later than 7 days after the order has issued, unless the party against whom the order is directed and others harmed by the order consent to another date for the hearing, except that a party against whom the order has issued or any person harmed by the order may move the court at any time to dissolve or modify the order after giving notice to the applicant who obtained the order; and

(vi) require the person obtaining the order to provide the security determined adequate by the court for the payment of the damages that any person may be entitled to recover as a result of a wrongful or excessive seizure or wrongful or excessive attempted seizure under this paragraph.

(C)PROTECTION FROM PUBLICITY.—The court shall take appropriate action to protect the person against whom an order under this paragraph is directed from publicity, by or at the behest of the person obtaining the order, about such order and any seizure under such order.

(D)MATERIALS IN CUSTODY OF COURT.— (D) MATERIALS IN CUSTODY OF COURT.—

(i) IN GENERAL.—Any materials seized under this paragraph shall be taken into the custody of the court. The court shall secure the seized material from physical and electronic access during the seizure and while in the custody of the court.

(ii) STORAGE MEDIUM.—If the seized material includes a storage medium, or if the seized material is stored on a storage medium, the court shall prohibit the medium from being connected to a network or the Internet without the consent of both parties, until the hearing required under subparagraph (B)(v) and described in subparagraph (F).

(iii)PROTECTION OF CONFID DENTIALITY.—The court shall take appropriate measures to protect the confidentiality of seized materials that are unrelated to the trade secret information ordered seized pursuant to this paragraph unless the person against whom the order is entered consents to disclosure of the material.

(iv) APPOINTMENT OF SPECIAL MASTER.—The court may appoint a special master to locate and isolate all misappropriated trade secret information and to facilitate the return of unrelated property and data to the person from whom the property was seized. The special master appointed by the court shall agree to be bound by a non-disclosure agreement approved by the court.

(E) SERVICE ORDER.—The court shall order that service of a copy of the order under this paragraph, and the submissions of the applicant to obtain the order, shall be made by a Federal law enforcement officer who, upon making service, shall carry out the seizure under the order. The court may allow State or local law enforcement officials to participate, but may not permit the applicant or any agent of the applicant to participate in the seizure. At the request of law enforcement officials, the court may allow a technical expert who is unaffiliated with the applicant and who is bound by a court-approved non-disclosure agreement to participate in the seizure if the court determines that the participation of the expert will aid the efficient execution of and minimize the burden of the seizure.

(F) SEIZURE HEARING.—

  (i)   DATE.—A court that issues a seizure order shall hold a hearing on the date set by the court under subparagraph (B)(v).

  (ii) BURDEN OF PROOF.—At a hearing held under this subparagraph, the party who obtained the order under subparagraph (A) shall have the burden to prove the facts supporting the findings of fact and conclusions of law necessary to support the order. If the party fails to meet that burden, the seizure order shall be dissolved or modified appropriately.

  (iii) DISSOLUTION OR MODIFICATION OF ORDER.— A party against whom the order has been issued or any person harmed by the order may move the court at any time to dissolve or modify the order after giving notice to the party who obtained the order.

    (iv) DISCOVERY TIME LIMITS.─The court may make such orders modifying the time limits for discovery under the Federal Rules of Civil Procedure as may be necessary to prevent the frustration of the purposes of a hearing under this subparagraph.

(G)ACTION FOR DAMAGE CAUSED BY WRONGFUL SEIZURE.─ A person who suffers damage by reason of a wrongful or excessive seizure under this paragraph has a cause of action against the applicant for the order under which such seizure was made, and shall be entitled to the same relief as is provided under section 34(d)(11) of the Trademark Act of 1946 (15 U.S.C. 1116(d)(11)). The security posted with the court under subparagraph (B)(vi) shall not limit the recovery of third parties for damages. '

(H)MOTION FOR ENCRYPTION.─A party or a person who claims to have an interest in the subject matter seized may make a motion at any time, which may be heard ex parte, to encrypt any material seized or to be seized under this paragraph that is stored on a storage medium. The motion shall include, when possible, the desired encryption method.

(3) REMEDIES.─In a civil action brought under this subsection with respect to the misappropriation of a trade secret, a court may─

(A)grant an injunction─

    (i) to prevent any actual or threatened misappropriation described in paragraph (1) on such terms as the court deems reasonable, provided the order does not─

        (I) prevent a person from entering into an employment relationship, and that conditions placed on such employment shall be based on evidence of threatened misappropriation and not merely on the information the person knows; or

(II) otherwise conflict with an applicable State law prohibiting restraints on the practice of a lawful profession, trade, or business;

(ii) if determined appropriate by the court, requiring affirmative actions to be taken to protect the trade secret; and

(iii)in exceptional circumstances that render an injunction inequitable, that conditions future use of the trade secret upon payment of a reasonable royalty for no longer than the period of time for which such use could have been prohibited;

(B)award—

(i)

(I)   damages for actual loss caused by the misappropriation of the trade secret; and

(II) damages for any unjust enrichment caused by the misapp-ro-priation of the trade secret that is not addressed in computing damages for actual loss; or

(ii) in lieu of damages measured by any other methods, the damages caused by the misappropriation measured by imposition of liability for a reasonable royalty for the misappropriator's unauthorized disclosure or use of the trade secret;

(B)if the trade secret is willfully and maliciously misappropriated, award exemplary damages in an amount not more than 2 times the amount of the damages awarded under subparagraph (B); and

(C)if a claim of the misappropriation is made in bad faith, which may be established by circumstantial evidence, a motion to terminate an injunction is made or opposed in bad faith, or the trade secret was willfully and maliciously misappropriated, award reasonable attorney's fees to the prevailing party.

(c) JURISDICTION.─The district courts of the United States shall have original jurisdiction of civil actions brought under this section.

(d) PERIOD OF LIMITATIONS.─A civil action under subsection (b) may not be commenced later than 3 years after the date on which the misappropriation with respect to which the action would relate is discovered or by the exercise of reasonable diligence should have been discovered. For purposes of this subsection, a continuing misappropriation constitutes a single claim of misappropriation.

(b) DEFINITIONS.─Section 1839 of title 18, United States Code, is amended─

(1) in paragraph (3)─ (A) in subparagraph (B), by striking "the public" and inserting another person who can obtain economic value from the disclosure or use of the information; and (B) by striking "and" at the end;

(2) in paragraph (4), by striking the period at the end and inserting a semicolon; and (3) by adding at the end the following: (5) the term 'misappropriation' means─

(A)acquisition of a trade secret of another by a person who knows or has reason to know that the trade secret was acquired by improper means; or

(B)disclosure or use of a trade secret of another without express or implied consent by a person who─

(i) used improper means to acquire knowledge of the trade secret;

(ii) at the time of disclosure or use, knew or had reason to know that the knowledge of the trade secret was─

(I) derived from or through a person who had used improper means to acquire the trade secret;

(II) acquired under circumstances giving rise to a duty to maintain the secrecy of the trade secret or limit the use of the trade secret; or

(III) derived from or through a person who owed a duty to the person seeking relief to maintain the secrecy of the trade secret or limit the use of the trade secret; or

(iii) before a material change of the position of the person, knew or had reason to know that—

(I) the trade secret was a trade secret; and

(II) knowledge of the trade secret had been acquired by accident or mistake;

(6) the term "improper means"—

(A) includes theft, bribery, misrepresentation, breach or inducement of a breach of a duty to maintain secrecy, or espionage through electronic or other means; and

(B) does not include reverse engineering, independent derivation, or any other lawful means of acquisition; and

(7) the term "Trademark Act of 1946" means the Act entitled "An Act to provide for the registration and protection of trademarks used in commerce, to carry out the provisions of certain international conventions, and for other purposes, approved July 5, 1946 (15 U.S.C. 1051 et seq.) (commonly referred to as the "Trademark Act of 1946" or the "Lanham Act").

(c) EXCEPTIONS TO PROHIBITION.—Section 1833 of title 18, United States Code, is amended, in the matter preceding paragraph (1), by inserting or create a private right of action for" after ""prohibit".

(d) CONFORMING AMENDMENTS.─ (1) The section heading for section 1836 of title 18, United States Code, is amended to read as follows:

"§ 1836. Civil proceedings". (2) The table of sections for chapter 90 of title 18, United States Code, is amended by striking the item relating to section 1836 and inserting the following: "1836. Civil proceedings.".

(e) EFFECTIVE DATE.─The amendments made by this section shall apply with respect to any misappropriation of a trade secret (as defined in section 1839 of title 18, United States Code, as amended by this section) for which any act occurs on or after the date of the enactment of this Act.

(f) RULE OF CONSTRUCTION.─Nothing in the amendments made by this section shall be construed to modify the rule of construction under section 1838 of title 18, United States Code, or to preempt any other provision of law.

(g) APPLICABILITY TO OTHER LAWS.─This section and the amendments made by this section shall not be construed to be a law pertaining to intellectual property for purposes of any other Act of Congress.

第3條　營盜取營業秘密之執法

(a) 總說─

美國法典第18編第90章之條文為以下之修正─

(1) 第1832條b項刪除「$5,000,000」及增加「逾$5,000,000或所竊取機構之營業秘密價值之3倍，包括研究及設計費用，與重置機構因此而避免之其他營業秘密成本」；且

(2) 第1835條─

(A) 刪除「於任何起訴案件」，並增加以下文字：

「(a) 總說－任何起訴案件」；且

(B) 於末尾增加下列文字：

「(b)營業秘密所有人權利－

法院不得授權或指示揭露所有人所主張之營業秘密資訊，除非法院允許營業秘密所有人以密封陳報方式，敘述其保有資訊秘密性利益之意見後得揭露。依本條規定密封陳報之資訊，除法律另有規定外，得爲本章所定目的下之起訴案件使用，而不得於本條所定其他以外目的之使用，所提供之資訊係與美國政府有關之營業秘密，或依本章規定與法院相關之起訴案件，不構成營業秘密保護之放棄，且依本章規定，所揭露的資訊與營業秘密相關之起訴案件，除營業秘密所有人明示同意放棄外，亦不構成營業秘密保護之放棄。」

(b) 詐騙與貪污組織條款所定義之犯罪－

美國法典第18編第1961條第1項修正，於「第1951條」文字之前，增加「1831及1832條（與經濟間諜及審取營業秘密有關之規定）。

§3 TRADE SECRET THEFT ENFORCEMENT.

(a) IN GENERAL.－

Chapter 90 of title 18, United S States Code, is amended－

(1) in section 1832(b), by striking ''$5,000,000'' and inserting ''the greater of $5,000,000 or 3 times the value of the stolen trade secret to the organization, including expenses for research and design and other costs of reproducing the trade secret that the organization has thereby avoided''; and

(2) in section 1835－

(A)by striking ''In any prosecution'' and inserting the following: ''(a) IN GENERAL.－In any prosecution''; and

(B)by adding at the end the following:

(b) RIGHTS OF TRADE SECRET OWNERS.—The court may not authorize or direct the disclosure of any information the owner asserts to be a trade secret unless the court allows the owner the opportunity to file a submission under seal that describes the interest of the owner in keeping the information confidential. No submission under seal made under this subsection may be used in a prosecution under this chapter for any purpose other than those set forth in this section, or otherwise required by law. The provision of information relating to a trade secret to the United States or the court in connection with a prosecution under this chapter shall not constitute a waiver of trade secret protection, and the disclosure of information relating to a trade secret in connection with a prosecution under this chapter shall not constitute a waiver of trade secret protection unless the trade secret owner expressly consents to such waiver.".

(b) RICO PREDICATE OFFENSES.—Section 1961(1) of title 18, United States Code, is amended by inserting "sections 1831 and 1832 (relating to economic espionage and theft of trade secrets)," before "section 1951". SEC. 4. REPORT ON THEFT OF TRADE SECRETS OCCURRING ABROAD.

第4條　發生在海外之盜取營業秘密報告─

(a) 以下用語之定義─

(1) 局長─指美國商務部門掌理智慧財產部門及美國專利商標標局之主管。

(2) 外國機構等─

「外國機構」、「外國代理人」及「營業秘密」用語，適用美國法典第18編第1839條所定。

(3) 州—

　　「州」之用語，包括哥倫比亞特區及任何美國之聯邦、領土與領地。

(4) 美國公司—

　　「美國公司」之用語，指依美國或州或其他行政區之法律規定所組織成立之機構。

(b) 報告—

本法訂定後1年內及此後每年，司法部長與智慧財產執行人員、主管與相關機構主管，應向眾議院司法委員會製作下列內容之報告，並在司法部網站或其他司法部長認可之方式公開：

(1) 於美國境外發生竊取美國公司營業秘密之範圍與廣度。

(2) 於美國境外發生竊取營業秘密係由外國政府、外國機構或外國代理人資助之程度。

(3) 於美國境外發生竊取營業秘密所帶來之威脅。

(4) 所有人為防止在美國境外侵占盜用營業秘密之能力與限制、其對因竊取營業秘密對於外國組織判決執行情況及其為預防在海外因竊取營業秘密所輸入產品情形。

(5) 與美國往來之各貿易國家提供予美國公司營業秘密保護與執行力度減損，包括經以名單確認竊取營業秘密、法律或執行之具體國家對於美國公司而言係屬顯著者。

(6) 聯邦政府與外國政府調查、逮捕及對組織與個人在美國境外竊取營業秘密起訴之實例。

(7) 依貿易協議與條約執行之實施具體進展，包括為保護美國境外之美國公司營業秘密而由外國制定之新救濟措施。

(8) 立法與行政部門建議，可採取下列作法—

(A)降低美國公司在美國境外因發生竊取營業秘密之威脅與經濟影響；

(B)對美國公司關於發生在美國境外竊取其營業秘密威脅之教育；

(C)提供美國公司減少在美國境外洩漏其營業秘密損失風險之協助；且

(D)提供美國公司保密或匿名舉報發生在美國境外竊取營業秘密之機制。

§4　REPORT ON THEFT OF TRADE SECRETS OCCURRING ABROAD.

(a) DEFINITIONS.─In this section:

  (1) DIRECTOR.─The term ''Director'' means the Under Secretary of Commerce for Intellectual Property and Director of the United States Patent and Trademark Office.

  (2) FOREIGN INSTRUMENTALITY, ETC.─The terms ''foreign instrumentality'', ''foreign agent'', and ''trade secret'' have the meanings given those terms in section 1839 of title 18, United States Code.

  (3) STATE.─The term ''State'' includes the District of Columbia and any commonwealth, territory, or possession of the United States.

  (4) UNITED STATES COMPANY.─The term ''United States company'' means an organization organized under the laws of the United States or a State or political subdivision thereof.

(b) REPORTS.─Not later than 1 year after the date of enactment of this Act, and biannually thereafter, the Attorney General, in consultation with the Intellectual Property Enforcement Coordinator, the Director, and the heads of other appropriate agencies, shall submit to the Committees on the Judiciary of the House of Representatives and the Senate, and make publicly available on the Web site of the Department of Justice and disseminate to the public through such other means as the Attorney General may identify, a report on the following:

  (1) The scope and breadth of the theft of the trade secrets of United States companies occurring outside of the United States.

(2) The extent to which theft of trade secrets occurring outside of the United States is sponsored by foreign governments, foreign instrumentalities, or foreign agents.

(3) The threat posed by theft of trade secrets occurring outside of the United States.

(4) The ability and limitations of trade secret owners to prevent the misappropriation of trade secrets outside of the United States, to enforce any judgment against foreign entities for theft of trade secrets, and to prevent imports based on theft of trade secrets overseas.

(5) A breakdown of the trade secret protections afforded United States companies by each country that is a trading partner of the United States and enforcement efforts available and undertaken in each such country, including a list identifying specific countries where trade secret theft, laws, or enforcement is a significant problem for United States companies.

(6) Instances of the Federal Government working with foreign countries to investigate, arrest, and prosecute entities and individuals involved in the theft of trade secrets outside of the United States.

(7) Specific progress made under trade agreements and treaties, including any new remedies enacted by foreign countries, to protect against theft of trade secrets of United States companies outside of the United States.

(8) Recommendations of legislative and executive branch actions that may be undertaken to—

(A) reduce the threat of and economic i impact caused by the theft of the trade secrets of United States companies occurring outside of the United States;

(B) educate United States companies regarding the threats to their trade secrets when taken outside of the United States;

(C) provide assistance to United States companies to reduce the risk of loss of their trade secrets when taken outside of the United States; and

(D) provide a mechanism for United States companies to confidentially or anonymously report the theft of trade secrets occurring outside of the United States.

第5條　國會之判斷

國會對下列情形應予判斷：

(1) 發生在美國與世界各地之竊取營業秘密；

(2) 不論在何處，因竊取營業秘密損害擁有營業秘密之公司及其受僱人；

(3) 美國法典第18編第90章（即1996年經濟間諜法）之廣泛適用，以保護被盜之營業秘密；且

(4) 所利用的資訊因被盜用侵占而需要防止或救濟之道，及避免妨礙下列人員間利益之平衡──

　　(A)第三人之業務；與

　　(B)被控侵權人之合法利益。

§5　SENSE OF CONGRESS.

It is the sense of Congress that—

(1) trade secret theft occurs in the United States and around the world;

(2) trade secret theft, wherever it occurs, harms the companies that own the trade secrets and the employees of the companies;

(3) chapter 90 of title 18, United States Code (commonly known as the "Economic Espionage Act of 1996"), applies broadly to protect trade secrets from theft; and

(4) it is important when seizing information to balance the need to prevent or remedy misappropriation with the need to avoid interrupting the—

(A)business of third parties; and

(B)legitimate interests of the party accused of wrongdoing.

第6條 執行

(a) 總說—

本法施行後兩年內,聯邦司法中心應以現存資源,制定與下列有關的最佳執行實例—

(1) 占占用的資訊與儲存資訊的媒體;及

(2) 所獲得之資訊與曾經占用資訊之媒體。

(b) 更新—

聯邦司法中心依前項規定制定之最佳執行實例,應時常更新。

(c) 提交國會—

聯邦司法中心應提供依(a)項及(b)項規定制定之最佳執行實例予下列機構—

(1) 參議院司法委員會;及

(2) 眾議院司法委員會。

§6 BEST PRACTICES.

(a) IN GENERAL.—Not later than 2 years after the date of enactment of this Act, the Federal Judicial Center, using existing resources, shall develop recommended best practices for—

(1) the seizure of information and media storing the information; and

(2) the securing of the information and media once seized.

(b) UPDATES.—The Federal Judicial Center shall update the recommended best practices developed under subsection (a) from time to time.

(c) CONGRESSIONAL SUBMISSIONS.—The Federal Judicial Center

shall provide a copy of the recommendations developed under sub-
section (a), and any updates made under subsection (b), to the—

(1) Committee on the Judiciary of the Senate; and

(2) Committee on the Judiciary of the House of Representatives.

第7條　揭露營業秘密予政府或法院之責任豁免──

(a) 修正案──

　美國法典第18編第1833條修正如下──

　(1) 刪除「本章」，並增加「(a)總說─本章」用語；

　(2) 前項所定之(a)項(2)款，刪除「向有管轄權之美國聯邦政府組織、
　　州政府或州政府行政區舉報涉及違反法律」文字，及增加「依(b)
　　項揭露營業秘密」用語；及

　(3) 增加以下規定──

(b) 揭露營業秘密予政府或法院之責任豁免──

　(1) 免責事由─個人依聯邦或州營業秘密法按下列情形揭露營業秘密，
　　應免於刑事或民事責任──

　　(A) 揭露營業秘密係因──

　　　(i)　直接或間接信賴聯邦、州或地方政府官員，或信任檢察
　　　　官；及

　　　(ii)　為舉報或調查涉違及違反法律之目的；或於訴訟中在起訴
　　　　狀或其他文件或他訴訟程序中聲請使用，但該聲請使用係
　　　　在密封情形下。

　(2) 營業秘密資訊於反報復訴訟中之使用──

　　雇主報復舉報涉違反法律而提起訴訟之個人，得揭露營業秘密予該
　　個人代理人，並於該訴訟程序中使用，但該個人須──

　　(A) 所聲請包含營業秘密在內之任何文件係密封情形；且

　　(B) 除依法院命令者外，不得揭露營業秘密。

　(3) 注意事項──

(A) 總說—

雇主與受雇人間於任何所訂定之契約或協議中有關使用營業秘密或其他機密資訊時，應提供本款所定免責通知。

(B) 政策文件—

雇主提供其企業之政策文件對照表予其受僱人，而該文件係報告雇主涉違反法律之疑義時，該雇主應考量符合前款規定提示受雇人注意之事由。

(C) 違反條款—

如雇主不依(A)款所定事由通知受僱人，雇主不得給予其懲罰性賠償或第1836條(b)項(3)款所定(C)或(D)目訴訟之律師費用。

(D) 適用性—

(E) 本項應適用所訂定或於本項規定修正後所更新之契約或協議。

(F) 受僱人用語之定義—

依本項規定目的，「受僱人」用語包括任何以訂約人或受諮詢者身分身分為雇主執行工作之人。

(G) 解釋規則—

除本項另有明示規定外，本項內容不應解釋為授權行為或對於使用未經授授權方式非法接觸營業秘密客體之責任作限制解釋，但該行為法律另有禁止者，不在此限。」

(b) 美國法典第18編第1838條之「本章」刪除，並增加「除本章第1838條(b)項另有規定外」之文字。

§7 IMMUNITY FROM LIABILITY FOR CONFIDENTIAL DISCLO-SURE OF A TRADE SECRET TO THE GOVERNMENT OR IN A COURT FILING.

(a) AMENDMENT.—Section 1833 of title 18, United States Code, is amended—

(1) by striking "This chapter" and inserting "(a) IN GEN-ERAL.—This chapter";

(2) in subsection (a)(2), as designated by paragraph (1), by striking "the reporting of a suspected violation of law to any governmental entity of the United States, a State, or a political subdivision of a State, if such entity has lawful authority with respect to that violation" and inserting "the disclosure of a trade secret in accordance with subsection (b)"; and

(3) by adding at the end the following: "(b) IMMUNITY FROM LIABILITY FOR CONFIDENTIAL DISCLOSURE OF A TRADE SECRET TO THE GOVERNMENT OR IN A COURT FILING.—

(1) IMMUNITY.—An individual shall not be held criminally or civilly liable under any Federal or State trade secret law for the disclosure of a trade secret that—

(A) is made—

    (i)   in confidence to a Federal, State, or local government official, either directly or indirectly, or to an attorney; and

    (ii) solely for the purpose of reporting or investigating a suspected violation of law; or

(B) is made in a complaint or other document filed in a lawsuit or other proceeding, if such filing is made under seal.

(2) USE OF TRADE SECRET INFORMATION IN ANTI-RETALIA-TION LAWSUIT.—An individual who files a lawsuit for retaliation by an employer for reporting a suspected violation of law may disclose the trade secret to the attorney of the individual and use the trade secret information in the court proceeding, if the individual—

(A) files any document containing the trade secret under seal; and

(B) does not disclose the trade secret, except pursuant to court order.

(3) NOTICE.—

    (A) IN GENERAL.—An employer shall provide notice of the immunity set forth in this subsection in any contract or agreement with an employee that governs the use of a trade secret or other confidential information.

    (B) POLICY DOCUMENT.—An employer shall be consider-ed to be in compliance with the notice requirement in subparagraph (A) if the employer provides a cross-reference to a policy document provided to the employee that sets forth the employer's reporting policy for a suspected violation of law.

    (C) NON-COMPLIANCE.—If an employer does not comply with the notice requirement in subparagraph (A), the employer may not be awarded exemplary damages or attorney fees under subparagraph (C) or (D) of section 1836(b)(3) in an action against an employee to whom notice was not provided.

    (D) APPLICABILITY.—This paragraph shall apply to contracts and agreements that are entered into or updated after the date of enactment of this subsection.

(4) EMPLOYEE DEFINED.—For purposes of this subsection, the term 'employee' includes any individual performing work as a contractor or consultant for an employer.

(5) RULE OF CONSTRUCTION.—Except as expressly provided for under this subsection, nothing in this subsection shall be construed to authorize, or limit liability for, an act t otherwise prohibited by law, such as the unlawful access of material by unauthorized means.".

(b) TECHNICAL AND CONFORMING AMENDMENT.—Section 1838 of title 18, United States Code, is amended by striking "This chapter" and inserting "Except as provided in section 1833(b), chapter". Approved May 11, 2016.

(H)MOTION FOR ENCRYPTION.—A party or a person who claims to have an interest in the subject matter seized may make a motion at any time, which may be heard ex parte, to encrypt any material seized or to be seized under this paragraph that is stored on a storage medium. The motion shall include, when possible, the desired encryption method.

索引 INDEX

國家圖書館出版品預行編目資料

營業秘密與競業禁止：案例式／林洲富著. --
五版. -- 臺北市：五南圖書出版股份有限
公司, 2023.11
　　面；　公分
　ISBN 978-626-366-795-2（平裝）

1.CST: 經濟法規　2.CST: 智慧財產權

553.433　　　　　　　　　　112019264

1S98

營業秘密與競業禁止──案例式

作　　　者 ─ 林洲富（134.2）

發 行 人 ─ 楊榮川

總 經 理 ─ 楊士清

總 編 輯 ─ 楊秀麗

副總編輯 ─ 劉靜芬

責任編輯 ─ 林佳瑩

封面設計 ─ 封怡彤

出 版 者 ─ 五南圖書出版股份有限公司

地　　　址：106台北市大安區和平東路二段339號4樓

電　　　話：(02)2705-5066　　傳　　真：(02)2706-6100

網　　　址：https://www.wunan.com.tw

電子郵件：wunan@wunan.com.tw

劃撥帳號：01068953

戶　　　名：五南圖書出版股份有限公司

法律顧問　林勝安律師

出版日期　2012 年 6 月初版一刷
　　　　　2014 年 9 月二版一刷
　　　　　2018 年 8 月三版一刷
　　　　　2021 年 9 月四版一刷
　　　　　2023 年 11 月五版一刷

定　　　價　新臺幣420元

經典永恆・名著常在

五十週年的獻禮——經典名著文庫

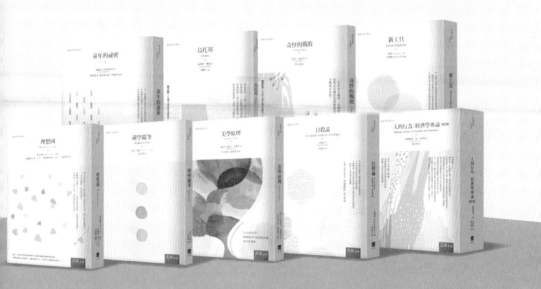

五南，五十年了，半個世紀，人生旅程的一大半，走過來了。

思索著，邁向百年的未來歷程，能為知識界、文化學術界作些什麼？

在速食文化的生態下，有什麼值得讓人雋永品味的？

歷代經典・當今名著，經過時間的洗禮，千錘百鍊，流傳至今，光芒耀人；

不僅使我們能領悟前人的智慧，同時也增深加廣我們思考的深度與視野。

我們決心投入巨資，有計畫的系統梳選，成立「經典名著文庫」，

希望收入古今中外思想性的、充滿睿智與獨見的經典、名著。

這是一項理想性的、永續性的巨大出版工程。

不在意讀者的眾寡，只考慮它的學術價值，力求完整展現先哲思想的軌跡；

為知識界開啟一片智慧之窗，營造一座百花綻放的世界文明公園，

任君遨遊、取菁吸蜜、嘉惠學子！